Coordinadores:

JAVIER COUREL IBÁÑEZ
BERNARDINO J. SÁNCHEZ-ALCARAZ
JERÓNIMO CAÑAS

INNOVACIÓN E INVESTIGACIÓN EN PÁDEL

Título:	INNOVACIÓN E INVESTIGACIÓN EN PÁDEL
Autores:	JAVIER COUREL IBÁÑEZ, BERNARDINO J. SÁNCHEZ-ALCARAZ Y JERÓNIMO CAÑAS (COORDINADORES)
Editorial:	WANCEULEN EDITORIAL DEPORTIVA, S.L. www.wanceulen.com
ISBN:	978-84-9993-388-7
Dep. Legal:	SE 809-2016
©Copyright:	WANCEULEN EDITORIAL DEPORTIVA, S.L.
Primera Edición:	Año 2016

Reservados todos los derechos. Queda prohibido reproducir, almacenar en sistemas de recuperación de la información y transmitir parte alguna de esta publicación, cualquiera que sea el medio empleado (electrónico, mecánico, fotocopia, impresión, grabación, etc), sin el permiso de los titulares de los derechos de propiedad intelectual. Cualquier forma de reproducción, distribución, comunicación pública o transformación de esta obra solo puede ser realizada con la autorización de sus titulares, salvo excepción prevista por la ley. Diríjase a CEDRO (Centro Español de Derechos Reprográficos, www.cedro.org) si necesita fotocopiar o escanear algún fragmento de esta obra.

ÍNDICE

I. SALUD, MEDICINA DEPORTIVA Y LESIONES 11

CAPÍTULO 1. Valoración de los hábitos de vida saludables en jugadores de pádel. 13
Encarnación Parrón Sevilla, Teresa Nestares Pleguezuelo y Carlos De Teresa Galván

CAPÍTULO 2. Estudio epidemiológico de las principales lesiones músculo-esqueléticas en jugadores de pádel. 21
Romualdo Castillo-Lozano1, José Ramón Alvero-Cruz

CAPÍTULO 3. A comparison of muskuloskeletal injuries among junior and senior spanish paddle-tennis players 39
Romualdo Castillo-Lozano, María Jesús Casuso-Holgado

CAPÍTULO 4. Epidemiology of musculoskeletal injury in the paddle-tennis senior players 49
Romualdo Castillo-Lozano

CAPÍTULO 5. Lesiones músculo-tendinosas más frecuentes de miembro inferior en el pádel. 63
García Navarro, J., López Martínez, J.J., De Prado Campos, F., Sánchez-Alcaraz, B.J.

II. ENTRENAMIENTO Y RENDIMIENTO EN PÁDEL 77

CAPÍTULO 6. Análisis de la condición física de jugadores de pádel de élite. 79
Francisco Pradas, Carlos Castellar, Alejandro Quintas y Salas Inmaculada Arracó

CAPÍTULO 7. Variaciones séricas de magnitudes bioquímicas en jugadores de pádel de alto nivel. 97
Francisco Pradas, Carlos Castellar, Juan Blas, Sandra García-Castañón, David Otín, Carmen Lliminaña y José Puzo

CAPÍTULO 8. Entrenamiento en fitball como complemento a la preparación física del pádel 111
Gema Torres-Luque y Ángel Iván Fernández-García

CAPÍTULO 9. Análisis del juego en pádel de alta competición. 125
Daniel Navas Sanz y José Antonio Aparicio Asenjo

CAPÍTULO 10. Análisis del rendimiento de los 16 mejores jugadores de pádel de 2013. 135
Javier Courel Ibáñez, Bernardino J. Sánchez-Alcaraz, Jerónimo Cañas.

CAPÍTULO 11. Perfil de movimiento en jugadores de pádel con alto nivel de rendimiento. 145
Ramón-Llin, J.; Guzmán, J.F.; Llana, S.; Vučković, G.; James, N.

CAPÍTULO 12. Comparación del tiempo de permanencia en zona ofensiva entre jugadores ganadores y perdedores en padel. 155
Ramón-Llin, J.; Guzmán, J.F.; Llana, S.; Vučković, G.

CAPÍTULO 13. Entrenamiento de fuerza mediante una periodización ondulante en jugadores de pádel. 163
Javier González Castellanos

CAPÍTULO 14. Influencia de un programa de fuerza específico y de la oposición en pádel. 171
Víctor M. Renes López

CAPÍTULO 15. La tensiomiografía como herramienta de evaluación en el proceso de entrenamiento. 183
Antonio Jesús Morales Artacho

III. BIOMECÁNICA Y ANÁLISIS DE LA TÉCNICA 197

CAPÍTULO 16. Identificación de las propiedades mecánicas que debe presentar un pavimento de césped artificial para pádel desde el punto de vista de la seguridad y el rendimiento de los deportistas 199
Mercedes Sanchís Almenara, Enrique Alcántara Alcover,
Rafael Mengual Ortolà, Pedro Vera Luna

CAPÍTULO 17. Análisis espacio-temporal de los golpes de pádel: salida de pared, bandeja y remate por tres. 213
Carlos Espino Palma, Andreas Skiadopoulos, Konstantinos Gianikellis,
Vicente Luis del Campo

CAPÍTULO 18. Velocidad de la bola y precisión en el saque en pádel. Protocolo de registro, análisis y prospectivas. 219
Ruperto Menayo Antúnez, Aaron Manzanares Serrano, Cristina Mª.
Conesa Garre y Adrián López Ortín

CAPÍTULO 19. Efecto de la fatiga sobre el tiempo de reacción en dominante y no dominante en pádel Estudio piloto. 229
Alejandro de la O Puerta, Sara Suárez Manzano y Ángel Gutiérrez Sainz

IV. PSICOLOGÍA 237

CAPÍTULO 20. La comunicación entrenador-jugador en un partido de pádel 239
Óscar Lorenzo García

CAPÍTULO 21. Herramientas para el entrenamiento psicológico en jugadores de pádel. 247
Antonio González-Hernández, Borja Torres López y Fran Cintado

CAPÍTULO 22. Análisis de la ansiedad antes de la competición en el campeonato de Madrid de primera categoría femenina en pádel 261
Gema Sáez Rodríguez, María Merino Fernández, Rafael Ortega Cuello, Jorge Acebes Sánchez

V. APRENDIZAJE, DIDÁCTICA Y CONTROL MOTOR 271

CAPÍTULO 23. Variabilidad y adaptación en pádel. Aprendizaje de la técnica bajo el enfoque de los Sistemas Dinámicos Complejos. 273
Ruperto Menayo Antúnez

CAPÍTULO 24. Desarrollo de una guía técnica para el pádel en silla de ruedas. 287
Rubén Martínez Sala y Raúl Reina

CAPÍTULO 25. Programa de Tecnificación de Menores PTM. 293
Luis Gonzalo Córdoba Caro y Diego Muñoz Marín

PRÓLOGO

El pádel es uno de los deportes que mayor crecimiento ha experimentado en España en los últimos años. En España se estima que más de 4 millones de personas juegan al pádel, observando además un aumento del 70% en el número de licencias en los últimos 5 años. Entre las razones del aumento de la popularidad del pádel destacan: (i) su carácter lúdico y social al practicarlo 4 jugadores, (ii) su facilidad de aprendizaje técnico, (iii) la mayor duración de los puntos que permite un alto disfrute de los participantes, (iv) la fácil accesibilidad a todos los sectores de la población por su bajo coste económico y (v) la cercanía del lugar de residencia de instalaciones para su práctica.

Sin embargo, a pesar del notable crecimiento del pádel, son varios los autores que han puesto de manifiesto la carencia de investigaciones en este deporte. Además, varios especialistas del ámbito de la salud muestran su preocupación ante el elevado índice lesivo en practicantes amateurs, atribuyéndolo a malas prácticas deportivas. Esta obra nace ante esta falta de conocimiento riguroso, reuniendo a un conjunto de profesores, investigadores, médicos, psicólogos, fisioterapeutas, biomecánicos y entrenadores especialistas en pádel, con el objetivo de mostrar los últimos avances en investigación e innovación en las ciencias del deporte aplicando el conocimiento científico al desarrollo de este fabuloso deporte.

La estructura de la obra pasa por cinco áreas claramente diferenciadas. El primer bloque se centra en la salud, medicina deportiva y lesiones, a través de cinco capítulos que evalúan los hábitos saludables de los jugadores de pádel y el estudio epidemiológico de las principales lesiones en este deporte. El segundo bloque desarrolla el área de entrenamiento y rendimiento, con diez capítulos que analizan la condición física de los jugadores, la estructura del juego, los movimientos en pádel o el entrenamiento de aspectos físicos y técnicos. El bloque tres, centrado en la biomecánica y análisis de la técnica, está formado por cuatro capítulos que mostrarán los últimos avances biomecánicos en equipamientos deportivos para pádel, el análisis de los golpes a través del estudio espacio-temporal y de la velocidad y precisión de la pelota, o el efecto de la fatiga sobre el tiempo de reacción. El cuarto bloque desarrolla el estudio psicología del pádel, a través de tres capítulos que proporcionarán herramientas para el entrenamiento psicológico y de comunicación entre jugador y entrenador, así como el análisis de la ansiedad ante la competición. Finalmente, el bloque cinco analizará el aprendizaje, la didáctica y el control motor, con cuatro capítulos que mostrarán diferentes propuestas metodológicas para la enseñanza tanto del pádel convencional como del pádel adaptado, junto con una propuesta de aprendizaje de la técnica a través de la variabilidad y los sistemas dinámicos complejos.

Como autores, esperamos que esta obra ponga sobre el papel las principales novedades en investigación e innovación en pádel, logrando un doble objetivo: dar respuesta a las necesidades y cuestiones habituales de los técnicos y jugadores, así como contribuir al desarrollo y la profesionalización de este deporte a través de la difusión de información y conocimiento riguroso y contrastado que ayuden a una práctica más controlada y saludable.

Javier Courel Ibáñez
Bernardino J. Sánchez-Alcaraz
Jerónimo Cañas

Bloque I

SALUD, MEDICINA DEPORTIVA Y LESIONES

Capítulo 1

VALORACIÓN DE LOS HÁBITOS DE VIDA SALUDABLES EN JUGADORES DE PÁDEL

Encarnación Parrón Sevilla, Teresa Nestares Pleguezuelo[*,1,2]
y Carlos De Teresa Galván[1,2,3]

[1]Departamento de Fisiología, Facultad de Farmacia, Universidad de Granada
[2]Instituto de Nutrición y Tecnología de los Alimentos "José Mataix", Universidad de Granada
[3]Centro Andaluz de Medicina del Deporte
* Correo electrónico: nestares@ugr.es

Resumen:

Existe una relación significativa entre la realización de actividades físico-deportivas y la adquisición de otros hábitos de vida saludables (Carrón y col., 2003) y cada vez se asocia más la práctica continuada de las mismas a una mayor competencia física, mental y social y una mejor percepción del estado de salud (Jiménez y col., 2008). Dado el auge en la práctica del pádel, consideramos de gran interés describir los hábitos de vida de sus jugadores, así como aquellos aspectos que pueden influir en su rendimiento deportivo. Para ello hemos realizado un estudio en 416 jugadores de pádel no profesionales (128 mujeres y 288 varones) de entre 9 y 66 años, a los que se ha valorado mediante encuesta la antropometría, hábitos de consumo de alimentos y tóxicos, preparación física, lesiones osteomusculares y aspectos psicosociales. Los resultados obtenidos muestran, entre otras cosas, que los deportistas estudiados están cerca del sobrepeso, no siguen una dieta adecuada ni realizan la preparación física indicada para prevenir lesiones, encontrándose algunas diferencias entre los jugadores femeninos y masculinos. Por tanto, concluimos la necesidad de adoptar unos hábitos de vida saludables para la mejora del rendimiento deportivo y la salud en grupos de población ya considerados como físicamente activos.

Palabras clave: pádel, hábitos saludables

Abstract:

A significant relation exists between the accomplishment of physical - sports activities and the acquisition of other healthy habits of life (Carrón et al., 2003) and every time the continued practice of the same ones is associated more with a major physical, mental and social competition and a better perception of the bill of health (Jiménez et al., 2008). In view of the summit in the practice of the paddle-tennis, we consider of great interest to describe the habits of life of his players, as well as those aspects that can influence his sports performance. For it we have realized a study in 416 players of paddle-tennis not professionals (128 women and 288 males) of between 9 and 66 years, to which there have been valued by means of survey the anthropometry, habits of food consumption and toxins, training, injuries osteomusculars and aspects psicosocials. The obtained results show, among other things, that the studied sportsmen are near the overweight, neither follow a suitable diet nor realize the training indicated to anticipate injuries, being some differences between the women and men. Therefore, we conclude the need to adopt a few healthy habits of life for the improvement of the sports performance and the health in groups of population already considered as physically assets.

Keywords: paddle-tennis, healthy habits

1. INTRODUCCIÓN

Existe una relación significativa entre la realización de actividades físico-deportivas y la adquisición de otros hábitos de vida saludables (Carrón y col., 2003) y cada vez se asocia más la práctica continuada de las mismas a una mayor competencia física, mental y social y una mejor percepción del estado de salud (Jiménez y col., 2008). Dado el auge en la práctica del pádel, consideramos de gran interés describir los hábitos de vida de sus jugadores, así como aquellos aspectos que pueden influir en su rendimiento deportivo.

2. MATERIAL Y MÉTODO

2.1. Sujetos

En el estudio han participado 416 jugadores de pádel (30,8% mujeres y 69,2% varones), reclutados en seis instalaciones deportivas distribuidas a lo largo del poniente almeriense (Andalucía, España). Una media de 68 cuestionarios por centro deportivo. Los sujetos poseían una media de 14,6 años de bagaje deportivo y 4,37 años de antigüedad como jugadores de pádel.

2.2. Descripción del estudio

2.2.1. Desarrollo del estudio

El estudio es de tipo descriptivo, con una duración de siete meses. Inicialmente se realizó una hoja de observación para recoger las conductas deportivas de los jugadores en el momento previo a la competición. A continuación, atendiendo a los resultados, se relacionaron los aspectos que directa o indirectamente incidían en la mejora del rendimiento deportivo y se elaboró un cuestionario que incluía preguntas de múltiple respuesta y otras abiertas, que aportan mayor grado de subjetividad. Las encuestas se realizaron, previo consentimiento informado, en situación de competición y siempre de forma individualizada.

2.2.2. Encuestas

El cuestionario está compuesto por siete parámetros relacionados con el rendimiento deportivo y que contienen las siguientes variables, además de la edad y el género:

- Antropometría
- Preparación física
- Consumo de tabaco y alcohol
- Habilidades psicosociales (relacionadas con hábitos saludables del día a día y otros relacionados con la competición)
- Problemas osteomusculares
- patologías, y ejercicios rehabilitadores.
- Hábitos nutricionales

2.3. Tratamiento estadístico de los datos.

Se procesaron en el programa estadístico SPSS versión 20.0

3. RESULTADOS Y DISCUSIÓN

3.1. Antropometría

Los sujetos estudiados presentan un Índice de Masa Corporal (IMC) medio del 24,53 %, encontrándose diferencias en relación al sexo, ya que los varones estudiados presentan un IMC establecido como sobrepeso por la OMS. Esto puede deberse a que los hombres poseen mayor porcentaje de masa magra que las mujeres (Alacid y col., 2006) y nuestro estudio no ha determinado la composición corporal. Otros autores han encontrado mayor cantidad de masa grasa en mujeres jugadoras de pádel, respecto a los hombres (Abian-Vicent y col., 2012).

3.2. Preparación física, patologías ósteomusculares y ejercicios rehabilitadores

El 61,8% de la población estudiada juega entre tres y cinco veces en semana y realiza, además, una actividad complementaria. A pesar de esto, los resultados encontrados denotan incorrectos hábitos deportivos al inicio y al final de la sesión de entrenamiento. El 18,0 % y el 26,4 % de los deportistas, no realiza ningún tipo de calentamiento y estiramiento respectivamente. Tan sólo, el 29,3 % y el 15% de los casos, ejecutan el inicio y el final de una sesión de entrenamiento, de forma saludable.

La realización de un adecuado calentamiento y estiramiento antes y después de la sesión de ejercicio físico, hacen que nuestro organismo se ponga a punto para iniciar dicha actividad, evitan la aparición de lesiones, aumentan nuestro rendimiento deportivo y ayudan a recuperar la movilidad muscular (Anderson, 2004).

Los resultados del estudio demuestran que el 54,3% de los jugadores de pádel padecen dolor hasta en tres zonas de su cuerpo. De este porcentaje, el 36,7% en la articulación del codo, (epicondilitis, tendinitis...); un 22,2% en rodilla (desgaste de cartílagos, artrosis...) y un 12,2% en el hombro. Sin embargo, tan sólo el 11% de los estudiados realiza siempre ejercicios como mecanismo preventivo o rehabilitador.

A medida que avanza la edad, las posibilidades de sufrir lesiones se incrementan con la práctica de ejercicio físico. Los deportistas jóvenes y los veteranos son los que poseen mayor riesgo de padecerlas, así como por la intensidad, la frecuencia y el ejercicio realizado, principalmente en varones, por ser más asiduos a la competición y a mayor intensidad durante el ejercicio.

3.3. Hábitos nutricionales. Consumo de tabaco y alcohol

Los resultados demuestran que tan solo un 12%, realiza una dieta adecuada a sus necesidades y características del deporte que práctica.

El 38% de la población estudiada, realiza una dieta no equilibrada y el 45% distribuye las calorías totales consumidas en tres comidas. Una distribución adecuada sería 15-20% de la energía en el desayuno, 10-15% en el almuerzo, 25-30% en la comida, 10-15% en la merienda, 25-30% en la cena y 5% en la recena (Cabrera y col., 2013).

El 88% de la muestra no cumple con las recomendaciones nutricionales descritas en la pirámide nutricional y no predomina, por tanto, el consumo de hidratos de carbono de vital importancia para un deportista. El consumo de carbohidratos es fundamental para evitar la fatiga durante el desarrollo de la competición, al inicio de las pruebas, en fases anaeróbicas de las mismas o en situaciones intermitentes de juego.

El 63% de los jugadores estudiados beben agua antes, durante y después de la sesión de entrenamiento. El 48% de los encuestados, no sobrepasa los ocho vasos diarios, ingesta insuficiente para cubrir las necesidades hídricas de un deportista, si se tiene en cuenta que, el 46 % de los jugadores, alcanzan los dos horas de entrenamiento, con una frecuencia de hasta tres veces durante la semana, incrementando el riesgo de padecer deshidratación. El descenso del componte líquido del cuerpo, perjudica el mecanismo de termorregulación del deportista y provoca un aumento del volumen cardiaco, esto hace que se incremente además la temperatura corporal, como consecuencia de las pérdidas de agua por el sudor, heces y orina (Franco y col., 2008).

En lo concerniente al consumo de vitaminas y minerales, los resultados muestran que tan solo el 15,4% los toma, a pesar de que son de vital importancia ya que garantizan la salud al intervenir en el ritmo cardiaco, la contracción muscular, reparación y construcción de tejidos y en el metabolismo. Además, la práctica de ejercicio genera un proceso oxidativo que provoca una disminución de estas reservas (Elejalde, 2004) que hace imprescindible incrementar nuestro consumo de alimentos ricos en vitaminas y minerales con poder antioxidante, para proteger a nuestro organismo del estrés oxidativo (Tur, 2004).

En cuanto a la ingesta de alcohol, los jugadores poseen unos hábitos inadecuados ya que el 50,5% consumen vino y/o cerveza y el 26,7% alguna bebida con más graduación. Los estudios muestran que el alcohol perjudica el rendimiento deportivo y aporta una gran cantidad de energía con escaso contenido nutricional. Se recomienda reducir su consumo por los graves riesgos que conlleva, favoreciendo la obesidad y la deshidratación, ya que es un potente diurético.

El 81% de la población se declara no fumadora. Este dato era previsible dadas las características de la misma.

3.4. Habilidades psicosociales

El análisis de las variables valoradas indica que los jugadores de pádel poseen unos hábitos psicosociales de calidad. El 60% buscan en el pádel una forma de recreación y socialización.

La mayoría disfrutan de la competición y el 80% manifiesta que el motivo principal por el que compite se debe a la sensación de placer y mejora, y ve el 93,8% ve este deporte como parte de su progreso personal.

El 78% de los asiduos a la práctica del pádel, se considera una persona, alegre, positiva y activa.

Otras investigaciones demuestran al respecto que, los deportistas que juzgan la práctica deportiva como un mecanismo de mejora o un fin en sí misma, desarrollan un mejor nivel de motivación, que repercute positivamente sobre la tarea (Balaguer y col, 2011).

4. CONCLUSIONES

Los resultados obtenidos en el estudio realizado nos permiten concluir que los jugadores de pádel no profesionales de la zona del Poniente

Almeriense no adoptan unos hábitos de vida acorde con las recomendaciones saludables. El hecho de que este grupo de población practique el pádel, no debe ser considerado como un hábito suficiente para mantener un buen estado de salud, sino que debe complementarse con una adecuada nutrición y práctica de ejercicio.

REFERENCIAS BIBLIOGRÁFICAS

Carrón, Hausenblas & Estrabrooks (Ed.). (2003). *The psychology of physical activity*. McGraw-Hill, New York.

Jiménez, M.G., Martínez, P., Miró, E., & Sánchez, A.I. (2008). Bienestar psicológico y hábitos saludables: ¿están asociados a la práctica de ejercicio físico?. *Int J Clin Health Psychology, 8(1), 185-202.*

Alacid, F., Cárceles, C., Torres, G. & Villaver, C. (2006). Estudio cineantropométrico del jugador de tenis adolescente. Universidad Católica de San Antonio. Murcia. Departamento de Ciencias de la actividad Física y el Deporte, 2 (4), 27-32.

Abian-Vicén, J., Del Coso, J., González-Millán, C., Salinero, J.J. & Abian, P. (2012). Analysis of dehydration and strength in elite badminton players, *Plos One*, 7(5):e37821. doi: 10.1371.

Anderson, B. (5º edición). (2004) *Estirándose*. Barcelona: RBA integral

Cabrera, L., Carbajal, A., Cuadrado.,C., Moreiras, O. (16º edición) (2013). *Tabla de composición de los alimentos. Guía de prácticas*. Madrid: Pirámide.

Franco, L., Manonellse, P., Manuz, B., Palacios, N., Pérez, M. & Villegas, J.A. (2008). Consenso sobre bebidas para el deportista. Composición y pautas de reposición de líquidos. *Documento de Consenso de la Federación Española de Medicina del Deporte*, 25 (126), 245-258.

Elejalde, J.L. (2001). Estrés Oxidativo, enfermedades y tratamientos antioxidantes. *Anales de Medicina Interna*, 18 (6), 326-335.

Tur, J.A. (2004) Los antioxidantes en la Dieta Mediterránea. *Revista Española de Nutrición Comunitaria*, 10 (4),198-207.

Balaguer, I., Castillo, I., Duda, J,L., García–Merita, M, (2011). Asociaciones entre la percepción del clima motivacional creado por el entrenador, orientaciones disposicionales de meta, regulaciones motivacionales y utilidad subjetiva en jóvenes jugadoras de tenis. *Revista de Psicología del Deporte*, 20 (1), 133-148.

Capítulo 2

ESTUDIO EPIDEMIOLÓGICO DE LAS PRINCIPALES LESIONES MÚSCULO-ESQUELÉTICAS EN JUGADORES DE PÁDEL

Romualdo Castillo-Lozano[1]*, José Ramón Alvero-Cruz[2]
[1]PT, MSc, PhD University of Osuna (Seville, Spain).
[2]University of Malaga. Andalucía Tech. Faculty of Medicine (Spain).
Corresponding author: romu_castillo@hotmail.com

Resumen:

El pádel es un deporte muy popular, que se ha convertido en las últimas décadas en un deporte de gran proyección mundial. El volumen de juego, combinado con las exigencias físicas de los deportes de raqueta, puede conducir a lesiones del sistema músculo esquelético, tanto por el uso excesivo y repetitivo de los gestos como por traumatismos directos. El propósito de este estudio fue estudiar la incidencia y prevalencia de las lesiones musculo-esqueléticas sufridas en jugadores activos del pádel de todos los niveles; y la comparación con otros deportes de raqueta. En el siguiente estudio hemos encuestado a 404 jugadores de pádel en activo de todos los niveles; 310 hombres y lo demás mujeres con edades comprendidas entre los 14-66 años, a los que se les preguntó sobre las lesiones que habían sufrido practicando pádel, haciendo especial interés en que entendieran correctamente el concepto de lesión. Con este estudio hemos concluido que no existen tan marcadas diferencias entre las lesiones que se producen en el jugador de pádel, con respecto al jugador de tenis, ya que las demandas específicas sobre el sistema músculo-esquelético generan patologías propias de este deporte, destacando el esguince de rodilla como principal lesión aguda junto a la epicondilitis, lesión del tríceps sural y zona lumbar como lesiones más crónicas. Todo ello se realizó para poder comparar más fácilmente los resultados en un futuro estudios epidemiológicos de investigación sobre lesiones en el pádel, así como establecer mecanismos de prevención desde la Fisioterapia.

Palabras Claves: Pádel, Jugador, Lesión, Músculo-esquelético, Fisioterapia, Prevención.

Abstract:

The paddel-tennis is a very popular sport, which has become in recent decades in a sport of great global projection. This increased volume of play, combined with the physical demands of racquet sports, leading to injuries of the musculoskeletal system, both excessive and repetitive use of gestures as direct trauma. In this study we have surveyed 404 active paddel-tennis players of all levels. 310 men and 94 women with age between 14-66 years. Participants were asked about the injuries they had suffered during their paddle-tennis career, making special interest on their understanding of the injury concept. The results affirm us that there are not as marked differences between injuries that occur on the paddel-tennis players, regarding tennis players, since specific demands on the musculoskeletal system generate own racquet sport pathologies, emphasizing the knee sprain as main acute injury; with epicondylitis, the subacromial syndrome and low back pain and chronic injuries. This research makes possible to make comparisons with future epidemiology studies in paddle-tennis, as well as creating prevention programs from the physiotherapy.

Keywords: Pádel, player, ingury, muskuloskeletal, physiotherapy, prevention.

1. INTRODUCCIÓN

El pádel es un deporte relativamente joven, siendo reconocido como modalidad deportiva por el Consejo Superior de Deportes con fecha de 24 de Enero del 1997, en la que se autorizó la inscripción de los Estatutos de la Federación Española de Pádel (EFEP). Gracias a sus estamentos federativos y a iniciativas como la puesta en marcha de una nueva liga profesional, el pádel pretende crear grandes esperanzas de que sea practicado por todo el Mundo, mediante la creación del World Padel Tour.

El pádel, a día de hoy, no es un deporte Olímpico ya que no cumple algunos aspectos como son: que sea practicado en un mínimo de 75 países y 4 continentes por hombres, y en un mínimo de 40 países y 3 continentes por mujeres; que se juegue en un mínimo de 25 países y 3 continentes para los Juegos de Invierno; que hayan adoptado y apliquen el código antidopaje mundial; y serán admitidos en el programa de los Juegos Olímpicos por lo menos 7 años antes de los Juegos en cuestión[1,2]. Sin embargo, cuando hablamos de otro deporte de raqueta como es el tenis, si podemos decir que es un deporte Olímpico[1,2], ya que cumple todas estas premisas.

La repetición de acciones concretas y gestos pueden ser un factor determinante a la hora de sufrir uno o varios tipos de lesiones músculo-esqueléticas propias de las demandas específicas del pádel. Por ello, hemos visto oportuno citar un estudio realizado jugadores de tenis[3], en el que se estimó que cada 1000 horas de práctica de tenis, se produjeron entre 2 y 20 lesiones[4-6]. Esto nos obliga, para la elaboración de este estudio, a realizar una revisión sobre el concepto de lesión para homogenizar y baremar de al igual modo todas las lesiones sufridas por los integrantes del estudio. El concepto de lesión empleado fue: "aquella situación en la que el deportista se haya visto obligado a acudir a los servicios de emergencia[7] y/o que hubiera obligado al deportista a requerir tratamiento y/o atención médica por parte de un sanitario"[3,4] durante la práctica deportiva del pádel.

El propósito de este estudio fue estudiar la incidencia y prevalencia de las lesiones musculo-esqueléticas sufridas en jugadores activos del pádel de todos los niveles; y la comparación con otros deportes de raqueta.

2. MATERIAL Y MÉTODO

2.1. Diseño

Estudio transversal, retrospectivo, analítico de tipo inferencial.

2.2. Participantes

Se recogió las lesiones deportivas sufridas durante la práctica de pádel de 404 sujetos activos de todos los niveles, de los cuales 310 fueron hombres y los demás mujeres, con una edad media 38 ±9,82 años que variaba entre 14-66 años. La estatura media fue de 1,76 ±0,08 metros y el peso de 76 ±14,36 kilogramos. El tiempo medio de práctica fue de 8±6,44 años, jugando el 34,7% de ellos normalmente en la posición de derecha,

35,4% al revés y el resto no lo tienen definido. En dicha muestra, el 81,2% de los participantes eran diestros y el 67,8% de ellos han sufrido alguna vez una lesión practicando pádel, estando el 53,5% de los participantes están federados. Por último, el 23,5% se consideraban noveles, 53% a nivel medio, 20,8% nivel alto y 2,7% a nivel profesional.

2.3. Protocolo de intervención

El presente estudio se realizó en una localidad sevillana donde la práctica de pádel es muy frecuente en sus instalaciones municipales. Para el presente estudio, se les preguntó a los participantes sobre las lesiones que habían tenido durante sus años de práctica de pádel, así como la cumplimentación de un cuestionario validado: IPAQ (International Physical Activity Questionnaire)[8]. Los datos fueron recogidos por un fisioterapeuta con el objetivo de asesorar al participante en la correcta decisión a la hora de informarnos sobre sus lesiones en su trayectoria deportiva en activo, recordando el concepto de lesión[3,4,7] para codificar las mismas con los menos sesgos posibles.

2.4. Análisis estadístico

Los datos obtenidos por se almacenaron para su posterior análisis estadístico como matrices de datos en el programa Stadistical Package for the Social Sciences (SPSS) versión 15.0. para Windows. No encontramos valores atípicos o inusuales al explorar la matriz de datos. Tras la fase de recogida de datos se procedió al análisis inferencial entre las variables, según tipos y normalidad de las mismas. Para describir las variables se han calculado las medidas de centralización y dispersión. En aquellas cuya distribución es simétrica, hemos observado la media y la desviación típica; y en las que su distribución es asimétrica la mediana y el recorrido intercuartilico (p25; p75). Para todas las pruebas el nivel de significación es de 0.05.

3. RESULTADOS

Las lesiones músculo-esqueléticas producidas en el pádel del siguiente estudio muestran que la mayoría de las lesiones se dan en la extremidad inferior y superior, seguido por las lesiones de espalda, coincidiendo esto con diversos estudios sobre las lesiones en el tenis[3,6,9-11].

Tabla 1. Lesiones músculo-esqueléticas producidas en miembro superior en el pádel.

Lesiones Extremidad Superior	%
Hombro	12%
Brazo	1%
Codo	20%
Antebrazo	2%
Muñeca/Mano	5%
Total	40%

Tabla 2. Lesiones músculo-esqueléticas producidas en el miembro inferior en el pádel.

Lesiones Extremidad Inferior	%
Pelvis/cadera	1%
Muslo	7%
Rodilla	12%
Triceps Sural	13%
Tobillo	6%
Pie	1%
Total	**40%**

Tabla 3. Lesiones músculo-esqueléticas producidas en el tronco en el pádel.

Lesiones del Tronco	20%
Cabeza/Cuello	4%
Zona Dorsal	2%
Zona Lumbar	14%
Abdomen	0%
Total	**20%**

En cuanto a las lesiones de la extremidad inferior la más prevalente ha sido la lesión del tríceps sural con un 13% seguido por la lesión de rodilla con un 12%. En la espalda, la zona más lesionada con la práctica de pádel es la lumbar con un 14%. Respecto a la extremidad superior, observamos que las lesiones en el codo con un 20% son las más frecuentes seguidas por las del hombro con un 12%. Todo esto coincide con un estudio en jugadores de tenis, en las que dichas lesiones son las más comunes[12].

Por lo que en cuanto al origen de la lesión en el pádel, diremos que las agudas se producen más en las extremidades inferiores (esguinces), mientras que las crónicas en las extremidades superiores (epicondilitis y síndrome subacromial) y en la espalda (hernia de disco y lumbalgia crónica)[6,13].

Para complementar el estudio, todos los sujetos fueron entrevistados mediante el cuestionario validado International Physical Activity Questionnaire (IPAQ)[8] (Short last 7 days telephone version of the IPAQ. Revised August 2002) acerca de su nivel de actividad física en los 7 últimos días, el cual presenta una fiabilidad de 0,8 (r = 0,81; IC 95 %: 0,79- 0,82), para ver el grado de actividad física realizada en los últimos 7 días. Todo esto no sirve para enmarcar a cada sujeto en uno de los tres rangos que presenta dicho cuestionario. Como podemos ver, la mayoría de los sujetos que componen nuestra muestra son personas activas:

Tabla 4. Estadísticos descriptivos de la muestra (Cuestionario IPAQ).

Nivel de Actividad Física (IPAQ)	
LEVE	2.5%
MODERADA	15%
SEVERA	82.5%

IPAQ: Cuestionario Internacional de Actividad Física. Formato corto sobre 7 últimos días.

4. DISCUSIÓN

Tras la recogida de datos y su posterior análisis pormenorizado, diremos que la prevalencia de lesiones específicas del pádel en deportistas de todos los niveles se sitúan en el hombro, codo, espalda, cadera, rodilla y tríceps sural.

4.1. Lesiones en pádel

4.1.1. Lesiones de codo

Desde el punto de vista biomecánico, el codo actúa como un eslabón en la cadena cinética del miembro superior, en la transferencia con la raqueta[14]. La principal lesión que encontramos en esta región es la epicondilitis con un 20% del total de la muestra.

La epicondilitis o "codo de tenista", es una tendinopatía de participación del extensor radial corto del carpo siendo una de las lesiones por sobrecarga más frecuentes en el miembro superior en los deportes de raqueta[15]. Lesión en la que no se han encontrado notables diferencias entre sexos[16], ni relación entre la prevalencia de sufrir una lesión en el codo y ser zurdo o diestro y/o jugar del derecho o del revés.

Sin embargo, otros factores que no hemos estudiado y que entendemos que podríamos considerar en las lesiones del codo, según un estudio en el tenis[17], es el grosor de la empuñadura, siendo la recomendada 6,25 mm (1/4 pulgada)[17]; y la ejecución del revés a una mano, cuestión que no se ha evidenciado diferencias entre los jugadores que realizan el revés a dos manos, con respecto a los que lo realizan con una, mediante electromiografía (EMG)[18]. Varios estudios mediante EMG realizados en la musculatura extensora de la muñeca, observó una reducción en la vibración del antebrazo en los jugadores experimentados, en comparación con los menos experimentados, en los golpes de revés, por lo que estos estudios concluyen que la epicondilitis está más relacionada con una técnica inadecuada[19,20].

4.1.2. Hombro

En una investigación, se concluyó que la lesión de hombro está presente en el 24% de los jugadores de tenis de los 12 a los 19 años de edad, con una creciente prevalencia de 50% en jugadores de mediana edad[21]. Otras investigaciones que han estudiado la incidencia y/o prevalencia del dolor en el hombro entre los jugadores de tenis obtienen resultados similares a los nuestros, registrándose un porcentaje de jugadores lesionados de entre el 4% al 17% de todos los niveles de juego[3,10,11,22].

En nuestro estudio, la prevalencia de lesión de hombro ha sido de un 12%, siendo la edad más crítica de lesión entre los 36-40 años y los 6 primeros años de práctica, siendo el más lesivo el segundo año. También, los jugadores que más se lesionan el hombro son los más altos y los que juegan al revés, duplicando esto último a los que juegan de derecha e indefinidos, ya que su rol es de "atacante". Estas características permiten al deportista un mayor campo de actuación a la hora de atacar. En el presente estudio, los jugadores que más lesión de hombro tienen son los que miden entre 1.80-1.85 m

Esta disminución de la patología de hombro en el pádel, respecto al tenis, la podemos explicar puesto que el saque, donde se imprime máxima potencia y tangencialmente disminuye la eficacia del gesto biomecánico, se realiza desde abajo y alternativamente por jugar dos contra dos; y en el tenis desde arriba y la mayoría de las veces siempre el mismo individuo. Por lo que diremos que las lesiones del hombro son comúnmente debidas a la repetición de gestos técnicos por encima de la cabeza, relacionado con desequilibrio escapular, manguito de los rotadores y patología glenohumeral por una mayor rotación interna con respecto a la externa[23,24].

En general, los síntomas de hombro en jugadores de pádel y tenis están relacionados con la inestabilidad sutil del hombro[25]. Debido a la elevada incidencia de la patología del hombro en los deportes de raqueta, se supone la predisposición que presentan los jugadores de pádel a sufrir artritis glenohumeral primaria a medida que cumplan años o envejezcan. Conclusión a la que se puede llegar tras una investigación en la que estudiaron a 18 tenistas sin historia de cirugía de hombro o trauma y comparado con un grupo control de la misma edad, donde se mostró que el 33% de los tenistas tenían signos radiológicos de cambios degenerativos en la articulación glenohumeral de su brazo dominante frente a sólo el 11% del grupo de control[26].

4.1.3. Pelvis/Cadera

Las lesiones alrededor de la articulación de la cadera en el pádel presentan un 1% de prevalencia en el presente estudio, siendo las principales lesiones el síndrome ciático, bursitis trocanterea y pubalgia. Otros estudios han reportado que la prevalencia de lesiones de cadera se encuentra entre el 1% y el 27% de las lesiones[3,6,10,22]. Se investigó la diferencia entre el tamaño del músculo psoas-ilíaco y de los músculos glúteos entre jugadores de tenis y fútbol mediante una imagen de resonancia magnética encontrando en los tenistas una hipertrofia asimétrica del músculo psoas iliaco de la pierna dominante, con respecto a la no dominante, mientras que la musculatura glútea sufría una hipertrofia simétrica[27]. Por lo que se deriva que este desequilibrio puede ser causa de dolor a nivel de la ingle o de la bursa de la cadera[28-30]. Otro estudio, constató que la tasa de prevalencia de sufrir deformaciones osteofíticas alrededor de la articulación de la cadera, en los tenistas era el doble que la de los atletas[31].

4.1.4. Rodilla

Un estudio epidemiológico de 397 atletas de todos los niveles y edades con lesiones deportivas en un período de 10 años[16,19,25] nos da pistas de la alta prevalencia de sufrir una lesión en la rodilla en los jugadores de pádel. Había casi 300 lesiones de rodilla relacionadas con el tenis y de éstos, el 11% tenía confirmación de lesión por esguince durante el seguimiento y no en la pista de tenis en el momento de la lesión[32].

En el pádel encontramos que el 12% presentan lesiones en la rodilla, siendo la proporción entre sexos de 4-1 de mujeres con respecto a los hombres[32]. Entre ellas, destaca el esguince de rodilla, la lesión del ligamento cruzado anterior (LCA)[22,33-35] y la tendinosis rotuliana, por orden decreciente respecto a su incidencia. Sin embargo, en una investigación en tenis se informó de que las lesiones de ligamentos colaterales de la rodilla y de los meniscos son más frecuentes en los jugadores de tenis con respecto a otros deportes[32]. Esta diferencia puede ser debida a la diferencia que existe en los desplazamientos, siendo en el pádel más cortos y por lo tanto, la estabilidad antero-posterior de la rodilla juega un papel más importante que en el tenis, que los desplazamientos son más largos y lo que prima es la estabilidad lateral.

Estas lesiones en las estructuras principales de la rodilla, producen el aumento del riesgo de la osteoartritis de rodilla[31,36,37]. Médicos e investigadores postularon que el haber practicado deporte de alto nivel creaba cambios degenerativos en la rodilla, como consecuencia de las tensiones repetitivas a las que se sometía la misma; no siendo así cuando el nivel de actividad física era moderado[38,39].

4.1.5. Tríceps Sural y tendón Aquiles

En una revisión en el ámbito del tenis encontramos el término "Tennis leg" que significa lesión del tríceps sural[40,41]. En un estudio con 720 atletas de todos los niveles estudiados durante un período de 12 años encontraron que el 16% de las lesiones se debieron a la actividad del tenis[42]. Investigaciones independientes han demostrado que el la lesión del tendón de Aquiles ha supuesto del 4% al 9% de todas las lesiones estudiadas[6,11]. En los jugadores de pádel observamos que el 13% de los jugadores sufrieron lesión de tríceps sural; repartiéndose este en 7% en el tendón de Aquiles, 4% bursitis Aquilea y un 2% de rotura del tendón de Aquiles. Esto relacionado con el peso, observamos que existe una alta prevalencia de sufrir una lesión en tríceps sural y/o rotura del Aquiles en los jugadores que sobrepasan los 78kg, que llevan 5 años o más de práctica deportiva y desarrollan un nivel medio de pádel.

4.1.6. Espalda

En una muestra de 148 jugadores de tenis en activo, la prevalencia de dolor en el tronco fue del 85%[43,44]. En otro estudio se constató que el 38% de los jugadores de tenis habían tenido que retirarse o faltar a un torneo a causa del dolor de espalda y el 29% sufrió de lesión crónica de espalda[45]. Otro estudio encontró que el 50% de los jugadores de tenis habían sufrido dolor de espalda por lo menos de 1 semana duración, de los cuales el 20% sufrían de dolor grave de espalda[46].

En el pádel, observamos que el 20% de los encuestados sufrieron de lesión en el tronco; más concretamente 14% de la zona lumbar, 4% de lesión cervical y 2% zona dorsal. Un factor a la hora de comparar las lesiones de tronco que se pueden producir en el pádel con las del tenis, es el servicio, siendo este el gesto más repetido durante un partido tenis[47]. Por lo tanto, gesto que puede ser determinante a la hora reincidir en determinadas lesiones de espalda[48,49]. En el pádel, el servicio o saque es realizado tras dejar caer la pelota sobre el suelo, siendo golpeada en el rebote a una altura no superior a la coxo-femoral. Siendo este un gesto menos exigente estructuralmente, lo que puede contribuir al menor número de lesiones en el tronco en los jugadores de pádel respecto a los del tenis. También, el golpe más clásico en el pádel es el "cortado", que hace que la pelota bote menos y por lo tanto el oponente tenga que flexionar el tronco más, golpear más bajo, siendo la dirección de este de abajo-arriba; sin embargo, en el tenis el golpe más utilizado es el "liftado", que hace que la pelota bote más y por lo tanto tenga que golpear más en extensión de tronco, golpear más arriba, siendo la dirección de este de arriba-abajo.

Otra objeción dentro del pádel, es que los jugadores que más se lesionan la zona lumbar son los más bajos y los que juegan de derecha, puesto que desempeñan el rol de "defensores"; los que llevan menos tiempo jugando, existiendo un incremento de lumbalgias mecánicas en el primer año de práctica deportiva; y los que llevan más de 23 años de práctica deportiva, donde observamos un incremento de hernias lumbares. Por el contrario, los jugadores que más se lesionan la zona cervical son los más altos y los que juegan al revés, ya que su rol es el de "atacante"; y los que tienen un nivel amateur durante los 5 primeros años.

4.2. Factores específicos de riesgo

4.2.1. Edad y sexo

La incidencia y prevalencia de sufrir una lesión en la práctica de pádel según la edad y el sexo no se relaciona mediante cambios estadísticamente significativos. El factor edad sobre la incidencia o prevalencia a la hora de sufrir lesión ha sido estudiado, por distintas escalas según niveles de juego y se vio que no existían diferencias significativas[9]. En un estudio de casi 4000 atletas, de los cuales más de 1800 habían sufrido lesiones deportivas, en un periodo de estudio de 15 años, no se encontraron diferencias significativas de 15 años, no se encontraron diferencias significativas entre sexos[9-11].

En este estudio, observamos que la edad de inicio y fin de la práctica deportiva de pádel posee más rango temporal en el hombre [18-60 años] que en la mujer [27-49 años], pudiendo esto ser marcado por las limitaciones físicas, endocrinas y metabólicas, principalmente.

4.2.2. Nivel de habilidad

Hasta donde sabemos, sólo un estudio ha estudiado la relación existente entre el nivel de juego y la prevalencia de sufrir lesiones deportivas[9,50], no encontrándose diferencias significativas. Se sabe que los jugadores menos experimentados realizan un mayor esfuerzo para cubrir sus carencias técnicas, lo que les puede llevar a sufrir un mayor número de lesiones. Esto se puede comprobar tras estudiar la influencia del nivel de juego en la vibración de la muñeca y del codo en la ejecución del golpe de revés, en el cual si se observaron diferencias. Encontrando que la vibración en la muñeca y en el codo era menor en los más experimentados[19]. Otra investigación confirmó estos hallazgos, ya que los jugadores experimentados fueron capaces de reducir el impacto de la vibración de la raqueta en la articulación del codo en un 89% durante el golpe de revés mientras que los jugadores de menor nivel redujeron la vibración en sólo un 62%[51].

En el presente estudio podemos ver que los jugadores de pádel que más se lesionan son los que se consideran en un nivel medio de juego, decreciendo cuando dicho nivel desarrollado va mejorando.

Tabla 5. Porcentaje de lesión en el pádel según en el nivel de habilidad.

Nivel de habilidad	Lesión producida jugando al Pádel		Total
	Ninguna lesión	Si ha sufrido lesión	
Iniciación	67	28 (8%)	95
Medio	50	164 (41%)	214
Alto	12	72 (17%)	84
Profesional	1	10 (2%)	11
Total	130	274 (68%)	404

4.3. Directrices para el futuro

Con este primer estudio descriptivo de las lesiones producidas en los jugadores de pádel de todos los niveles, se comienza una importante línea de investigación sobre la epidemiología en la incidencia y prevalencia de las lesiones que tienen lugar en el pádel. Este ha sido sólo el primer paso de un grupo de estudios que esperamos poder llegar a cabo, con todo el completo grupo poblacional de jugador de pádel, ya sea profesional o aficionado. Por lo que enfocamos este camino a la aportación de evidencia científica, tras observar en la práctica clínica diaria la necesidad de contar con datos objetivos que ayuden a planificar estrategias para la prevención, seguimiento y tratamiento de las lesiones que se dan en el colectivo poblacional practicante de pádel.

5. CONCLUSIONES

Con este estudio concluimos que no existen tan marcadas diferencias entre las lesiones que se producen en el jugador de pádel, con respecto al jugador de tenis.

Primeramente podemos deducir que en el pádel destaca sobre todo la técnica y la correcta colocación en la pista ya existe un gran predominio de desplazamientos cortos. Entendemos que el jugador de pádel tiene que recorrer menos kilómetros durante un partido que el jugador de tenis. Por otro lado, en pádel la competición siempre se realiza por parejas, y no existe la competición individual, a diferencia del tenis, además de que las dimensiones de la pista son menores. Por lo que intuimos, que el número total de pelotas que golpea es también significativamente menor con respecto del jugador de tenis, ya que los golpes se reparten entre los dos jugadores.

Por otro lado, la diferencia en el saque entre el tenis y el pádel es un factor que pensamos que contribuye a la menor prevalencia de lesiones en el jugador de pádel, tanto en el hombro como en la espalda. En cuanto al sexo no existe diferencia entre los hombres con respecto a las mujeres. El volumen de juego no tiene tanta relación con la lesión como la técnica en las lesiones en el pádel, puesto que se entiende que los jugadores profesionales dedican un mayor volumen de juego, con respecto al jugador amateur, pero sin embargo sufre menos lesiones.

Otro hecho que sin duda pensamos que contribuye al menor número de lesiones en el pádel, es el que no siempre la pelota viene enérgicamente desde el contrario, sino que en un gran número de ocasiones viene rebotada de las paredes de fondo o laterales, lo que sin duda resta potencia en el impulso de la bola. Por lo que la transmisión de cargas a la muñeca y brazo del jugador de pádel disminuye, ya que este golpea aprovechando la inercia de la pelota.

REFERENCIAS BIBLIOGRÁFICAS

Tennis. London 2012 Olympic Organizing Committee. http://www.london2012.com/ games/olympic-sports/tennis.php (accessed 3 February 2012).

Tennis at the Summer Olympics. Wikipedia Online Encyclopedia. http://en.wikipedia. org/wiki/Tennis_at_the_Summer_Olympics (accessed 3 February 2012).

Hutchinson MR, Laprade RF, Burnett QM 2nd, et al. Injury surveillance at the USTA Boys' Tennis Championships: a 6-yr study. Med Sci Sports Exerc 1995;27:826–30.

Silva RT, Takahashi R, Berra B, et al. Medical assistance at the Brazilian juniors tennis circuit–a one-year prospective study. J Sci Med Sport 2003;6:14–18.

Beachy G, Akau CK, Martinson M, et al. High school sports injuries. A longitudinal study at Punahou School: 1988 to 1996. Am J Sports Med 1997;25:675–81.

Pluim BM, Staal JB, Windler GE, et al. Tennis injuries: occurrence, aetiology, and prevention. Br J Sports Med 2006;40:415–23.

Finch C, Valuri G, Ozanne-Smith J. Sport and active recreation injuries in Australia: evidence from emergency department presentations. Br J Sports Med 1998;32:220–5.

Cuestionario Internacional de Actividad Física (Agosto de 2002). Formato telefónico corto–últimos 7 días. Para uso con jóvenes y adultos de mediana edad (15-69 años). USA Spanish version translated 3/2003- Short last 7 days telephone version of the IPAQ. Revised August 2002.

Jayanthi N, Sallay PI, Hunker P, et al. Skill-level related injuries in recreational competition tennis players. Med Sci Tennis 2005;10:12–15.

Sallis RE, Jones K, Sunshine S, et al. Comparing sports injuries in men and women. Int J Sports Med 2001;22:420–3.

Winge S, Jørgensen U, Lassen Nielsen A. Epidemiology of injuries in Danish championship tennis. Int J Sports Med 1989;10:368–71.

Hjelm N, Werner S, Renstrom P. Injury profile in junior tennis players: a prospective two year study. Knee Surg Sports Traumatol Arthrosc 2010;18:845–50.

Baxter-Jones A, Maffulli N, Helms P. Low injury rates in elite athletes. Arch Dis Child 1993;68:130–2.

Denise Eygendaal, F G T Rahussen y R L Diercks Br J Sports Med. 2007 November; 41(11): 820–823.

De Smedt T, de Jong A, Van Leemput W, et al. Lateral epicondylitis in tennis: update on aetiology, biomechanics and treatment. Br J Sports Med 2007;41:816–19.

Gruchow HW, Pelletier D. An epidemiologic study of tennis elbow. Incidence, recurrence, and effectiveness of prevention strategies. Am J Sports Med 1979;7:234–8.

Hatch GF 3rd, Pink MM, Mohr KJ, et al. The effect of tennis racket grip size on forearm muscle fi ring patterns. Am J Sports Med 2006;34:1977–83.

Giangarra CE, Conroy B, Jobe FW, et al. Electromyographic and cinematographic analysis of elbow function in tennis players using single- and double-handed backhand strokes. Am J Sports Med 1993;21:394–9.

Hennig EM, Rosenbaum D, Milani TL. Transfer of tennis racket vibrations onto the human forearm. Med Sci Sports Exerc 1992;24:1134–40.

Nirschl R P, Pettrone F A. Tennis elbow: the surgical treatment of lateral epicondylitis. J Bone Joint Surg Am 1979. 61832–839.839.

Lehman RC. Shoulder pain in the competitive tennis player. Clin Sports Med 1988;7:309–27.

Kühne CA, Zettl RP, Nast-Kolb D. (Injuries- and frequency of complaints in competitive tennis- and leisure sports). Sportverletz Sportschaden 2004;18: 85–9.

Van der Hoeven H, Kibler WB. Shoulder injuries in tennis players. Br J Sports Med 2006;40:435–40; discussion 440.

Neuman BJ, Boisvert CB, Reiter B, et al. Results of arthroscopic repair of type II superior labral anterior posterior lesions in overhead athletes: assessment of return to preinjury playing level and satisfaction. Am J Sports Med 2011;39:1883–8.

Perkins RH, Davis D. Musculoskeletal injuries in tennis. Phys Med Rehabil Clin N Am 2006;17:609–31.

Maquirriain J, Ghisi JP, Amato S. Is tennis a predisposing factor for degenerative shoulder disease? A controlled study in former elite players. Br J Sports Med 2006;40:447–50.

Sanchis-Moysi J, Idoate F, Izquierdo M, et al. Iliopsoas and gluteal muscles are asymmetric in tennis players but not in soccer players. PLoS ONE 2011;6: e22858.

Mozes M, Papa MZ, Zweig A, et al. Iliopsoas injury in soccer players. Br J Sports Med 1985;19:168–70.

Kujala UM, Kaprio J, Sarna S. Osteoarthritis of weight bearing joints of lower limbs in former élite male athletes. BMJ 1994;308:231–4.

Lindberg H, Roos H, Gärdsell P. Prevalence of coxarthrosis in former soccer players. 286 players compared with matched controls. Acta Orthop Scand 1993;64: 165–7.

Spector TD, Harris PA, Hart DJ, et al. Risk of osteoarthritis associated with long-term weight-bearing sports: a radiologic survey of the hips and knees in female ex-athletes and population controls. Arthritis Rheum 1996;39:988–95.

Majewski M, Susanne H, Klaus S. Epidemiology of athletic knee injuries: A 10-year study. Knee 2006;13:184–8.

Powell JM, Kavanagh TG, Kennedy DK, et al. Intra-articular knee injuries in racquet sports. A review of 128 arthroscopies. Surg Endosc 1988;2:39–43.

Boden BP, Sheehan FT, Torg JS, et al. Noncontact anterior cruciate ligament injuries: mechanisms and risk factors. J Am Acad Orthop Surg 2010;18:520–7.

Alentorn-Geli E, Myer GD, Silvers HJ, et al. Prevention of non-contact anterior cruciate ligament injuries in soccer players. Part 2: a review of prevention programs aimed to modify risk factors and to reduce injury rates. Knee Surg Sports Traumatol Arthrosc 2009;17:859–79.

Kujala UM, Kettunen J, Paananen H, et al. Knee osteoarthritis in former runners, soccer players, weight lifters, and shooters. Arthritis Rheum 1995;38:539–46.

Sandmark H, Vingård E. Sports and risk for severe osteoarthrosis of the knee. Scand J Med Sci Sports 1999;9:279–84.

Lequesne MG, Dang N, Lane NE. Sport practice and osteoarthritis of the limbs. Osteoarthr Cartil 1997;5:75–86.

Manninen P, Riihimaki H, Heliovaara M, et al. Physical exercise and risk of severe knee osteoarthritis requiring arthroplasty. Rheumatology (Oxford) 2001;40:432–7.

Delgado GJ, Chung CB, Lektrakul N, et al. Tennis leg: clinical US study of 141 patients and anatomic investigation of four cadavers with MR imaging and US. Radiology 2002;224:112–19.

Severance HW Jr, Bassett FH 3rd. Rupture of the plantaris–does it exist? J Bone Joint Surg Am 1982;64:1387–8.

Millar AP. Strains of the posterior calf musculature ('tennis leg'). Am J Sports Med 1979;7:172–4.

Ferguson RJ, McMaster JH, Stanitski CL. Low back pain in college football linemen. J Sports Med 1974;2:63–9.

Kujala UM, Taimela S, Erkintalo M, et al. Low-back pain in adolescent athletes. Med Sci Sports Exerc 1996;28:165–70.

Marks MR, Haas SS, Wiesel SW. Low back pain in the competitive tennis player. Clin Sports Med 1988;7:277–87.

Swärd L, Eriksson B, Peterson L. Anthropometric characteristics, passive hip flexion, and spinal mobility in relation to back pain in athletes. Spine 1990;15:376–82.

Johnson CD, McHugh MP, Wood T, et al. Performance demands of professional male tennis players. Br J Sports Med 2006;40:696–9; discussion 699.

Chow JW, Park SA, Tillman MD. Lower trunk kinematics and muscle activity during different types of tennis serves. Sports Med Arthrosc Rehabil Ther Technol 2009;1:24.

Maquirriain J, Ghisi JP. The incidence and distribution of stress fractures in elite tennis players. Br J Sports Med 2006;40:454–9; discussion 459.

Kitai E, Itay S, Ruder A, et al. An epidemiological study of lateral epicondylitis (tennis elbow) in amateur male players. Ann Chir Main 1986;5:113–21.

Wei SH, Chiang JY, Shiang TY, et al. Comparison of shock transmission and forearm electromyography between experienced and recreational tennis players during backhand strokes. Clin J Sport Med 2006;16:129–35.

Grip Guide – A Grip on Your Game. Tennis.com. http://www.tennis.com/articles/templates/instruction.aspx?articleid=1337 (accessed 5 February 2012).

Tagliafi co AS, Ameri P, Michaud J, et al. Wrist injuries in nonprofessional tennis players: relationships with different grips. Am J Sports Med 2009;37:760–7.

Cross R. Grand Slam injuries 1978–2005. Med Sci Tennis 2006;11:1.

Capítulo 3

A COMPARISON OF MUSKULOSKELETAL INJURIES AMONG JUNIOR AND SENIOR SPANISH PADDLE-TENNIS PLAYERS

Romualdo Castillo-Lozano[1*], María Jesús Casuso-Holgado[1]
[1]PT, MSc, PhD University of Osuna (Seville, Spain).
*Corresponding author: romu_castillo@hotmail.com

Resumen:

El objetivo de esa investigación fue describir la incidencia de las lesiones musculoesqueléticas en jugadores aficionados de pádel junior y sénior. La muestra estuvo compuesta por 54 hombres jugadores activos con una media de edad de 41.46 ± 21.6 años. Se les preguntó a los participantes las lesiones que había sufrido durante su carrera como jugadores de pádel. Se formaron dos grupos – junior y sénior – para compara cuáles fueron las lesiones más comunes y en qué zonas se dieron en cada grupo. Los resultados muestran que lesiones que las lesiones articulares específicas debido a la práctica del pádel se encuentran mayoritariamente en el hombro, espalda baja y rodilla. El hombro fue la región más común de lesión en el grupo sénior, mientras que la espalda baja fue la región con mayor incidencia en el junior. Estos resultados pueden ayudar a los fisioterapeutas en la creación de programas preventivos centrados en la articulación escapulohumeral, espalda baja, y/o control pélvico motor y fuerza de las extremidades inferiores.

Palabras Clave: Lesiones de atletas, prevención de lesions, pádel, fisioterapia.

Abstract:

The purpose of this research was to describe the incidence of musculoskeletal injuries in senior and junior male recreational Spanish paddle-tennis players. The sample was composed of 54 active male paddle-tennis players with a mean age of 41.46 ± 21.6 years. Participants were asked about the injuries they had suffered during their paddle-tennis career. Two groups were made – Junior and Senior – to compare the main kind of injury and its location in each group. The results showed that specific joint lesions due to paddle-tennis are located mainly in the elbow, lower back and knee. The elbow has been shown as the most common region of injury in the Senior group; in the Junior group, it was the lower back region which showed a higher incidence. These findings could help physiotherapists to create preventive programmes focused mainly on the scapulohumeral joint, lumbar and/or pelvic motor control and lower limb strength.

Keywords: Athletic injury, injury prevention, paddle-tennis, physiotherapy.

1. INTRODUCTION

Paddle-tennis is a relatively young sport, being recognised as a sport by the Spanish Sports Council on the 24 January 1997, in which the Statutes of the Spanish Paddle-tennis Federation were registered (Spanish Paddle-tennis Federation, 2013). Thanks to its federal estates and initiatives, such as the launch of a new professional league (World Paddle-tennis Tour), paddle-tennis has high hopes of being practiced all over the world.

From an injury preventive point of view, the repetition of specific actions and gestures can be a determining factor when suffering from one or more types of musculoskeletal injuries (Pluim et al., 2006; Silva et al., 2003) peculiar to the specific demands of paddle-tennis. Furthermore, the unilateral nature of the sport can develop asymmetric musculoskeletal adaptations, which may increase the risk of specific injury: in the case of junior and elite tennis players this is a higher risk of acute injuries to the lower limbs, whereas in older adults who practice this sport recreationally the risk is higher in the upper limbs (Jayanthi & Esser, 2013). For this reason, in the last years Spanish physiotherapists are dealing with these particular injuries, becoming necessary further research on this topic.

Given the absence in our country of epidemiological data on injuries related to paddle-tennis practice and the current increase of it among the Spanish population, the purpose of this study was to describe the incidence of musculoskeletal injuries in senior and junior recreational players. This information could help Spanish physiotherapist to develop preventive interventions suit to each age group.

2. METHODS

2.1. Participants

This is a cross-sectional analysis aiming to describe the incidence of musculoskeletal injuries in Spanish paddle-tennis players. Fifty-four male paddle-tennis players were analysed, with a mean age of 60.46 ± 3.5 (55–67 years old) for the senior group and 17.7 ± 2.03 (14–20 years old) for the junior group. The average height in both groups was 1.77± 0.0 meters. The average weight and practice time in Senior and Junior groups were respectively: 80.5±16.2 and 72.8±10.29kg; 10.3±6.4 and 5±4.24 years.

Before collecting any data, participants voluntarily signed an informed consent previously approved for this study. After that, participants were asked about the injuries they had suffered during their paddle-tennis career.

2.2. Procedure

All participants involved in the study adhered to the inclusion/exclusion criteria. Two groups were made to compare the main determinants of injury in each group. Inclusion criteria were: subjects under 20 years old (included) and over 55 years old (included); practicing paddle-tennis more than 3 times per week or more than five hours weekly practices. Prior to data collection, written informed consent with information on the procedure of the study was obtained from the participants in accordance with the Helsinki Declaration (2000 modification). This study had ethics approval from the Research Ethics Committee of the Faculty of Physiotherapy of the University of Seville (Spain) Anthropometric data (age, height, weight), sport data (years of paddle practice) and muskuloskeletar injuries information were collected by a physical therapist

2.3. Statistical treatment of data

Descriptive statistics were obtained by measuring the central tendencies and rate of dispersion of the quantitative variables studied.

Absolute and relative frequency was also calculated for qualitative ones. Secondly, scores between groups were compared using T-student and Chi^2 tests. We used SPSS for Windows v. 15.0.

3. RESULTS

The distribution of the sample and descriptive statistics for anthropometric and paddle-tennis-related variables for the groups are shown in Table 1.

Table 1. Descriptive anthropometric and sport data

Anthropometric data	Average ± Standard Deviation		
	Total sample	Senior group (55-67 years)	Junior group (14-20 years)
Sample	54	30	24
Age (years)	38.9 ± 21.8	60.4 ± 3.5	17.5 ± 2.1
Height (cm)	1.77 ± 0.01	1.77 ± 0.05	1.77 ± 0.89
Weight (kg)	75.31 ± 14.73	80.5 ± 16.2	72.8 ± 10.29
Sport data	Percentage %		
Practice time (years)	7.65 ± 6.05	10.33 ± 6.42	5 ± 4.24

Mean differences (T-test) were tested taking into account Senior/Junior groups. Significant differences were found regarding age ($F_{2,58}$ = 8.158; < 0.001) and practice time ($F_{2,58}$ = 8.455; p < 0.001). Descriptive statistics for musculoskeletal injuries is shown in Table 2. Significant mean differences between groups (Senior/Junior) were found regarding paddle-tennis injuries ($F_{2,58}$ = 25.04; p = 0.019) and their location in the elbow ($F_{2,58}$ = 31.659; p = 0.014) and hamstring muscles ($F_{2,58}$ = 24.926; p = 0.039).

Table 2. Descriptive musculoskeletal injuries data

	Relative frequency (%)	
	Senior group (55-67 years)	Junior group (14-20 years)
Paddle injury	86.70	60
Location: head/neck, upper limbs, trunk, and lower limbs		
Shoulder	10	6.70
Elbow	36.70	10
Wrist	-	6.70
Neck	10	-
Low back	13.30	23.30
Sprained ankle	6.70	6.70
Calf	10	-
Hamstrings muscles	13.30	-
Sprained knee	20	10
Plantar fasciitis	3.30	10

4. DISCUSSION AND IMPLICATIONS

This study has analysed the incidence of musculoskeletal injuries in a sample of junior and senior recreational Spanish paddle-tennis players. Taking into account global injury location, the most commonly injured body regions were the upper and lower limbs. Similar data was observed in an 11-year longitudinal study about emergency tennis-related injuries treated in the United States (Gaw & Smith, 2014). As has been shown, the incidence of specific joint lesions due to paddle-tennis is located mainly in the elbow, lower back and knee. Previous research related to racquet sports suggested that injuries of the upper and lower limbs are more chronic (epicondylitis and knee sprains) and back the sharpest (herniated disc and back pain) (Hjelm et al., 2010; Jayanthi et al., 2005).

The elbow has been shown as the most common site of injury in the senior group. The age factor and the playing time seem to be very present in elbow injuries (Gruchow and Pelletier, 1979). The present data are consistent with previous findings in tennis, where "tennis elbow" is considered as the leading overuse injury of the upper limbs in this sport (Pluim et al., 2006). Furthermore, senior players have significantly suffered more sport injuries, which could be explained by a longer paddle-tennis career.

The prevalence of shoulder injury was 10% in the senior group and 6.7% in the junior group. We hypothesise that this type of injury could be a typical for the game. We believe that the players who injure their shoulder are the tallest and those who play backwards, and that their role is "forward". These features allow the athlete a wider field of action when attacking. If we compare this with tennis, it was found that shoulder injuries are present in 4% to 24% of players at all levels of play (Kühne et al., 2004).

Several epidemiological studies report a high prevalence of knee injury in sports (Majewski et al., 2006). The 11% of injuries were in athletes who play racket sports (Majewski et al., 2006). Similar data have been observed in the sample of paddle-tennis players analyzed: 20% of knee injuries in the Senior group and 10% of the Junior group of our study.

It has also been observed that 13.3% of the senior group and 23.3% of the Junior group suffered an injury in the lower back. These data are consistent with studies of other racket sports (Kujala et al., 1996; Swärd et al., 1990). It is important to highlight that the incidence rate is higher in younger players, being in the junior group the injury with a higher incidence. Renkawitz (2006) affirm that tennis players have a high risk of suffering back pain, which increases with age in an opposite way to our findings. On the other hand, Hjelm et al. (2010) also observed that ankle sprains, lower back pain and knee injuries were the most common injuries among junior tennis players.

A factor when comparing trunk injuries which can occur in paddle-tennis tennis is the service, which is the gesture repeated for a tennis match (Johnson et al., 2006; Chow et al., 2009). This gesture can be a determining factor in certain relapse back injuries (in paddle-tennis, the service is performed after dropping the ball on the floor, being hit on the rebound to a height not exceeding the coxofemoral. Since this is a less demanding gesture anatomically, this may contribute to fewer lesions in the trunk of paddle-tennis players than in tennis players.

4.1. Study limitations

This study has some limitations that must be taken into account when interpreting the findings. Firstly, the sample size is not large enough to generalise the results for all paddle-tennis players. Secondly, the outcome measures used were self-reported, depending upon the individual's perception of their musculoskeletal injury and the values that they placed on aspects of their disease, such as pain.

Therefore, it is true that no previous research has analysed the incidence of injuries and risk factors in senior and junior Spanish paddle-tennis players as has been done here. It can also be said that the results of the current study may be used clinically to enable physiotherapists to design an effective preventive programme for paddle-tennis players, taking into account the particular features of each age group.

5. CONCLUSIONS

The most commonly injured body regions observed among the paddle-tennis players analysed were upper and lower limbs. The incidence of specific joint lesions of paddle-tennis is located mainly in the elbow, lower back and knee. The elbow has been shown as the most common region of injury in the Senior group; in the Junior group, it was the lower back region which showed a higher incidence.

As it was explained, the purpose of this study was to describe the incidence of musculoskeletal injuries in senior and junior recreational players and to analyse the main risk factors in this sport in order to create preventive programmes from physiotherapy. Physiotherapy not only acts when there is damage, it must also give advice or intervene in various ways to prevent relapses or future injuries. Prevention in paddle-tennis is also a field of action for physiotherapy. This prevention is achieved by directed and controlled neuromuscular re-education on possible pathological adaptations created by the ipsilateral lateral demarcation. As it has been observed, preventive programmes for scapulohumeral and knee joints and lumbar and/or pelvic area could lead to injury. Physical therapy begins long before a lesion appears, and the ultimate goal is to prevent the damage.

REFERENCES

Chow, J.W,. Park, S.A., Tillman, M.D. (2009). Lower trunk kinematics and muscle activity during different types of tennis serves. Sports Medicine Arthroscopy Rehabilitation Therapy & Technology, 1, 24-29.

Federación Española de Pádel. Consejo Superior de Deportes. Retrieved from: http://www.paddle-tennisfederacion.es/Paginas/index.asp.

Gaw, C.E., Smith, G.A. (2014). Tennis-related injuries treated in United States emergency Departments, 1990-2011. Clinical Journal of Sport Medicine, 24(3), 226-232.

Gruchow, H.W., Pelletier, D. (1979). An epidemiologic study of tennis elbow. Incidence, recurrence, and effectiveness of prevention strategies. American Journal of Sports Medicine, 7, 234–238.

Hjelm, N., Werner, S., Renstrom, P. (2010). Injury profile in junior tennis players: a prospective two year study. Knee Surgery, Sports Traumatology, Arthroscopy, 18, 845–850.

Jayanthi, N., Esser, S. (2013). Racket sports. Current Sports Medicine Reports, 12(5), 329-336.

Jayanthi, N., Sallay, P.I., Hunker, P., et al. (2005). Skill-level related injuries in recreational competition tennis players. Medicine and Science in Tennis, 10, 12–15.

Johnson, C.D., McHugh, M.P., Wood, T., et al. (2006). Performance demands of professional male tennis players. British Journal of Sports Medicine, 40, 696–699.

Kühne, C.A., Zettl, R.P., Nast-Kolb, D. Injuries- and frequency of complaints in competitive tennis- and leisure sports (2004). Sportverletz Sportschaden, 18, 85–89.

Kujala, U.M., Taimela, S., Erkintalo, M., et al. (1996). Low-back pain in adolescent athletes. Medicine & Science in Sports & Exercise, 28, 165–170.

Majewski, M., Susanne, H., Klaus, S. (2006). Epidemiology of athletic knee injuries: A 10-year study. Knee, 13, 184–188.

Pluim, B.M., Staal, J.B., Windler, G.E., et al. (2006). Tennis injuries: occurrence, aetiology, and prevention. British Journal of Sports Medicine, 40, 415–423.

Renkawitz, T. (2006). Neuromuscular efficiency of erector spinae in high performance amateur tennis players. Medicine and Science in Tennis, 11, 26-31.

Silva, R.T., Takahashi, R., Berra, B., et al. (2003). Medical assistance at the Brazilian juniors tennis circuit–a one-year prospective study. Journal of Science and Medicine in Sport, 6, 14–18.

Swärd, L., Eriksson, B., Peterson, L. (1990). Anthropometric characteristics, passive hip flexion, and spinal mobility in relation to back pain in athletes. Spine, 15, 376–382.

Capítulo 4
EPIDEMIOLOGY OF MUSCULOSKELETAL INJURY IN THE PADDLE-TENNIS SENIOR PLAYERS

Castillo-Lozano, Romualdo; PhD[1].
[1]Lecturer, Physiotherapy Department at University of Osuna, Seville, Spain.
Corresponding author: romualdocl@euosuna.org.

Resumen:

El volumen de juego, combinado con las demandas físicas del deporte, pueden provocar lesiones en el sistema musculoesquelético en seniors. En general, la incidencia y prevalencia de las lesiones en jugadores de pádel no ha sido muy poco estudiada. El objetivo de este estudio es describir la incidencia de las lesiones musculoesqueléticas en jugadores sénior de pádel. La muestra estuvo compuesta por 131 jugadores senior activos de pádel (107 hombres / 24 mujeres), con una media de edad de 56.8±4.6 años [entre 50 y 66 años] y 1.76±0.07 m, 81.3±16.44 kg y una media de of 9.36±6.34 años de práctica. El 39.7% jugaban en la posición de derecha; 79.4% por encima del nivel medio, 91.6% diestros y 62.6% federados. Se les preguntó a los participantes por las lesiones que habían sufrido a lo largo de su carrera como jugadores de pádel y completaron el Cuestionario Internacional de Actividad Física (IPAQ). Los resultados muestran que las lesiones artículares específicas del pádel se localizan en la rodilla (29.8%), espalda baja (27,5%), rodilla (22.9%), pierna de tenista (22.1%) y hombro (20.6%). El pádel genera unas demandas en el sistema musculoesquelético en jugadores seniors, con específicas lesiones, como los esguinces de rodilla, siendo más frecuentes en las extreminades inferiores mientras que lesiónes crónicas como la epicondilitis y el dolor de hombro son las más comunes en las extremidades superiores. Estos resultados pueden ayudar a la creación de programas preventivos de fisioterapia.

Palabras clave: Lesiones de atletas, prevención de lesions, pádel, fisioterapia.

Abstract:

The volume of play, combined with the physical demands of the sports, can lead to injuries of the musculoskeletal system in seniors. Overall, injury incidence and prevalence in paddle-tennis has not been reported in any investigation. The purpose of this study was to describe the incidence of musculoskeletal injuries in paddle-tennis senior players. The sample was composed of 131 active paddle-tennis senior players (107 men / 24 women); with a mean age of 56.8±4.6 years [50 to 66 years] and 1.76±0.07 m, 81.3±16.44 kg and an average playtime of 9.36±6.34 years. The 39.7% played at the right position; 79.4% over the medium level, 91.6% were right-hand and 62.6% were federated. Participants were asked about the injuries they had suffered during their paddle-tennis career and completed the International Physical Activity Questionnaire (IPAQ). The results showed that specific joint lesions due to paddle-tennis are located mainly in the elbow (29.8%), lower back (27.5%), knee (22.9%), tennis leg (22.1%) and shoulder (20.6%). Paddle-tennis creates specific demands on the musculoskeletal system of senior players, with acute injuries, such as knee sprains, being more frequent in the lower extremity while chronic overuse injuries, such as lateral epicondylitis and shoulder pain are more common in the upper extremity, and low back pain in the trunk in the senior players. These findings could help physiotherapists to create preventive programmes.

Keywords: Athletic injury; injury prevention; paddle-tennis; physiotherapy; seniors.

1. BACKGROUND

Racket-Sports has many health benefits for seniors, including improved aerobic fitness, lowering body fat percentage, developing a more favourable lipid profile, reducing the risk for developing cardiovascular disease, and improving bone health[1,2]. Epidemiological description of musculoskeletal injuries in racquet sports is increasingly necessary to detail the factors related to the injury[3]. Paddle-Tennis in general is considered a low-risk sport with minimal incidence of severe injury in seniors. Reported injury rates vary from 0.05 to 2.9 injuries per player per year in racket-sports[1]. This wide variance may be due to varied definitions of "injury" and variability in the age, gender, and ability level of the cohorts studied. In a crosssectional survey study of 529 recreational senior players with an average age of 49.6 years, Jayanthi et al.[4] reported 3.0 injuries per 1000 h of play and a prevalence of 52.9 injuries per 100 players. Overuse injuries predominated, and 49% of injuries were in the lower extremities. An earlier study by Gruchow and Pelletier[5] suggested that individuals who play more than 2 h per day, 5 h•wk -1 (i.e., 10 h•wk - 1), increase their risk of lateral epicondylitis. Other studies examining volume of play and injury risk found no difference in injury rates based on hours of play per day up to 6 h•wk -1[4]. There is however preliminary evidence that increasing skill level may increase injury risk, specifically, acute injuries[4]. Tournament play was more likely to result in injury than noncompetitive play (OR, 4.1)[6].

The repetition of specific actions and gestures can be a determining factor when suffering from one or more types of musculoskeletal injuries[7,8] peculiar to the specific demands of paddle-tennis. The unilateral nature of paddle-tennis creates certain adaptations over time. The significance of these adaptations as a way to improve performance, or a risk factor for injury, is debatable. Modification of the extremes of adaptation is a typical goal for injury prevention programs. Adaptations of the trunk and lower extremity include a loss of internal rotation of the leading hip[9] and asymmetric hypertrophy of the contralateral rectus abdominis in racket-sport players[10]. Specific assessments can identify these at-risk segments, help guide prevention strategies which include technical errors, and assist in developing recommendations back to the game [11-13].

The purpose of this study was to describe the incidence of musculoskeletal injuries in senior recreational Spanish paddle-tennis senior players and to analyse the main risk factors in this sport in order to create preventive programmes from physiotherapy.

2. METHODS

2.1. Participants

This is a cross-sectional analysis aiming at describing the incidence of musculoskeletal injuries in paddle-tennis. The sample was composed of

131 active paddle-tennis senior players (107 men / 24 women); with a mean age of 56.8±4.6 years [50 to 66 years] and 1.76±0.07 m, 81.3±16.44 kg and an average playtime of 9.36±6.34 years. The 39.7% played at the right position; 79.4% over the medium level, 91.6% were right-hand and 62.6% were federated. Participants were asked about the injuries they had suffered during their paddle-tennis career and completed the International Physical Activity Questionnaire (IPAQ)[14], which presents a reliability of 0.8 (r = 0.81; IC 95 %: 0.79–0.82) and scores from 0 (1–2 days/week) to 2 (> 5 days/week).

All participants involved in the study adhered to the inclusion/exclusion criteria. Inclusion criteria were: subjects ≥50 years old (included) who has had an injury playing paddle-tennis; practicing paddle-tennis more than 3 times per week or more than five hours weekly practice and who has suffered an injury playing paddle-tennis. Prior to data collection, written informed consent was provided with information on the procedure of the study.

2.2. Ethics

This study was approved by the Research and Ethics Committee of the Faculty of Health Sciences from the University of Seville (Spain). All volunteers were informed about the procedures and potential risks and gave their written informed consent to participate in the study. It followed the principles and rules of the Helsinki Declaration of 1975, last revised in Seoul in 2008. Principles of confidentiality and autonomy of the individual were maintained through the application of informed consent and data segregation to ensure anonymity at all times. The data were handled and guarded with respect to the privacy of study participants and current data protection legislation (Law 15/1999 of Protection of Personal Data), which should ensure the confidentiality of the same.

2.3. Procedure

These data were collected by a physical therapist to advise the participants on the right decision when it comes to knowing about his injuries in his sporting career, recalling the concept of injury. As it has been explained, the concept of injury was "a situation in which the athlete has been forced to go to emergency services and/or that would have forced the athlete to require treatment and/or medical attention during sport of paddle-tennis practice [13].

As it has been said, baseline information related to anthropometric data (age, sex, height, weight and body mass index) and sport data (years of paddle practice, sport level, laterality and federal license) were collected. On the other hand, it was assessed information about muskuloskeletal injuries.

2.4. Analysis

Descriptive statistics were obtained by measuring the central tendencies and rate of dispersion of the variables studied. Secondly, correlations between anthropometric, sport variables and musculoskeletal injuries were obtained. We used Pearson's linear correlation with CI 95% and multivariate correlation. We looked for simple and multiple regression models. We used SPSS for Windows v. 15.0.

3. RESULTS

The distribution of the sample and descriptive statistics for anthropometric and paddle-tennis related variables for the groups are shown in Table 1 (see next page)

Descriptive statistics for musculoskeletal injuries is shown in Table 2. After crossing the variables observed positive correlations: Height-Patellar Tendinopathy (0.015); Body Mass Index/Tennis Leg Injury (0.006); Medium Level/Knee sprain (0.01); Medium Level/Achilles Tendinopathy (0.022); Low-Back pain/Fasciitis (0.041); Low-Back Pain/Achilles Tendinopathy (0.002); Fasciitis/Achilles Tendinopathy (0,000); Cervicalgia/Upper Back Pain/Low-Back Pain (0,000)

Table 1. Descriptive anthropometric and sport data

Anthropometric data	Mean ± Standard deviation
n	131
Gender	107 men / 24 women
Age (years)	56.8±4.6
Height (cm)	176±0.07
Weight (kg)	81.3±16.44
BMI[b]	26.25 ± 4.3
Sport data	
Practice time (years)	9.36±6.34
IPAQ[c]	72% moderate activity
Right play position	39.7%
Upside position	32.8%
Non-defined play position	27.5%
Right laterality	91.6%
Federal license	62.6%
Sport level	
Beginner	6.1%
Intermediate	79.4%
Advanced	14.5%

a. Standard deviation. *b.* Body Mass Index. *c.* International Physical Activity Questionnaire

Table 2. Descriptive musculoskeletal injuries data.

	Senior group (50-66 years)
Shoulder	20.6%
Elbow	29.8%
Wrist	2.7%
Neck	7.6%
Low back	27.5%
Sprained ankle	9.8%
Tennis-Leg	22.1%
Hamstrings muscles	7.4%
Sprained knee	22.9%
Plantar fasciitis	3.8%

4. DISCUSSION

As has been shown, the incidence of specific joint lesions due to paddle-tennis is located mainly in the elbow, lower back and knee. Previous research related to racquet sports suggested that injuries of the upper and lower limbs are more chronic (epicondylitis and knee sprains) and back the sharpest (herniated disc and chronic low back pain)[4,15]; and similar data were observed in an 11-year longitudinal study about emergency tennis-related injuries treated in the United States[16].

4.1. Elbow

The elbow is the most common site of injury in seniors recreational players[4] and lateral epicondylosis, or "tennis elbow" is the leading overuse injury of the upper extremity in tennis players[7]. This type of problem occurs predominately in the recreational player and may be a product of improper technique, combined with older age and volume of play. The present data are consistent with previous findings in tennis, where "tennis elbow" is considered as the leading overuse injury of the upper limbs in this sport[7]. Paddle-Tennis players may develop adaptations in the elbow, including loss of terminal extension and increased size of the forearm; however it is unclear if these influence injury risk. From a biomechanical point of view, the elbow acts as a link in the upper limb kinetic chain transfer with racket[17]. The main lesion found in this region is lateral epicondylitis with 29.8%.

In paddle-tennis the backhand is frequently done. This gesture has a biomechanical movement and technique very well taught but hardly automated in the game. This can produce increased elbow injuries. This question is corroborated after reviewing studies where they have not shown significant differences with the two-handed backhand, with respect to a hand, by electromyography (EMG)[18]. Several studies conducted with EMG in the extensor muscles of the wrist saw a reduction in forearm vibration experienced by players, compared with those less experienced in the backhand, so these studies conclude that lesions in the elbow are more related to improper backhand technique[19].

4.2. Shoulder

The prevalence of shoulder injury was 20.6%. We believe that the players who injure their shoulder are the tallest and those who play backwards, and that their role is "forward". A glenohumeral internal rotation deficit (GIRD), scapular dyskinesis and dominant side weakness in external rotation, may increase the risk of impingement of the subacromial space, internal impingement of the posterior glenohumeral joint, or acromioclavicular joint impingement as well as superior labrum, anterior to posterior (SLAP)[20]. Excess upper extremity load primarily on the smash can lead to stress injury to the humeral shaft[21], limiting play for 2 to 12 wk depending on severity. So it could be said that shoulder injuries are commonly due to repeated technical gestures above the head, associated with scapular imbalance, rotator cuff pathology and glenohumeral internal rotation increased[20,22,23]. So we hypotetise that shoulder injuries in racquet players are related to the subtle shoulder instability[23], which increases the risk of primary glenohumeral arthritis[24].

4.3. Knee

Several epidemiological studies report a high prevalence (11-27%) of knee injury in racket-sports[23-25]. Similar data have been observed in the sample of paddle-tennis senior players analyzed: 22.9% knee injuries. These lesions, the main knee sprain in the main structures of the knee, produced an increased risk of knee osteoarthritis[26]. Comparing the injured structures with tennis, we can see that due to the movement and the speed of them, they change. In research reported in court it has been observed that knee sprains are closely related to displacement. These are shorter in paddle-tennis and therefore anteroposterior knee stability plays a more important role than in the tennis, where the displacements are longer and the key is the lateral stability[7,15,27]. Common knee injuries still include meniscus tears and osteoarthritis in seniors. The clinician should be mindful of atypical patterns of pain that may suggest osteochondritis dissecans.

4.4. Low Back

Back pain is common in senior players (27.5%). These data are consistent with studies of other racket sports[28,29]. Back injuries were more likely when play exceeded as few as 6 h·wk -1 (OR, 4.7) in racket-sport players[15]. Serial magnetic resonance imaging investigations of the lumbar spine in racket-sport players reveal abnormalities in the majority of the players (85%), with injuries to the pars interarticularis being the most common, followed by lumbar disc degeneration and facet joint arthropathy[28]. Goh et al. also observed that back injuries were among the main ones in junior badminton competitive players[29]. A factor when comparing trunk injuries which can occur in paddle-tennis is the position of receiving the ball (knees flexion and trunk flexion) followed of axial rotations the trunk, which is the gesture/posture more repeated for a paddle-tennis match. This gesture can be a determining factor in certain relapse back injuries.

4.5. Tennis leg

In our study, 22.1% of participants had tennis leg injury. 'Tennis leg' involves the medial head of the gastrocnemius muscle. A large population of 720 athletes of all skill levels with "calf muscle strain" studied over a 12-year period found that 16% of cases were due to racket-sports related activities[30]. Separate investigations have shown that calf and Achilles tendon strains represented anywhere from 4% to 9% of all tennis injuries reported[2,3]. This injury is positively associated with body mass index, so the variables that influence their appearance are weight and height[30].

4.6. Rehabilitation and return-to-play principles

Physiotherapy not only acts when there is damage, it must also give advice or intervene in various ways to prevent relapses or future injuries. Prevention in paddle-tennis is also a field of action for physiotherapy.

Return-to-play recommendations vary based on the ability level and age of the player. Upper extremity injuries typically require a structured three-phase rehabilitation programme, including core stabilisation, kinetic chain integration, and functional strengthening (eccentric and isometric). Lumbar spine injuries should involve rehabilitation in the pain-free direction and instruction on limiting extension in younger players (lumbar flexibilisation, motor control of the multifidus and posterior fibres of psoas activation). Adults with low back pain who have discogenic pathology should limit initial flexion, and then incorporate eccentric extensor spine control in multiple planes. A 7-wk home back exercise program of 20 min daily was successful in improving pain ratings, trunk extension strength, and performance in adult amateur tennis players. Posterior element problems such as facet syndrome and spondylolysis initially should limit extension, and then incorporate multiple planes of motion only when pain has subsided. Return-to-play rehabilitation must include both decline eccentric strengthening and rotation, thereby mimicking many of the forces experienced during smash[10]. Lower extremity injuries may be related generally to higher acuity, trauma, and higher level players (eccentric strengthening).

Most paddle-tennis related injuries are treated non surgically, and the rehabilitation principles should be functional and specific to the paddle-tennis player's deficits and adaptations. In addition, recommendations should include acute, recovery, and functional rehabilitation phases. During the acute phase, rehabilitation is performed in pain-free planes. The player may be removed from the sport, or modifications may be made, for example, temporarily hitting without overheads. Recovery phase includes more advanced rehabilitation such as closed kinetic chain strengthening, core stabilization, and scapular stabilization. Functional rehabilitation of the upper quarter should include paddle-tennis specific eccentric strengthening (including deceleration) and proprioception while incorporating the kinetic chain. Return-toplay recommendations may include an on-court progression that is sequenced and should include specific technique changes as well. Adherence to the training volume principles is important, and individualized training with diagnosis-specific stroke modifications should occur before match play.

4.7. Study limitations

This study has some limitations that must be taken into account when interpreting the findings. Firstly, the outcome measures used were self-reported, depending upon the individual's perception of their musculoskeletal injury and the values which they placed on aspects of their disease, such as pain. Therefore, it is true that no previous research has analysed the incidence of injuries and risk factors in senior paddle-tennis players as has been done here. It can also be said that the results of the current study may be used clinically to enable physiotherapists to design an effective preventive programme for paddle-tennis players.

5. CONCLUSIONS

Paddle-tennis creates specific demands on the musculoskeletal system of senior players, with acute injuries, such as knee sprains, being more frequent in the lower extremity while chronic overuse injuries, such as lateral epicondylitis and shoulder pain are more common in the upper extremity, and low back pain in the trunk in the senior players. These findings could help physiotherapists to create preventive programmes focused mainly on the scapulohumeral joint, lumbar and/or pelvic motor control and lower limb strength. Finally, recommendations on standardisation of future epidemiological studies on paddle-tennis injuries are made in order to be able to more easily compare results of future investigations.

REFERENCES

Pluim BM, Staal JB, Marky BL. Health benefits of tennis. Br. J. Sports Med. 2007;41:760Y8.

Jayanthi N, Esser S. Racket sports. Curr Sports Med Rep 2013 Sep-Oct;12(5):329-36.

Abrams GD, Renstrom PA, Safran MR. Epidemiology of musculoskeletal injury in the tennis player. Br J Sports Med 2012 Jun;46(7):492-8.

Jayanthi NA, Sallay P, Hunker P. Skill level related injuries in competition tennis players. Med. Sci. Tennis. 2005;10:12-15.

Gruchow HW, Pelletier D. An epidemiologic study of tennis elbow. Incidence, recurrence, and effectiveness of prevention strategies. Am. J. Sports Med. 1979;7:234-48.

Veijgen NK. Injuries: A Retrospective Cohort Study of Risk Factors for Tennis Related Injuries in The Netherlands. Amsterdam (Netherlands): Free University, 2007.

Pluim BM, Staal JB, Windler GE, et al. Tennis injuries: occurrence, aetiology, and prevention. Br J Sports Med 2006;40:415–23.

Silva RT, Takahashi R, Berra B, et al. Medical assistance at the Brazilian juniors tennis circuit–a one-year prospective study. J Sci Med Sport 2003;6:14–18.

Vad VB, Gebeh A, Dines D, et al. Hip and shoulder internal rotation range of motion deficits in professional tennis players. J. Sci. Med. Sport. 2003;6:71-75.

Maquirriain J, Ghisi JP, Kokalj AM. Rectus abdominis muscle strains in tennis players. Br. J. Sports Med. 2007;41:842-48.

McLain LG, Reynolds S. Sports injuries in a high school. Pediatrics. 1989;84:446-50.

Sandelin J, Santavirta S, Lattila R,et al. Sports Injuries in a large urban population: Occurrence and epidemiological aspects. Int J Sports Med 1988;9:61-6.

Moreno Pascual, C. Rodríguez Pérez, V. Seco Calvo, J. Epidemiología de las lesiones deportivas. Fisioterapia 2008;30(1):40-8.

Rütten A, Vuillemin A, Ooijendijk WT, et al. Physical activity monitoring in Europe. The European Physical Activity Surveillance System (EUPASS) approach and indicator testing. Public Health Nutr. 2003 Jun;6(4):377-84.

Hjelm N, Werner S, Renstrom P. Injury profile in junior tennis players: a prospective two year study. Knee Surg Sports Traumatol Arthrosc 2010;18:845–50.

Gaw CE, Smith GA. Tennis-related injuries treated in United States emergency Departments, 1990-2011. Clin J Sport Med 2014;24(3):226-32.

Denise Eygendaal, Rahussen FG, Diercks RL. Biomechanics of the elbow joint in tennis players and relation to pathology. Br J Sports Med. 2007 November; 41(11): 820–23.

Giangarra CE, Conroy B, Jobe FW, et al. Electromyographic and cinematographic analysis of elbow function in tennis players using single- and double-handed backhand strokes. Am J Sports Med 1993;21:394–9.

Hennig EM, Rosenbaum D, Milani TL. Transfer of tennis racket vibrations onto the human forearm. Med Sci Sports Exerc 1992;24:1134–40.

Van der Hoeven H, Kibler WB. Shoulder injuries in tennis players. Br. J. Sports Med. 2006;40:435-40.

Silva RT, Hartmann LG, Laurino CF. Stress reaction of the humerus in tennis players. Br. J. Sports Med. 2007;41:824.

Neuman BJ, Boisvert CB, Reiter B, et al. Results of arthroscopic repair of type II superior labral anterior posterior lesions in overhead athletes: assessment of return to preinjury playing level and satisfaction. Am J Sports Med 2011;39:1883–8.

Perkins RH, Davis D. Musculoskeletal injuries in tennis. Phys Med Rehabil Clin N Am 2006;17:609–31.

Maquirriain J, Ghisi JP, Amato S. Is tennis a predisposing factor for degenerative shoulder disease? A controlled study in former elite players. Br J Sports Med 2006;40:447–50.

Majewski M, Susanne H, Klaus S. Epidemiology of athletic knee injuries: A 10-year study. Knee 2006;13:184–8.25-27.

Manninen P, Riihimaki H, Heliovaara M, et al. Physical exercise and risk of severe knee osteoarthritis requiring arthroplasty. Rheumatology (Oxford) 2001;40:432–7.

Kühne CA, Zettl RP, Nast-Kolb D. Injuries- and frequency of complaints in competitive tennis- and leisure sports. Sportverletz Sportschaden 2004;18: 85–9.

Renkawitz T. Neuromuscular efficiency of erector spinae in high performance amateur tennis players. Med Sci Tennis 2006;11:26-31.

Goh SL, Mokhtar AH, Mohamad MR. Badminton injuries in youth competitive players. J Sports Med Phys Fitness 2013;53(1):65-70.

Pons-Villanueva J, Seguí Gomez M, Martínez González, A. Risk of injury according to participation in specific physical activities: a 6-year follow-up of 14. 356 participants of the SUN cohort. International Journal of Epidemiology 2010;39:580–87.

Capítulo 5

LESIONES MÚSCULO-TENDINOSAS MÁS FRECUENTES DE MIEMBRO INFERIOR EN EL PÁDEL

García Navarro, J.[1], López Martínez, J.J.[2], De Prado Campos, F.[1], Sánchez-Alcaraz, B.J.[2]

[1] Cirugía Ortopédica y Traumatología Hospital Clínico Universitario Virgen de la Arrixaca (Murcia, España)
[2] Universidad de Murcia (España)
Correo electrónico: juangarcianav88@gmail.com

1. OSTEOPATÍA DEL PUBIS

Consiste en un cuadro patológico que cursa con dolor a nivel de sínfisis púbica, debido a un desequilibrio de fuerzas y tensiones que ejercen las estructuras musculares con origen o inserción en el anillo pélvico[1]. Las estructuras musculares implicadas son:

- Musculatura abdominal: comprende los músculos recto anterior, piramidal, transverso, oblicuo mayor y oblicuo menor.
- Musculatura de extremidades inferiores: recto interno, adductores (mayor, corto y largo), pectíneo y obturador externo.

1.1. Etiología

Las causas que provocan la osteopatía dinámica de pubis en el jugador de pádel son:

- Hipertonía de los músculos adductores por sobreuso.
- Anteversión de la pelvis.
- Isquiotibiales cortos.
- Hiperlordosis lumbar
- Hipotonía de los músculos de la pared anterolateral del abdomen.
- Dismetrías de las extremidades.
- Artropatía sacroilíaca.

1.2. Clínica

El síntoma principal es el dolor en la región púbica y/o inguinal. Este dolor se manifiesta sólo al jugar al pádel cuando la patología es de inicio pero con el agravamiento clínico se hace constante y puede limitar las actividades cotidianas como subir a un coche, bajar escaleras o girarse en la cama. El dolor se modifica según la causa predominante. De este modo:

- Si el dolor se debe a la afectación de los músculos adductores, el dolor será habitualmente a nivel inguinal con irradiación a cara interna del muslo.
- Si existe mayor afectación de los músculos rectos del abdomen, el dolor se sitúa en región suprapúbica.
- En fases más avanzadas, donde ya existe una osteítis microtraumática de la sínfisis púbica, el dolor se localiza en dicha articulación con irradiación hacia el escroto y periné.

1.3. Exploración física

La exploración clínica básica consiste en la palpación de la sínfisis púbica, la maniobra de aducción contrarresistencia y la realización de la maniobra de Valsalva (puede detectar una hernia inguinal) (Figura 1).

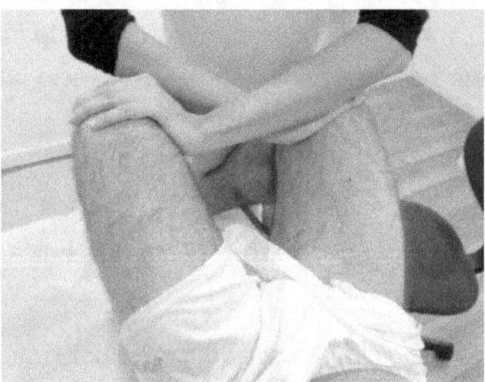

Figura 1. Maniobra de aducción contrarresistencia en la exploración de un paciente con pubalgia u osteopatía dinámica de pubis.

1.4. Diagnóstico

El diagnóstico de la osteopatía del pubis es principalmente clínico. En aquellos pacientes que, por exigencias deportivas o por dudas diagnósticas, precisen de exploraciones complementarias, se pueden realizar:

- Radiografía simple en proyección de frente, y la misma proyección con apoyo unipodal para valorar una inestabilidad de la sínfisis.
- Gammagrafía ósea con tecnecio 99: es la prueba que se positiviza más precozmente.
- Ecografía: para el diagnóstico de la entesitis de los adductores.
- Resonancia magnética: es la exploración más usada en deportistas profesionales. Nos muestra una hiperseñal en la secuencia T2 en los márgenes óseos de la sínfisis, mientras que en secuencias ponderadas en T1 se ve una hiposeñal.

1.5. Tratamiento

De inicio, el jugador de pádel con esta patología comenzará un tratamiento conservador consistente en:

- Reposo deportivo inicial.
- Trabajo de compensación muscular según los hallazgos de la exploración física. La musculatura hipertónica precisará de estiramientos progresivos y la musculatura débil precisará de potenciación de la misma[2].
- Fisioterapia (Figura 2).
- Uso de AINES según clínica.

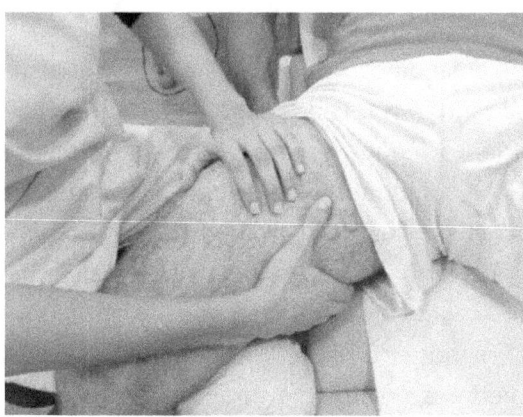

Figura 2. Fisioterapeuta realizando tratamiento a nivel de musculatura aductora en paciente con osteopatía de pubis.

Este tratamiento inicial puede demorar aproximadamente 4-8 semanas, según velocidad de instauración del mismo y respuesta del jugador. Si la mejoría clínica no se consigue, podemos optar por el uso de infiltraciones de plasma rico en plaquetas tanto en la sínfisis como en la inserción proximal de los músculos aductores (Figura 3).

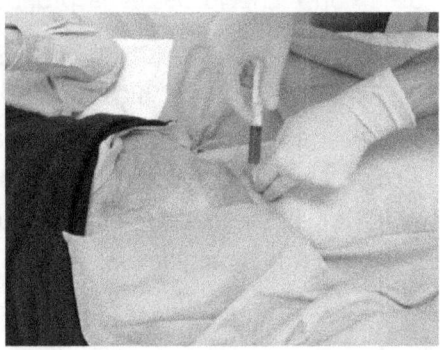

Figura 3. Infiltración de plasma rico en plaquetas a nivel de entesis de aductores.

En los casos de dolor resistente al tratamiento, o en casos de osteítis pubiana severa, se puede optar por infiltraciones de corticoides o, en casos muy poco frecuentes, por la intervención quirúrgica consistente en la tenotomía de los músculos adductores, como técnica más habitualmente utilizada en jugadores de pádel debido a ser la musculatura hipertónica habitual[3].

2. TENDINOPATÍAS DE MIEMBROS INFERIORES

2.1. Patología tendinosa de la rodilla

La patología tendinosa de la rodilla más frecuente en jugadores de pádel afecta al tendón rotuliano, tanto en su origen como en su inserción. Otras localizaciones menos frecuentes son la tendinopatía anserina (pata de ganso) o la tendinopatía cuadricipital[4]. La causa más frecuente en el jugador de pádel son los microcrotraumatismos repetidos por exceso de solicitación articular, es decir, por una mala planificación de los entrenamientos y las competiciones que llevan a un exceso de función. Otras causas menos frecuentes son las alteraciones de los ejes de miembros inferiores, patología traumática aguda, calcificaciones o patología reumática.

a) Clínica y clasificación: El dolor es el síntoma predominante, el cual aumenta a la palpación y a su exploración contrarresistencia. Según el tipo de dolor, se pueden clasificar según Blazina en[4]:

- Estadío 1: Hay dolor al terminar el ejercicio.
- Estadío 2: El dolor está presente durante el ejercicio, pero no impide la realización del mismo.
- Estadío 3: El dolor está presente con y sin actividad, incluso en reposo.
- Estadío 4: Se produce una rotura del tendón.

b) Diagnóstico: Fundamentalmente clínico. Un paciente ejemplo sería aquel jugador con dolor en polo inferior de rótula que no le impide la actividad deportiva, pero que duele mucho antes y después de hacer deporte, con dolor a la palpación muy localizado que mejora con la inactividad deportiva.

En casos más avanzados, se recurre a la ecografía como exploración gold-standard de las tendinopatías inflamatorias.

c) Tratamiento El tratamiento de las tendinopatías en fases iniciales consiste en[5]:

- Reposo relativo, no total.
- Disminuir intensidad de la práctica deportiva.
- Fisioterapia.
- Potenciación excéntrica.
- Readaptación funcional progresiva.

En casos de tórpida evolución, podemos hacer uso de las infiltraciones de plasma rico en plaquetas[6], no siendo indicado el tratamiento con corticoides debido al elevado de riesgo de lesión tendinosa a corto/largo plazo. El tratamiento quirúrgico está reservado para aquellos casos refractarios al tratamiento conservador o ante las roturas tendinosas. Normalmente consiste en realizar pequeñas incisiones longitudinales de descarga, con una inmovilización de 2-4 semanas posterior. Muchos cirujanos la acompañan de resección del polo distal de la rótula y perforaciones, si bien esto no siempre es necesario.

2.2. Tendinopatía aquílea

Es una de las patologías más frecuentes en consultas en jugadores de pádel amateurs. La presentación más habitual consiste en dolor en la región posterior de pierna a nivel de tercio medio-distal de tendón de Aquiles el cual, como tendinopatía por sobrecarga, se relaciona con el exceso de uso y duele sobre todo antes y después del ejercicio. Cuando las molestias aparecen en una localización más distal (a nivel del borde superior del calcáneo), es probable que se trate de una inflamación de la bursa retrocalcánea. La causa puede ser la contusión directa en esta zona o una presión mantenida por un calzado inadecuado. Normalmente tiene buen pronóstico y responde bien al tratamiento médico.

En otras ocasiones, el jugador siente el llamado "signo de la pedrada", un dolor y chasquido agudo con impotencia funcional franca posterior que traducen un rotura aguda del mismo (Figura 4).

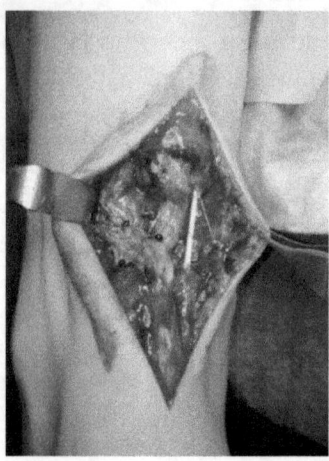

Figura 4. Rotura aguda de Aquiles en jugador amateur de pádel.

a) Tratamiento: Los cuadros inflamatorios pueden y suelen cronificarse sin tratamiento, con un aumento del riesgo de rotura debido a la progresiva debilidad de tendón. El tratamiento consiste en:

- Reposo relativo
- Antiinflamatorios
- Terapia física
- Trabajo excéntrico
- Inmovilización en descarga: en casos con microrroturas o casos rebeldes a tratamiento.

Se deben evitar las infiltraciones con corticoides por el riesgo de rotura[7]. Actualmente se tiende a la infiltración con plasma rico en plaquetas[6] por su efecto reparador y antiinflamatorio local[10]. En aquellos casos de rotura aguda, hay que recurrir a la cirugía para realizar la sutura tendinosa.

3. LESIONES MUSCULARES DE MIEMBROS INFERIORES

Las lesiones musculares son, junto con la patología inflamatoria, las de mayor frecuencia en el pádel. Son lesiones de habitual buen pronóstico, pero para ello precisan de un diagnóstico precoz, de un tratamiento adecuado y de una reincorporación a la práctica deportiva controlada. Debido al auge y difusión de los deportes, se ha avanzado mucho en su estudio, en el conocimiento de su fisiopatología y en su tratamiento[8].

En jugadores de pádel, son muy comunes las lesiones musculares en miembros inferiores, siendo los gemelos e isquiotibiales los más frecuentemente afectados.

a) Etiopatogenia y tipos de lesiones musculares: Las lesiones musculares pueden producirse por un traumatismo:

Directo: frecuente en el pádel por la contusión con una bola a alta velocidad o por el traumatismo con paredes, pala o con la misma pareja de pádel. Tras el impacto, se produce un hematoma de mayor o menor envergadura según la agresividad del traumatismo. Tras esta fase, de elevado dolor, se pone en marcha un proceso regenerativo y de remodelado muscular[9] (Figura 5).

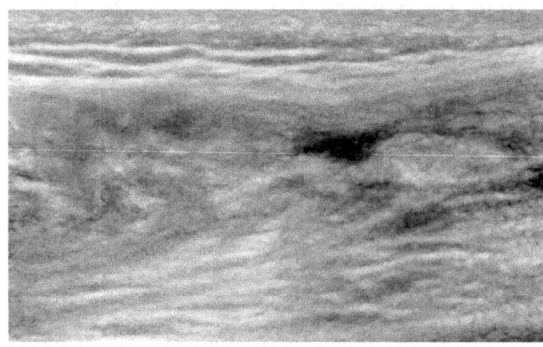

Figura 5. Imagen ecográfica en jugador de pádel con contusión en vasto externo de cuádriceps con hematoma moderado entre las fibras musculares.

Las contusiones pueden clasificarse según su anatomía o su gravedad[9]:

Las contusiones según su anatomía
• **Intermusculares**. Hematoma entre diferentes grupos musculares • **Intramusculares.** Hematoma entre los diferentes haces del músculo
Las contusiones según su gravedad
• **Leves.** Movimiento activo o pasivo limitado en menos de un tercio de lo normal • **Moderadas.** Movimiento limitado entre uno y dos tercios • **Graves.** Movimiento activo limitado en más de dos tercios de lo normal

Indirecto: por una contracción severa que supere la resistencia de las fibras musculares o por un estiramiento pasivo que venza la elasticidad de las fibras musculares. Por su mayor frecuencia, debemos de destacar dentro de las lesiones musculares indirectas a:

- DOMS (*delayed onset muscle soreness*): son las habitualmente conocidas como "agujetas", corresponden al dolor autolimitado que aparece tras un ejercicio intenso o no habitual y que dura horas o días.
- Contracturas: debidas a una contracción muscular involuntaria e intensa de varios grupos de fibras por una fatiga muscular.
- Distensiones musculares: debidas a una contracción (habitualmente excéntrica) repentina del músculo cuando no existe sincronía con los antagonistas. El dolor es agudo y provoca una limitación funcional importante.

b) Clasificación: Para la clasificación de las lesiones musculares, cabe destacar la clasificación de Balius[10]:

Tabla 1. Clasificación de las lesiones musculares con criterios histopatológicos.

Nomenclatura	Estadios	Características	Pronóstico
Contractura y/o DOMS	Grado 0	Alteración funcional, elevación de proteínas y enzimas. Aunque hay desestructuración leve del parénquima muscular, se considera más un mecanismo de adaptación que una lesión verdadera.	1-3 días
Microrrotura fibrilar	Grado I	Alteraciones de pocas fibras y poca lesión del tejido conectivo (Figura 6).	3-15 días
Rotura fibrilar	Grado II	Afectaciones de más fibras y más lesiones del tejido conectivo, con la aparición de un hematoma.	3 a 8 semanas
Rotura muscular	Grado III	Rotura importante o desinserción completa. La funcionalidad de las fibras indemnes es del todo insuficiente.	8 a 12 semanas

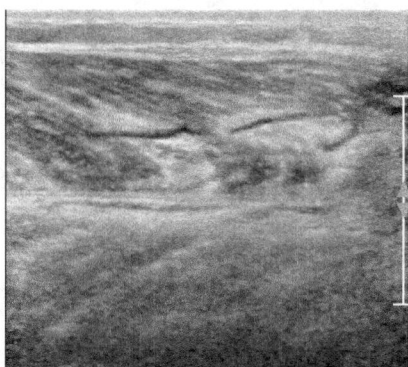

Figura 6. Imagen ecográfica en paciente con microrrotura fibrilar en el tercio medio del recto anterior del cuádriceps.

c) Diagnóstico de las lesiones musculares: El diagnóstico de una lesión muscular se debe basar en la anamnesis y la exploración física, acompañadas si se precisa, de ecografía y resonancia magnética[11]:

- Anamnesis: se debe preguntar cómo se produjo la lesión, en qué gesto, cómo fue el dolor, si el jugador pudo continuar el partido o tuvo que retirarse, si tenía antecedentes de lesiones del mismo tipo, etc.

- Exploración física: es importante valorar globalmente al paciente, haciendo hincapié en la búsqueda de posibles hematomas que nos traduzcan una rotura fibrilar. Es importante valorar el tipo de dolor, si es un dolor generalizado o es un dolor localizado en un punto concreto, así como debemos valorar la movilidad activa y pasiva, la fuerza y la flexibilidad y, junto con estas, el arco doloroso.
- Exploraciones complementarias:
  - Ecografía: es el gold- standard ya que nos permite un rápido diagnóstico, con un bajo coste y nos permite explorar activamente al paciente, y todo sin riesgo de irradiación. Del mismo modo, nos permite llevar un control evolutivo de la lesión (Figura 7).
  - Resonancia magnética: se puede optar por la misma en casos de dudas en el diagnóstico o lesiones que no hayan mejorado según lo previsto. Es una exploración cara y menos accesible.

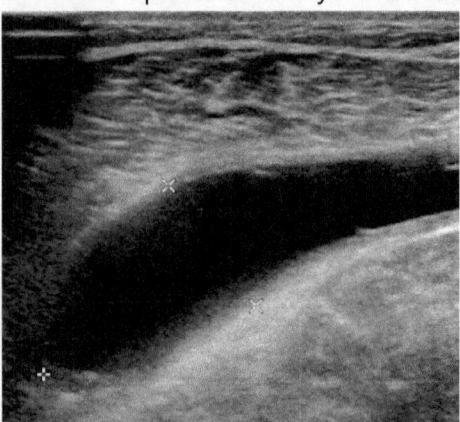

Figura 7. Imagen ecográfica de rotura fibrilar grado II en gemelo interno, con hematoma que separa gemelo interno de sóleo.

d) Prevención y tratamiento de las lesiones musculares: Se debe tener muy en cuenta la importancia de minimizar los factores de riesgo tanto personales (estiramientos adaptativos mal realizados, incorrecta recuperación tras el ejercicio o alteraciones dietéticas) como del entorno (estado de la pista o sobrecarga de partidos).[12]

En los últimos estudios se da mucha importancia al desequilibrio entre grupos musculares agonistas y antagonistas como predisponentes a lesiones, manifestándose este desequilibrio mediante una rigidez muscular que aumenta el riesgo de lesión en isquiotibiales y el cuádriceps[13]. Para conseguir un buen equilibrio entre agonistas y antagonistas, así como aumentar la resistencia muscular, se debe combinar refuerzo isocinético excéntrico y concéntrico, asociado a estiramientos con el fin de disminuir la rigidez muscular.

Por otro lado, es básico conocer la importancia tanto de una buena hidratación, para favorecer la eliminación de los metabolitos producidos durante el ejercicio, como de una buena alimentación y descanso, básica para deportistas ocasionales y profesionales.

A continuación se muestra el tratamiento de las lesiones musculares a nivel global según el estadio lesional:

FASE INICIAL (INFLAMATORIA):

Cuando existe lesión muscular, y como se dijo en la introducción, es muy importante el diagnóstico y el tratamiento precoz con el fin de recuperar actuar lo antes posible las cualidades elásticas y contráctiles del músculo lesionado[12]. Para ello, lo que haremos con el jugador lesionado en primer lugar será el protocolo RICE (Rest-Ice-Compression- Elevation) con el fin de disminuir la hemorragia:

- Reposo
- Aplicación de hielo en la zona afecta
- Compresión de la zona lesionada
- Elevación del miembro

En esta primera fase, se puede ayudar al tratamiento mediante antiinflamatorios, por su efecto analgésico, y relajantes musculares, para mejorar el descanso durante los días iniciales.

FASE DE CICATRIZACIÓN:

Pasados los primeros tres días, comienza esta segunda fase en la que el objetivo será disminuir lo máximo posible la formación de cicatriz. Para ello se aplica:

- Calor.
- Ejercicios de contracción isométrica tanto concéntrica como excéntrica de manera progresiva, siempre que no produzcan

dolor, para colaborar en la alineación de los componentes de las fibras musculares.
- Estiramientos, según tipo de lesión.
- Técnicas de fisioterapia varias, para realizar drenaje linfático, disminuir el edema y acelerar el tiempo de curación[14].

FASE CURATIVA:

A partir del 7º-10º día, comienza la fase de curación en la que debemos reiniciar la actividad física de forma muy progresiva. Para ello, es de gran ayuda e importancia contar con la ayuda de un recuperador funcional con la finalidad de readaptar y evitar las recaídas de la lesión. Se debe potenciar y reforzar de manera concéntrica y excéntrica la musculatura afectada con los estiramientos necesarios para evitar posibles rigideces.

La mayoría de las lesiones musculares suelen evolucionar de manera natural hacia la curación, y en su gran mayoría curan con un tratamiento conservador, no existiendo consenso en cuanto a qué lesiones musculares podrían beneficiarse de un tratamiento quirúrgico (poco frecuente). En los últimos años, se ha extendido el uso de plasma rico en plaquetas (PRP) para intentar regenerar roturas musculares encontrando múltiples estudios que apoyan su uso pero ninguno con la suficiente evidencia científica como para recomendar o no su uso.

No son infrecuentes en jugadores de pádel complicaciones y secuelas de las lesiones musculares, como las rerrupturas o la cicatriz fibrosa, precisando para evitarlas de un tratamiento adecuado y, sobre todo, de una readaptación a la práctica deportiva guiada por un profesional[9].

REFERENCIAS

Weber MA, Rehnitz C, Ott H, Streich N (2013) Groin pain in athletes. Rofo [Fortschritte auf dem Gebiete der Röntgenstrahlen und der Nuklearmedizin], 185(12):1139-1148.

Sayed Mohammad W, Ragaa Abdelraouf O, Abdel-Aziem AA (2013) Concentric and eccentric strength of trunk muscles in osteitis pubis soccer players. J Back Musculoskelet Rehabil, Aug 20:1-6.

Hopp SJ, Culemann U, Kelm J, Pohlemann T, Pizanis A (2013) Osteitis pubis and adductor tendinopathy in athletes: a novel arthroscopic pubic symphysis curettage and adductor reattachment. Arch Orthop Trauma Surg, 133(7):1003-1009.

Garcés G. Patología de partes blandas en la rodilla. En Patología de la Rodilla. Curso básico de la Rodilla. 2006. 151-152.

Sharma P, Maffulli N. Tendon injury and tendinopathy: healing and repair. J Bone Joint Surg Am 2005; 87:187-202.

Mishra A, Woodall J, Vierira A. Treatment of tendon and muscle using platelet-rich plasma. Clin Sports Med. 2009; 28:113-125.

Kleinman M, Gross AE (1983) Achilles tendon rupture following steroid injection: report of thre cases. J Bone Joint Surg Am, 65:1345-1347.

Arrington ED, Miller MD (1995) Skeletal muscle injury. Orthop Clin North Am, 26:411-422.

Delgado-Martínez AD (2003) Lesiones musculares. En: Sociedad Española de Cirugía Ortopédica y Traumatología. Manual SECOT de cirugía ortopédica y traumatología. Panamericana, Madrid; pp.375-385.

Balius R (2005a). Patología muscular en el deporte. Masson, Barcelona.

Connell DA, Schneider-Kolsky ME, Hoving JL, Malara F, Buch-Binder R, Koulouris G, Burke F, Bass C (2004) Longitudinal study com- paring sonographic and MRI assessments of acute and healing hamstring injuries. Am J Roentgenol, 183:975-984.

Rodas G, Pruna R, Til L, Martín C (2009) Guía de Práctica Clínica de las lesiones musculares. Epidemiologia, diagnóstico, tratamiento y prevención. Apunts Med Esport, 164:179-203.

Witvrouw E, Danneels L, Asselman P, D'Have T, Cambier D (2003) Muscle flexibility as a risk factor for developing muscle injury in male profesional soccer player. A prospective study. Am J Sports Med, 31:41-46.

Chargé SB, Rudnicki MA (2004) Cellular and molecular regulation of muscle regeneration. Physiol Rev, 84:209-38.

Bloque II

ENTRENAMIENTO Y RENDIMIENTO

Capítulo 6
ANÁLISIS DE LA CONDICIÓN FÍSICA DE JUGADORES DE PÁDEL DE ELITE

Francisco Pradas[1], Carlos Castellar[1], Alejandro Quintas[1] y Salas Inmaculada Arracó[2]

[1]Universidad de Zaragoza.
[2]Centro de Medicina del Deporte de Aragón.
Correo electrónico: franprad@unizar.es, siarraco@salud.aragon.es

Resumen:

El pádel presenta unas características de juego muy diferentes al resto de deportes de raqueta que se practican en la actualidad. Su dinámica de juego se realiza en pareja y se desarrolla en una pista cerrada mediante unos muros laterales y de fondo contra los que se permite interactuar. En este contexto deportivo, como consecuencia del entrenamiento y la competición, los jugadores desarrollan a lo largo de los años unas capacidades físicas y fisiológicas específicas. El objetivo de este estudio se centra en realizar una aproximación al perfil físico que presentan los jugadores de pádel analizando la estructura de juego que caracteriza a este deporte.

Palabras clave: deportes de raqueta, elite, rendimiento, condición física.

Abstract:

Padel includes game characteristics which are very different from the other types of racket sports which are playing nowadays. The game is conducted in pairs in a closed court with side and background walls against those the game takes place. It is in this context as a consequence of training and competition, that players develop specific physical and physiological qualities over the years. The objective of this study is to carry out an approach to the physical profiles of padel players by analyzing the typical play structure of this sport.

Keywords: racket sports, elite, performance, physical fitness.

1. INTRODUCCIÓN

El pádel es un deporte de tipo acíclico en donde se suceden continuamente periodos intermitentes de trabajo y descanso (Pradas et al., 2014). La singularidad de la práctica del pádel, respecto a otros deportes de raqueta y pala, radica en su exclusiva dinámica de juego que permite devolver la pelota de manera directa hacia el campo contrario, o indirectamente golpeándola contra determinadas zonas de los cerramientos de la pista del propio campo (paredes laterales y de fondo).

En este contexto deportivo la ejecución técnica realizada por el rival, la velocidad y efecto con la que se aproxima el móvil, y su posible trayectoria tras rebotar sobre alguna de las paredes reglamentarias de la pista, son los condicionantes básicos que el jugador percibe para desplazarse hacia la bola, colocarse con una determinada orientación y ejecutar la respuesta motora más acorde a cada situación de juego.

El carácter indeterminado de la lógica interna de juego del pádel, como consecuencia de la baja predecibilidad de las acciones técnicas efectuadas por la pareja adversaria, en donde además intervienen también las realizadas por el propio compañero, exige la intervención de manera sistemática de diferentes habilidades motrices y coordinativas.

La evaluación de las capacidades físicas de los jugadores de pádel, en especial de aquellos que lo practican a nivel elite o profesional, es un elemento indispensable y necesario para conocer los efectos que tiene la práctica continuada del este deporte sobre la condición física.

2. MÉTODO

Un total de 32 jugadores de pádel de alto nivel, 16 hombres y 16 mujeres, 8 de ellas pertenecientes al circuito profesional World Pádel Tour, participaron de manera voluntaria en la investigación. En la Tabla 1 se presentan las características físicas de la muestra analizada.

Los deportistas realizaron una batería de pruebas de evaluación de la condición física y una competición simulada. Las capacidades físicas analizadas fueron: la fuerza del tren inferior (FTI), la fuerza de prensión manual (FPM), el tiempo de reacción (TR), la velocidad de desplazamiento lateral (VDL) y la flexibilidad.

Tabla 1. Características físicas de la muestra

	Hombres (DT)	Mujeres (DT)
Edad (años)	28 (±8,1)	29,8 (±3,7)
Masa corporal (kg)	78,2 (±8,5)	60,4 (±4,5)
Altura (cm)	178,3 (±4,5)	166,7 (±5,2)
IMC (kg/m^2)	24,6 (±2,0)	21,7 (±1,2)
% Graso	10,7 (±2,6)	17,7 (±2,8)
% Muscular	43,4 (±2,4)	36,6 (±2,8)

Una semana después de la finalización del protocolo físico los jugadores realizaron la competición simulada (Figura 1). Se jugaron un total de 16 partidos, 8 en cada modalidad (masculina y femenina). Los encuentros fueron registrados con una videocámara (Sony HDR-XR350, Japón) para considerar los parámetros temporales y estructurales de juego.

Figura 1. Protocolo de filmación de los partidos

La FTI se evaluó mediante el salto con y sin contramovimiento (CMJ y SJ) del test de Bosco. El take-off reaction test fue la prueba seleccionada para analizar el TR y la VDL. Ambos test, fuerza y velocidad, fueron evaluados utilizando el Newtest Powertimer (Newtest® Oy, Oulu, Finlandia). La FPM se registró con un dinamómetro digital Takei, modelo TKK 5101 (Takei® Scientific Instruments Co. LTD, Japón) y la flexibilidad con el test sit & reach (Flex-Tester® Sit and Reach Box, Novel Products, Inc., USA).

Se comprobó la normalidad de la muestra utilizando la prueba de Kolmogorov-Smirnov. Cuando la comparación de medias cumplía con las condiciones de normalidad se utilizó la prueba T de Student, en caso contrario se aplicó la prueba no paramétrica U de Mann-Whitney. El intervalo de confianza establecido fue del 95% ($p \leq 0.05$). El análisis estadístico se realizó con el programa SPSS versión 21.0 (SPSS Inc., Chicago, IL, USA).

El estudio fue aprobado por el Comité Ético de Investigación Clínica del Gobierno de Aragón (España).

3. LA EXIGENCIA FÍSICA EN EL PÁDEL

Uno de los factores que condiciona el éxito deportivo en el pádel es el conocimiento exhaustivo de la técnica y su correcta realización. La calidad de la ejecución técnica permitirá al deportista plantear una estrategia y desarrollar de manera óptima la táctica más conveniente.

Sin embargo, durante la disputa de un partido o una competición, la ejecución eficaz de una técnica o el correcto desempeño táctico se encuentran estrechamente vinculados con el nivel de acondicionamiento físico que posean los deportistas. Sin duda alguna, el rendimiento en el pádel necesita venir acompañado no solo de una buena realización técnica sino también de un adecuado nivel de desarrollo de las diferentes capacidades físicas implicadas.

En este sentido, para comprender cuáles son los requerimientos físicos necesarios que ha de tener un jugador de pádel, en primer lugar se debe realizar un análisis pormenorizado de las acciones de juego que caracterizan la práctica competitiva de este deporte.

3.1. Análisis de la estructura de juego

A lo largo de un partido de pádel se alternan distintos niveles de esfuerzo según la duración y la intensidad de las acciones de juego que se producen. Atendiendo a la estructura temporal las jugadas en el pádel pueden clasificarse como de duración corta (0-6 s), media (>6-15 s) o elevada (>15 s).

En la Figura 2 y 3 se presentan, organizados por géneros, los resultados que han obtenido los jugadores de pádel de alto nivel analizados en esta investigación, en cuanto a frecuencia y duración de las jugadas realizadas.

El análisis de las acciones de juego que se efectúan en el pádel profesional sitúan a las jugadas en un intervalo de media duración, con tiempos de actividad de 11,62-14,65 y 14,65-18,65 s para la modalidad masculina y femenina respectivamente, valores comprendidos dentro de los rangos descritos en investigaciones de índole similar (Almonacid, 2011; Pradas et al., 2014; Sánchez-Alcaraz, 2014). Estos resultados temporales son superiores a los hallados en deportes como el bádminton, tenis y tenis de mesa (Cabello & González-Badillo, 2003; Fernández, Mendez-Villanueva & Pluim, 2006; Pradas, Molina, Pinilla & Castellar, 2013).

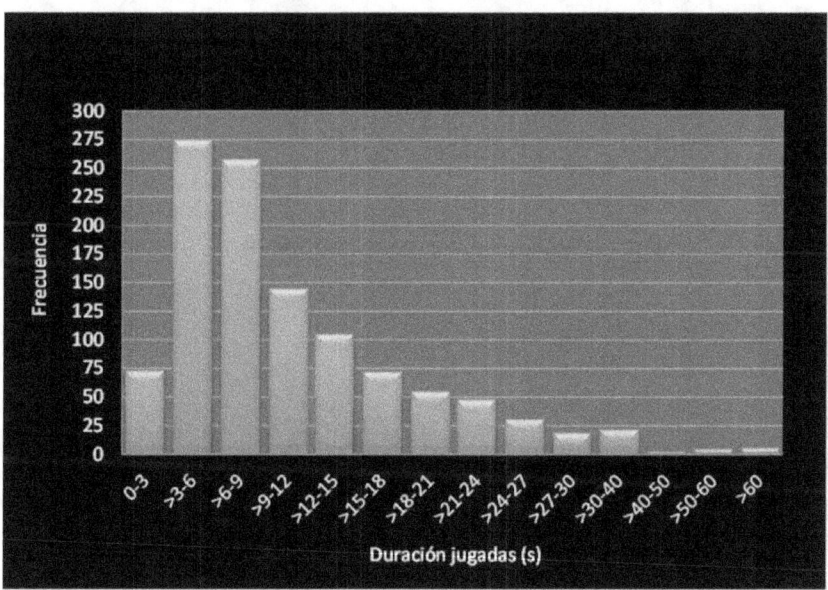

Figura 2. Estructura de juego en la modalidad masculina

Si observamos la Figura 2 y 3 se puede apreciar como en ambos sexos la frecuencia temporal mayor de los tantos disputados se encuentra comprendida en la franja >3 y 6 s. Este intervalo temporal es semejante al encontrado en el bádminton y sensiblemente superior al alcanzado en partidos de tenis de mesa, pero algo inferior al registrado en el tenis femenino, aunque este valor varía en gran medida en este deporte en función de la superficie de juego utilizada (Cabello & González-Badillo, 2003; Fernández-Fernández, Méndez-Villanueva, Fernández-García & Terrados, 2007; Pradas et al., 2013).

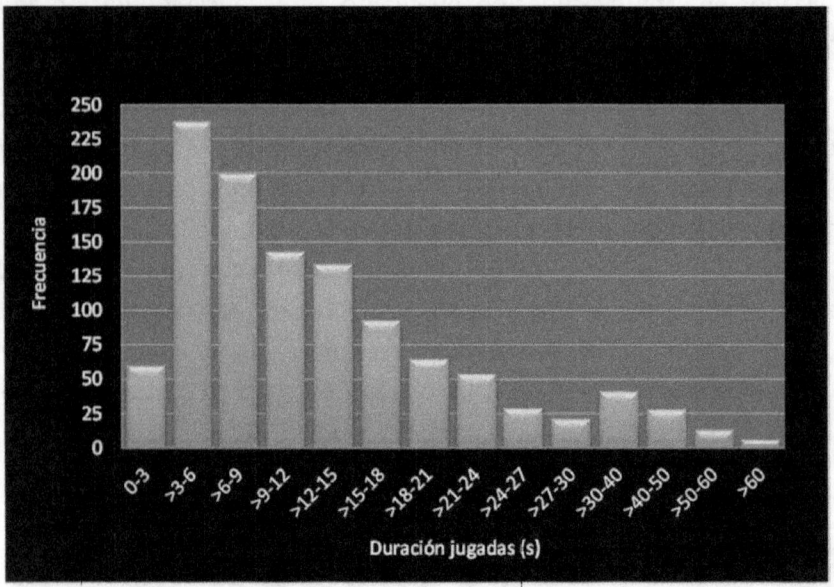

Figura 3. Estructura de juego en la modalidad femenina

Para comprender la intensidad a la que se desarrolla el pádel debemos fijar nuestra atención en la cantidad de técnicas que se efectúan por jugada, considerando además su duración. En los partidos estudiados en esta investigación los jugadores golpearon la bola 6,8±1,1 veces por jugada, 45,4±21,7 por juego y 436,55±143,7 por set, mientras que las jugadoras lo hicieron 8,3±2,1 veces por jugada, 67,4±47,9 por juego y 620,7±293 por set, siendo estas diferencias estadísticamente significativas en todos los casos (jugada: p<0,001; juego: p<0,001; set: p<0,04).

El análisis de estos valores pone de manifiesto un promedio de 0,58 y 0,63 golpeos por segundo en la modalidad masculina y femenina respectivamente.

En ambos géneros los tiempos de pausa entre jugadas fueron inferiores a los tiempos de actividad, reflejando una densidad de trabajo de 0,8. No obstante, el análisis completo de los partidos analizados muestra un predominio del tiempo total de inactividad sobre el tiempo real de juego, de manera análoga a otros deportes de raqueta y pala (Cabello & González-Badillo, 2003; Fernández et al., 2006; Pradas et al., 2013).

Los datos registrados en este estudio reflejan una estructura temporal en el pádel masculino de un 41% de actividad frente a un 59% de descanso, mientras que en la modalidad femenina los valores relativos al esfuerzo son algo más elevados con un 45% de actividad y un 55% de pausa.

3.2. Análisis de la condición física

La actividad de un jugador de pádel no sólo viene determinada por la duración de sus jugadas y la complejidad de sus acciones técnicas, que deben ser efectuadas de manera multicoordinada, sino también por el carácter acumulativo-explosivo del esfuerzo físico realizado, como consecuencia de la repetitividad de las interacciones producidas entre el sistema neuromuscular y el móvil durante los diferentes contactos pala-pelota.

Las habilidades motrices que predominan en el pádel, por orden de importancia, son los golpeos (bandeja, remate, volea, etc.), los desplazamientos laterales y frontales (hacia la red o el muro de fondo), los giros, y en menor medida los saltos, ya sean de tipo split-step o efectuados para rematar (Priego et al., 2013).

La condición física específica y su grado necesario de desarrollo para obtener un óptimo rendimiento en el pádel, siguen siendo en la actualidad parámetros desconocidos y escasamente investigados. No obstante, el rendimiento físico en este deporte se sustenta en dos tipos de capacidades: condicionales y coordinativas.

Las capacidades condicionales estarían conformadas por la resistencia, fuerza, velocidad y movilidad, y sus diferentes manifestaciones (García, Navarro y Ruíz, 1996), mientras que las capacidades coordinativas englobarían al equilibrio, la orientación espacio-temporal, el ritmo, la reacción motora, la diferenciación kinestésica, la adaptación y transformación, y la combinación y acoplamiento de los movimientos (Beraldo y Polletti, 1991).

A continuación, nos vamos a centrar exclusivamente en la descripción de las capacidades relacionadas con la condición física.

3.2.1. La resistencia

Las acciones de juego que se desarrollan en este deporte sitúan los esfuerzos realizados en la franja anaeróbica aláctica-láctica. No obstante, aunque en raras ocasiones se utiliza el sistema aeróbico de manera máxima en el pádel, al considerar la duración total de los partidos analizados en este estudio (70,7±31,5 min en categoría femenina y 82,1±16,2 min en masculina), se puede comprobar que la resistencia aeróbica juega un papel fundamental en la recuperación del débito energético contraído, permitiendo mantener el rendimiento a lo largo de todo el encuentro.

Teniendo en consideración estos datos se puede definir el pádel, desde el punto de vista del metabolismo energético, como un deporte interválico de tipo mixto, predominantemente aeróbico, en donde se suceden cortos periodos de esfuerzo de tipo anaeróbico y en el que se alternan frecuentes periodos de pausa y recuperación (Pradas et al., 2014).

En este deporte interviene el sistema anaeróbico aláctico durante los esfuerzos realizados comprendidos entre los 4-5 s de duración, degradándose principalmente los depósitos de fosfatos: adenosín trifosfato (ATP) y fosfato de creatina (PC). Este sistema permite en el pádel afrontar grandes e imprevistas demandas de energía para cumplir trabajos musculares intensos e intermitentes, como esfuerzos rápidos de carácter explosivo.

El sistema anaeróbico láctico participa en las acciones de juego de hasta 1-1,5 minutos de duración realizando una degradación anaeróbica de la glucosa (Brunet-Guedj, Moyen & Genety, 1997), que se prolonga lo suficiente como para que el déficit energético producido no pueda ir cubriéndose con la PC.

Durante el proceso aeróbico se obtiene ATP a través de la oxidación de glucosa, grasas, y en menor medida proteínas, empleando para ello el oxígeno. Una base aeróbica en este deporte resulta fundamental para trabajar otras cualidades que son imprescindibles desarrollar a lo largo de una temporada, como por ejemplo la resistencia muscular local, que permite soportar la gran cantidad de desplazamientos y golpeos que se efectúan de manera continuada lo largo de un partido de pádel.

3.2.2. La velocidad

Los frecuentes y continuos cambios de posición que se originan en el pádel, necesarios para situarse y golpear la pelota en óptimas condiciones, requieren una determinada velocidad de desplazamiento (VD). En algunas ocasiones, como cuando se juega cerca de la red, la dinámica de juego se vuelve extremadamente rápida, cobrando una gran relevancia el tiempo de reacción (TR) y la velocidad de ejecución del gesto técnico (VG).

Cañas y Courel (2014) indican que en el transcurso de un partido los puntos decisivos son los que se disputan para mantener la posición en la red. En este sentido, en aquellas acciones de juego que se desarrollan próximas a la red el TR, ya sea hacia la izquierda (I) o derecha (D), puede considerarse como una de las capacidades físicas relacionadas con la velocidad de mayor importancia para obtener un adecuado rendimiento.

En la Tabla 1 se muestran los tiempos obtenidos por los jugadores en el take-off reaction test (Newtest®, Finlandia), prueba que evalúa el TR ante un estímulo visual y la VDL alcanzada en una distancia de 5 m (Figura 4).

Tabla 1. Tiempo de Reacción (TR) y Velocidad de Desplazamiento Lateral (VDL).

		Hombres	Mujeres	Deporte	Autor/es
TR (s)	I	0,69	0,54	pádel	Pradas et al. (2015)
	D	0,69	0,56		
	I	0,61	0,54	tenis de mesa	DNP
	D	0,63	0,55		
VDL (s)	I	2,01	2,16	pádel	Pradas et al. (2015)
	D	1,96	2,18		
	I	2,03	2,26	tenis de mesa	DNP
	D	1,94	2,22		

DNP: datos no publicados

Figura 4. Take-off reaction test

Los datos obtenidos en esta investigación muestran que las mujeres reaccionan más rápidamente, es decir en menos tiempo que los hombres. Sin embargo, la VDL es mayor en los hombres, que se desplazan en menos tiempo que las mujeres para cubrir la distancia total del test.

Los TR obtenidos por los jugadores de pádel son superiores a los registrados en el tenis de mesa, reflejando un mejor dominio de las habilidades perceptivo-motrices por parte de estos jugadores como consecuencia de la mayor velocidad a la que se desarrolla este deporte (Pradas, Carrasco & Izaguerri, 2007).

Sin embargo, sucede lo contrario para la VDL en donde el tiempo en el que los deportistas realizan su desplazamiento lateral es inferior en el pádel respecto al tenis de mesa. Este hecho podría estar relacionado con una adaptación física a las distancias que se recorren en ambos deportes, siendo mayores en el pádel, lo que permitiría disponer a los jugadores de pádel de más tiempo para alcanzar picos superiores de velocidad máxima.

Si analizamos el TR y la VDL de los jugadores atendiendo a la especificidad de la zona de juego (derecha o revés), se comprueba que los valores de TR y VDL son mejores en aquellos jugadores que juegan en la zona de revés (Tabla 2).

Tabla 2. Tiempo de Reacción (TR) y Velocidad de Desplazamiento Lateral (VDL) en función del lugar de juego.

		Hombres	Mujeres	Zona de juego
TR (s)	I	0,75	0,54	Derecha
	D	0,71	0,56	
	I	0,66	0,53	Revés
	D	0,67	0,56	
VDL (s)	I	2,01	2,21	Derecha
	D	1,97	2,21	
	I	1,99	2,12	Revés
	D	1,94	2,15	

Este hallazgo podría indicar que en la zona de revés del pádel se desarrolla un juego de mayor exigencia física, que demanda, entre otros, elevados niveles de las capacidades relacionadas con el TR y VDL, requiriendo jugadores que presenten un potencial físico más elevado.

La VG efectuada para realizar cada golpeo se encuentra condicionada por diferentes factores, dentro de los que destaca la fuerza muscular, en particular la del miembro superior hábil, siendo necesarios altos niveles de fuerza aplicada para poder incrementar la potencia y velocidad de los golpeos.

Este parámetro podría ser uno de los que marquen la diferencia de rendimiento entre los jugadores de élite y el resto de deportistas.

3.2.3. La fuerza

La fuerza específica en el pádel es el resultado de la combinación de la manifestación activa y reactiva necesaria para efectuar cada acción de juego. Las capacidades de fuerza más importantes en el pádel son la fuerza máxima, la fuerza resistencia y la fuerza explosiva.

La fuerza máxima aparece en situaciones muy concretas en donde se hace imprescindible que la musculatura efectúe una contracción extrema, como sucede en la realización de un remate de potencia para finalizar una jugada.

Todos los movimientos que se ejecutan durante la disputa de un tanto requieren un adecuado desarrollo de la fuerza resistencia. Esta cualidad permite al deportista mantenerse en la pista y realizar los desplazamientos y los golpeos con calidad durante el máximo tiempo posible, retrasando la aparición de la fatiga.

La fuerza explosiva y reactiva permite realizar desplazamientos y gestos técnicos a gran velocidad. Este tipo de manifestación de la fuerza podría contribuir a mejorar las prestaciones del jugador en las acciones técnico-tácticas en las que el salto se encuentre presente, capacidad que manifiesta cada vez más presencia en este deporte.

El comportamiento de la fuerza del tren inferior, en su manifestación explosiva y elástico explosiva, puede ser evaluada mediante los test SJ y CMJ (Bosco, 1994). En la Tabla 3 se presentan los datos obtenidos para el CMJ y el SJ en jugadores de pádel de elite en comparación con otros deportes de raqueta y pala.

Tabla 3. Valores medios de salto vertical

	Hombres	Mujeres	Deporte	Autor/es
CMJ (cm)	33,2	23,7	pádel	Pradas et al. (2015)
	46,3	31,1	bádminton	Ooi et al. (2009)
	39	-	tenis	Bosco (1994)
	36,7	24,4	tenis de mesa	Pradas et al. (2005a)
SJ (cm)	26,5	21,4	pádel	Pradas et al. (2015)
	42,7	-	bádminton	Ooi et al. (2009)
	36,8	-	tenis	Bosco (1994)
	34,1	22,3	tenis de mesa	Pradas et al. (2005a)

La altura de los saltos de los jugadores de pádel alcanza registros inferiores a los obtenidos en otros deportes de raqueta y pala como el bádminton, tenis y tenis de mesa (Bosco, 1994; Girard & Millet, 2009; Ooi et al., 2012; Pradas, de Teresa & Vargas, 2005a).

En el pádel la resistencia que debe vencer el tren superior durante el impacto de la pala sobre la pelota es relativamente pequeña. Sin embargo, los niveles de fuerza aplicada tienen una estrecha relación con el peso del implemento a manejar y con la fuerza de agarre necesaria para soportar el impacto del golpeo de la pala contra la bola. La fuerza del golpeo se traduce en velocidad de traslación, y en su caso de rotación de la bola, elementos a considerar durante la ejecución de cada técnica por su relevancia para obtener elevados niveles de rendimiento en este deporte.

En este sentido, la valoración de la fuerza del antebrazo puede resultar de gran interés en el pádel, ya que nos aporta una información muy precisa sobre la fuerza isométrica máxima del miembro superior.

En la Tabla 4 se presentan los valores obtenidos por los jugadores analizados en este estudio en el test de FPM. Los resultados reflejan una fuerza máxima isométrica inferior a la alcanzada en tenis pero superior a la del tenis de mesa (Ducher, Jaffre, Arlettaz, Benhamou & Courteix, 2005; Pradas, de Teresa, Vargas & Herrero, 2005b).

Tabla 4. Valores medios de fuerza de prensión manual

	Hombres	Mujeres	Deporte	Autor/es
Brazo dominante (N)	500,7	333,7	pádel	Pradas et al. (2015)
	602,7	-	tenis	Ducher (2005)
	441,9	289,1	tenis de mesa	Pradas et al. (2005b)
Brazo no dominante (N)	452,7	268,5	pádel	Pradas et al. (2015)
	521,1	-	tenis	Ducher (2005)
	389,06	241,08	tenis de mesa	Pradas et al. (2005b)

N: Newtons

Los registros de fuerza alcanzados por el brazo no dominante son inferiores respecto a los del dominante en ambos sexos, al igual que sucede en otros deportes de raqueta y pala (Pradas et al., 2005b). Estas diferencias entre miembro dominante y no dominante se encuentran asociadas a la práctica continuada de este deporte asimétrico, provocando descompensaciones musculares que sin un trabajo de fuerza adecuado podrían desencadenar actitudes escolióticas nocivas para la salud.

La evaluación de la fuerza en el pádel mediante dinamometría puede suponer un medio más para complementar y determinar los factores de rendimiento asociados a esta capacidad.

3.2.4. La amplitud de movimiento

Esta cualidad física no es la más determinante en este deporte. Sin embargo, sí que posee cierta relevancia ya que si es insuficiente se puede producir una reducción de la amplitud gestual, además de un deterioro de la cooperación neuromuscular y de la coordinación, influyendo negativamente sobre la velocidad.

En un deporte como el pádel en donde el componente técnico tiene un papel fundamental, el trabajo de flexibilidad articular y elasticidad muscular resulta un excelente método de prevención de lesiones y un medio necesario para mantener una armonía en la coordinación gestual.

En la Tabla 5 se muestran los valores registrados por la muestra analizada en el test sit and reach. Los jugadores de pádel son los que presentan mejores niveles en esta cualidad, en comparación con el tenis de mesa, probablemente relacionados con un menor desarrollo muscular derivado de la realización de acciones de juego de menor velocidad y explosividad.

Tabla 5. Valores medios en el test sit and reach

	Hombres	Mujeres	Deporte	Autor/es
Sit and reach (cm)	28,2	34,3	pádel	DNP
	13	21,8	tenis de mesa	DNP

DNP: datos no publicados

4. CONCLUSIONES

Los resultados del análisis de los datos obtenidos en los diferentes test físicos ponen de manifiesto que el pádel es un deporte complejo. A nivel metabólico reúne la participación de las diferentes rutas metabólicas. Las acciones de juego presentan un predominio del sistema anaeróbico aláctico, aunque en menor medida también existe una actividad anaeróbica láctica. Sin embargo, como consecuencia de la duración total de los partidos se hace necesaria la intervención del metabolismo aeróbico como sistema importante de soporte, relacionado de manera directa con un adecuado trabajo de la capacidad física de la resistencia.

La fuerza y la velocidad se encuentran íntimamente vinculadas. La máxima aplicación de fuerza en el menor tiempo posible producirá golpeos potentes y veloces. Sin embargo, para la mejora de estas cualidades se hace imprescindible un correcto desarrollo de la coordinación intra e intermuscular, que permita generar adecuadamente los necesarios picos de fuerza y velocidad durante la realización de las diferentes técnicas. Elevados niveles de fuerza explosiva ayudan a que el jugador de pádel pueda realizar golpeos a mayor velocidad, mientras que un conveniente desarrollo de la fuerza resistencia permite que se mantenga durante altos periodos de tiempo la velocidad de ejecución de los gestos técnicos.

Por último, la flexibilidad en el pádel es la capacidad que permite mantener una apropiada amplitud de movimiento, interviniendo en la realización de cualquier gesto técnico, y siendo una cualidad muy necesaria en aquellas situaciones límites de juego en donde se solicitan rangos articulares máximos, evitándose así el riesgo potencial existente a lesionarse.

El estudio de las capacidades físicas nos permite conocer y cuantificar con exactitud los requerimientos condicionales necesarios para alcanzar elevados niveles de rendimiento en este deporte. A través de esta información se hace posible individualizar los métodos y medios para mejorar el rendimiento, planificar y afrontar entrenamientos cada vez más exigentes y específicos, e incluso intervenir en la correcta dirección para realizar una detección de posibles talentos deportivos.

REFERENCIAS

Almonacid, B. (2011). Perfil de juego en el pádel de alto nivel. (Tesis doctoral). Universidad de Jaén, Jaén.

Beraldo, S & Polletti, C. (1991). Preparación física total. Barcelona: Hispano Europea.

Bosco, C. (1994). La valoración de la fuerza con el test de Bosco. Paidotribo: Barcelona.

Brunet-Guedj, E., Moyen, B. & Genety, J. (1997), Medicina del Deporte. Barcelona: Masson.

Cabello, D. & González-Badillo, J. J. (2003). Analysis of the characteristics of competitive badminton. Br J Sports Med, 37, 62-66 doi:10.1136/bjsm.37.1.62

Cañas, J. & Courel, J. (2014). The impact of scoring from the net on game result in padel. Proceedings of 19th Annual Congress of the European College of Sport Science (ECSS), Amsterdam, Nederland.

Ducher, G., Jaffre, C., Arlettaz, A., Benhamou, C. L. & Courteix, D. (2005). Effects of long-term tennis playing on the muscle-bone relationship in the dominant and nondominant forearms. Can J Appl Physiol 30, 3–17.

Fernández, J., Méndez-Villanueva, A. & Pluim, B. M. (2006). Intensity of tennis match play. Br J Sports Med, 40(5), 387-391 doi:10.1136/bjsm.2005.023168

Fernández-Fernández, J., Méndez-Villanueva, A., Fernández-García, B. & Terrados, N. (2007). Match activity and physiological responses during a junior female single tennis tournament. Br J Sports Med, 41(11), 711-716 doi:10.1136/bjsm.2007.036210

García, J. M., Navarro, M. & Ruíz, J. A. (1996). Bases teóricas del entrenamiento deportivo. Principios y aplicaciones. Madrid: Gymnos.

Girard, O. & Millet, G. P. (2009). Physical determinants of tennis performance in competitive teenage players. Journal of Strength and Conditioning Research, 23(6), 1867-1872.

Ooi, C. H., Tan, A., Ahmad, A., Kwong, K. W., Sompong, R., Ghazali, K. A., Liew, S. L., Chai, W. J. & Thompson, M. W. (2009). Physiological characteristics of elite and sub-elite badminton players. J Sports Sci, 27(14), 1591-1599. doi: 10.1080/02640410903352907.

Pradas, F., Carrasco, L. & Izaguerri, B. (2007). Reaction capacity, acceleration and velocity in a specific displacement after visual stimulus in young table tennis players, Proceedings of 10th International Table Tennis Sport Sciences Congress, Zagreb, Croacia.

Pradas, F., Cachón, J., Otín, D., Quintas, A., Arracó, S. I. & Castellar, C. (2014). Análisis antropométrico, fisiológico y temporal en jugadoras de pádel de elite. Retos. Nuevas tendencias en Educación Física, Deporte y Recreación, 25, 107-112.

Pradas, F., de Teresa, C. & Vargas, M. C. (2005a). Evaluation of the Explosive Strength and Explosive Elastic Forces of the Legs in High Level Table Tennis Players, Sport Science Research, 26(3), 80-85.

Pradas, F., de Teresa, C., Vargas, M. C. & Herrero, R. (2005b). Evaluation of the Isometric Maximal Force of the Superior Extremities in High Level Table Tennis Players, Sport Science Research, 26(3), 86-89.

Pradas, F., Molina, E., Pinilla, J. M. & Castellar, C. (2013). Análisis metabólico y estructural del tenis de mesa. Educación Física Chile, 271, 39-52.

Priego, J., Melis, J., Llana, S., Pérez, P., García, J. & Almenara, M. (2013). Pádel: a quantitative study of the shots and movements in the high-performance. Journal of Human Sport & Exercise, 8(4), 925-931.

Sánchez-Alcaraz, B. (2014). Diferencias en las acciones de juego y la estructura temporal en el pádel masculino y femenino de competición. Acción Motriz, 12, 17-22.

Capítulo 7

VARIACIONES SÉRICAS DE MAGNITUDES BIOQUÍMICAS EN JUGADORES DE PÁDEL DE ALTO NIVEL

Francisco Pradas*[1], Carlos Castellar[1], Juan Blas[2], Sandra García-Castañón[2], David Otín[3], Carmen Llimiñana[2] y José Puzo[3]

[1]Universidad de Zaragoza.
[2]Hospital San Jorge de Huesca.
[3]Hospital Universtario Miguel Servet de Zaragoza.
* Correo electrónico: franprad@unizar.es

Resumen:

Los cambios que ocurren en los músculos debido a la práctica de una actividad física se reflejan en los fluidos corporales y principalmente en la sangre. Estas alteraciones pueden indicarnos si los esfuerzos realizados suponen un predominio de esfuerzos de resistencia, o bien de velocidad y fuerza. La diversidad de acciones técnicas que se suceden en el pádel, así como la duración de los partidos, implica la participación tanto del metabolismo aeróbico como del anaeróbico. El objetivo de este estudio consistió en analizar en jugadores masculinos de alto nivel las modificaciones bioquímicas que tienen lugar durante la realización de un partido de pádel. Los resultados obtenidos reflejan un aumento ($p<0,05$) en las concentraciones de urea (12,49%), creatinina (14,38%), albúmina (1,20%), calcio (1,16%) ácido úrico (6,75%), creatinkinasa (21,11%) y una disminución ($p<0,05$) del potasio (-10,49%) y magnesio (-8,57%). Las alteraciones bioquímicas nos permiten esclarecer el efecto que produce la práctica del pádel sobre el organismo. Algunas concentraciones bioquímicas se ven incrementadas debido al metabolismo muscular (creatinina, calcio), a la intensidad y daño producido (creatinkinasa) y al catabolismo proteico (urea). Otras sufren disminuciones debidas a la eliminación urinaria (potasio) y al equilibrio electrolítico (magnesio). En el pádel se produce una situación catabólica del organismo. Su dinámica de juego, con esfuerzos prolongados de tipo intermitente y acciones cortas e intensas, parecen provocar un aumento del daño muscular agudo, como consecuencia del predominio a nivel muscular de un componente excéntrico localizado.

Palabras clave: metabolismo, esfuerzo, perfil bioquímico, deportes de raqueta.

Abstract:

Changes in muscles due to physical activity are reflected in body fluids and mainly in blood. As regards the efforts made, these alterations show us whether there is a predominance of endurance or a predominance of strength and speed. The diversity of technical actions required in pádel as well as the length of matches, involves not only the aerobic metabolism but also the anaerobic metabolism. The aim of this study was to analyze the biochemical reactions that occurred during a pádel match in male players of high level. The results reflect increased ($p<0.05$) urea concentrations (12.49%), creatinine (14.38%), albumin (1.20%), calcium (1.16%) uric acid (6.75), creatine kinase (21.11%) and decreased ($p<0.05$) potassium (-10.49%) and magnesium (-8.57%). Biochemical reactions allowing us to know the effects of pádel in the body. Some biochemical concentrations increase owing to muscle metabolism (creatinine, calcium), intensity and damage caused (creatine kinase) and protein catabolism (urea). Other biochemical concentrations decrease owing to urinary excretion (potassium) and electrolyte balance (magnesium). A catabolic situation of the body is found in pádel practice. As a result of the muscular predominance of a located eccentric component, its gameplay consists in long-standing intermittent efforts and intense short actions which appear to cause an increase in severe muscle damage.

Keywords: metabolism, effort, biochemical profile, racket sports.

1. INTRODUCCIÓN

Podemos considerar al ejercicio físico como un estrés impuesto al organismo. Ante estas situaciones el cuerpo del deportista responde con el denominado por la fisiología del ejercicio como síndrome de adaptación. Sin embargo, es necesario diferenciar los dos tipos de adaptación que se pueden llegar a producir:

- Adaptaciones agudas: son las que se originan durante la ejecución del esfuerzo y que alteran las variables bioquímicas de manera temporal.
- Adaptaciones crónicas: son las que se revelan como consecuencia de las modificaciones estructurales y funcionales desencadenadas por las adaptaciones agudas (siempre que el ejercicio sea repetido en el tiempo), como por ejemplo el aumento del número de mitocondrias en las células musculares, el incremento del consumo máximo de oxígeno, la disminución de la frecuencia cardíaca o el aumento de la capacidad oxidativa del músculo (Bernal & Cruz, 2014).

La valoración bioquímica del jugador de pádel en competición es una herramienta imprescindible antes, durante y después del proceso de entrenamiento. De ella, se extrae información que complementa e influye en la planificación del deportista, y en la correcta dosificación y aplicación de las cargas de entrenamiento, además de aportar información de posibles desequilibrios internos. Así pues, el control de la respuesta bioquímica se puede encuadrar dentro de la prevención primaria del deportista en caso de aplicarse como herramienta de diagnóstico previa. Además, este tipo de valoración puede también ser incluida en la prevención secundaria cuando su objetivo sea el de corregir desequilibrios o alteraciones que provoquen una disminución en el rendimiento deportivo y un potencial peligro para la salud del jugador.

Las distintas técnicas analíticas, dependiendo del laboratorio que realice el análisis, presentan distintos rangos de normalidad en sus resultados respecto a la población general, por lo que se recomienda que las analíticas se realicen siempre en el mismo laboratorio y bajo el mismo protocolo (Urdampilleta et al., 2014). Asimismo, los resultados de estudios realizados a partir del análisis bioquímico anterior y posterior al ejercicio deben tener en consideración aspectos como: el perfil de la muestra estudiada, las técnicas analíticas mencionadas, las condiciones ambientales y los diferentes métodos aplicados en la extracción sanguínea.

Los cambios que ocurren en los músculos debido a la práctica de una actividad física se reflejan en los fluidos corporales y principalmente en la sangre. Estas alteraciones pueden indicarnos si los esfuerzos realizados suponen un predominio de esfuerzos de resistencia, o bien de velocidad y fuerza. En este sentido, resulta interesante evaluar las modificaciones que se producen sobre el organismo durante la práctica del pádel para conocer su efecto, ya que si la carga física es excesiva puede aumentar el riesgo de padecer manifestaciones adversas, tanto desde el punto de vista patofisiológico como psicosomático, comprometiendo la salud del deportista.

2. VARIACIONES SÉRICAS AGUDAS TRAS EL EJERCICIO

2.1. Variaciones en los deportes de larga duración

En las disciplinas deportivas de resistencia han sido ampliamente estudiadas las modificaciones agudas que producen los esfuerzos respecto a los valores basales. Davidson, Frcpe, Robertson & Maughan (1986) ya comprobaron un aumento significativo en las proteínas circulantes y la albúmina en un estudio realizado con triatletas varones. Más recientemente Gallo-Salazar et al. (2015) detectaron un aumento significativo de la mioglobina, la creatinkinasa (CK), el lactatodeshidrogenasa (LDH), el sodio (Na) y el calcio (Ca) tras una prueba de medio ironman (1,8 km natación, 90 km ciclismo y 21 km carrera a pie). En la distancia ironman del triatlon (3,8 km natación, 180 km ciclismo y 42 km de carrera a pie), se han hallado aumentos significativos entre los valores previos y a la finalización de la prueba en el magnesio, el calcio, el hematocrito, la glucosa, el glicerol, los ácidos grasos libres, la creatinina y el cortisol (Rensburg, Kielblock &Van der Linde, 1986).

En otra disciplina de resistencia como son las carreras por montaña, se ha observado al término de una prueba de distancia maratón (42 km y 2147 m de desnivel acumulado) un aumento significativo en la concentración sanguínea de CK y lactato, hallándose asimismo una disminución significativa en los triglicéridos (Clemente, 2011). Estos resultados ponen de manifiesto que tras una maratón de montaña aumenta la destrucción muscular y la oxidación de triglicéridos, mientras que la concentración sanguínea de lactato se incrementa hasta valores ligeramente por debajo del principio de acumulación de ácido láctico (OBLA).

2.2. Variaciones en los deportes de raqueta

No son tan abundantes las investigaciones halladas que describan las modificaciones o alteraciones bioquímicas que se producen en los diferentes deportes de raqueta y pala que se practican en la actualidad. Además, los estudios existentes abordan esta problemática de dos maneras diferentes, atendiendo a si son adaptaciones de tipo crónico o agudo. Teniendo en cuenta los limitados estudios existentes en uno u otro sentido, resulta difícil realizar un adecuado contraste de datos.

Trabajos como los realizados en tenis por Ojala & Häkkinen (2013) concluyen que tras varios días consecutivos de competición se produce un aumento significativo en la CK. En este mismo deporte, en un estudio realizado por Therminarias, Dansou, Chirpaz, Eterradossi & Favre-Juvin (1995) con tenistas femeninas, en donde se analizaban dos muestras sanguíneas (basal y posterior al esfuerzo), se comprobó una disminución del potasio. En la misma investigación se hallaron aumentos significativos en el sodio, el cloro, el fósforo, la urea, el ácido úrico, la creatinina y la glucosa.

Otros trabajos, como el de Hornery, Farrow, Mujika & Young (2007), han abordado el estudio de las variaciones séricas de magnitudes bioquímicas en tenistas profesionales y su relación con el tipo de superficie de la pista (pista rápida VS pista de tierra batida), comprobando igualmente un aumento similar en la CK y la creatinina previa y posterior a un partido. Este mismo estudio llega a correlacionar positivamente el daño muscular (a partir del aumento de los valores de CK analizados) con la duración de la competición, hallando registros más elevados a medida que aumentaba el tiempo de juego total.

En otro orden, hay autores que estudiaron el metabolismo proteico en el tenis a partir de la influencia de las variaciones de los aminoácidos en el sistema neuroendocrino (Strüder, Hollmann, Duperly & Weber, 1995). Este estudio comprobó que los aminoácidos disminuían de forma significativa en partidos de tenis de cuatro horas de duración, llegando a colaborar incluso como sustrato energético.

La pérdida de electrolitos a partir de la sudoración en competiciones profesionales de tenis es una de las líneas de investigación más analizadas. Las altas temperaturas que pueden llegar a darse en pistas al aire libre y la correlación existente entre disminución de electrolitos y calambres musculares ha sido estudiada en distintos trabajos (Bergeron, 2003; Bergeron, Armstrong & Maresh, 1995; Bergeron, Waller & Marinik, 2006; McCarthy, Thorpe & Williams, 1998).

A partir de esta realidad analizada, el objetivo de esta investigación ha sido estudiar las modificaciones bioquímicas que tienen lugar durante la realización de un partido de pádel.

3. MÉTODO

En el estudio han participado un total de catorce jugadores de pádel de alto nivel y sexo masculino (edad: 28±8 años, peso: 78,19±8,86 Kg y talla: 177,73±4,02 cm; IMC de 24,6±2,1). Se tomaron muestras de sangre mediante venopunción periférica antes y después de la disputa de un partido de competición. En ellas se determinaron veinte parámetros bioquímicos: glucosa, urea, creatinina, proteínas totales, albúmina, sodio, potasio, cloro, calcio, fósforo, magnesio, ALT, AST, CK, LDH, lipasa, colesterol, colesterol HDL (lipoproteínas de alta densidad) , triglicéridos y ácido úrico.

Las condiciones de humedad y temperatura fueron de 42,1±7,6% y de 25,9±5,5 grados centígrados respectivamente. Las muestras fueron almacenadas y transportadas a una temperatura entre 2 y 6 grados centígrados. Participaron dos enfermeros titulados en las extracciones realizadas. Se utilizaron agujas de extracción, tubos BDVacutainer©, compresor, guantes desechables y apósitos estériles.

El desarrollo del partido de pádel fue en forma de competición simulada (CS) y se efectuó de acuerdo al reglamento oficial aplicado en torneos profesionales jugándose todos los partidos al mejor de 3 sets. Si se llegaba a la situación de seis juegos iguales se disputaba un tie break. Antes de iniciarse la CS los jugadores realizaron un calentamiento estandarizado de una duración de 15 min dividido en 5 min de actividad física genérica y 10 min de calentamiento específico en pista. Las pistas de juego fueron exteriores y las pelotas Dunlop©, utilizándose un bote nuevo para cada partido. Los encuentros se realizaron a la misma hora del día.

Todos los jugadores participaron de manera voluntaria en el estudio, siendo éste aprobado por el Comité Ético de Investigación del Gobierno de Aragón.

Todas las variables cumplieron el criterio de normalidad (Kolmogorov-Smirnof). La comparativa entre los valores anteriores y posteriores se realizó a partir de la prueba T de Student. El nivel de significación se situó en un valor de $p<0,05$. Las variables están presentadas como media y desviación estándar. El análisis estadístico se ha realizado con el programa SPSS version 21.0 (SPSS Inc., Chicago, IL, USA).

4. RESULTADOS

Se presentan los resultados categorizados en tres bloques: el comportamiento de los parámetros metabólicos, los electrolitos y finalmente la actividad enzimática y el metabolismo lipídico.

En este sentido, los parámetros metabólicos que aumentaron significativamente al final del partido respecto a los valores de reposo fueron el ácido úrico (6,75%), la creatinina (14,38%), la albúmina (1,20%) y la urea (12,49%). En las Figuras 1, 2, 3 y 4 respectivamente, quedan representados estos valores.

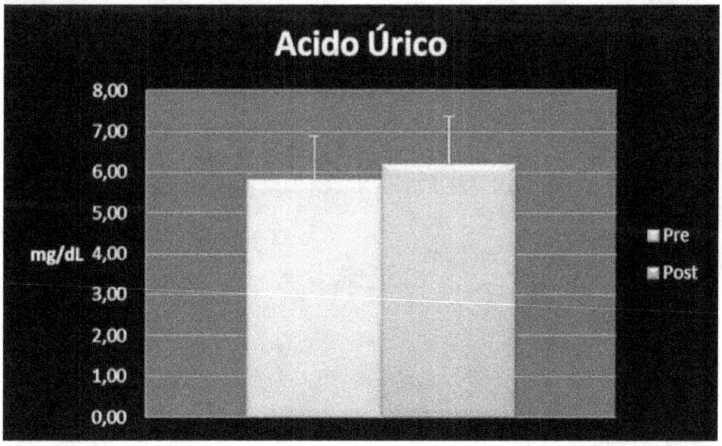

Figura 1. valor pre y post del ácido úrico

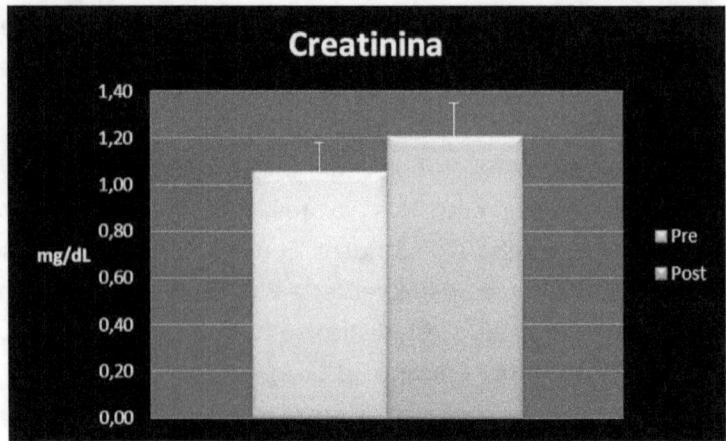

Figura 2. valor pre y post de la creatinina

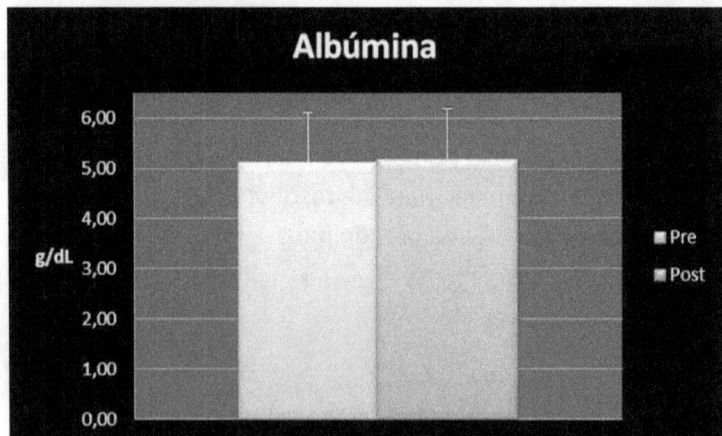

Figura 3. valor pre y post de la albúmina

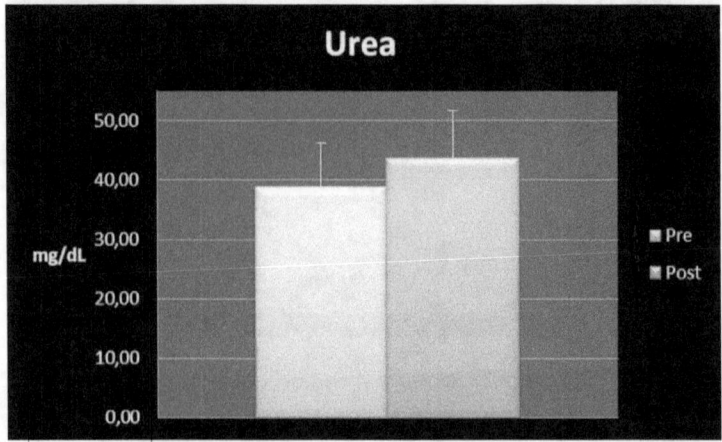

Figura 4. valor pre y post de la urea

En la Tabla 1 se presentan los parámetros metabólicos. Todas las variables analizadas alcanzaron diferencias estadísticamente significativas al comparar los resultados antes y después del partido.

Tabla 1. Valores absolutos pre-partido y post-partido de los parámetros metabólicos

	Pre-partido	Post-partido
Ácido úrico (mg/dL)	1,06±0,12	1,21±0,14*
Creatinina (mg/dL)	38,86±7,38	43,71±7,98*
Albúmina (g/dL)	5,12±0,29	5,18±0,32*
Urea (mg/dL)	5,82±1,07	6,21±1,16*

(*p<0,05)

Al comparar los resultados basales de los electrolitos con los obtenidos al finalizar la competición se manifestó un aumento (p<0,05) en las concentraciones de calcio (1,16%). Por el contrario, los niveles séricos de potasio y magnesio sufrieron una disminución (p<0,05) de -10,49% y -8,57%, respectivamente (Tabla 2). El resto de electrolitos analizados no presentaron cambios estadísticamente significativos.

Tabla 2. Valores absolutos pre-partido y post-partido de los electrolitos

	Pre-partido	Post-partido
Calcio (mg/dL)	9,88±0,24	9,99±0,23*
Potasio (mmol/L)	4.90±0,35	4,39±0,37*
Magnesio (mg/dL)	2,00±0,12	1,83±0,13*

(*p<0,05)

Respecto a la actividad enzimática, el valor de la CK post-partido aumentó significativamente respecto al valor basal un 21,11% (208,45±65,44 vs 252,45±68,81 UI/L). No se encontraron cambios estadísticamente significativos en el metabolismo lipídico ni en el resto de variables bioquímicas analizadas.

5. DISCUSIÓN

El aumento producido en la urea sérica respecto a las concentraciones basales, teniendo en cuenta que es el primer producto terminal del metabolismo de las proteínas, es un buen indicador del catabolismo muscular producido. En un estudio similar realizado con tenistas Therminarias et al. (1995) detectaron igualmente un incremento significativo entre los valores previos y los inmediatamente posteriores a un partido de tenis (5,1±0,4 vs 5,6±0,4 mM).

La creatinina, como compuesto orgánico generado a partir de la degradación de la creatina, es otra variable de interés para determinar el metabolismo muscular implicado. Su aumento es proporcionalmente mayor en disciplinas de resistencia (Clemente, 2011; Rensburg, Kielblock & Van der Linde, 1986), sin embargo el esfuerzo producido en la competición simulada de pádel ha sido lo suficientemente intenso para que este metabolito haya experimentado un aumento significativo en este trabajo. Hornery et al. (2007) en un estudio realizado con tenistas profesionales hallaron, de manera similar a lo encontrado en esta investigación, aumentos en la concentración de creatinina tras un partido de tenis (tanto en pista rápida como en tierra batida).

Respecto a la albúmina, proteína que se encuentra en gran porcentaje en el plasma sanguíneo, se ha intentado establecer una conexión entre la intensidad de la actividad física y la síntesis de albúmina intraorgánica (Mischler et al., 2003). El incremento significativo tras el esfuerzo del pádel apunta hacia ese comportamiento, asociado igualmente a un aumento de la masa proteica en circulación.

El último de los parámetros metabólicos analizados que ha sufrido un incremento significativo respecto a sus valores basales ha sido el ácido úrico. Este metabolito está considerado un potente antioxidante extracelular debido a que elimina radicales solubles en agua. De hecho, algunos trabajos demuestran que el ácido úrico representa una gran parte (más del 50%) de la capacidad antioxidante plasmática (Wayner, Burton & Ingold, 1987). Por tanto, se podría asociar en cierta medida su aumento con una mayor demanda de las necesidades para eliminar los productos de desecho del catabolismo muscular.

El potasio y el magnesio han sido los dos electrolitos que han disminuido significativamente a la finalización del partido de pádel respecto a sus valores basales. El potasio es necesario para la estimulación y la contracción muscular. Los cambios en las concentraciones de magnesio parecen estar asociados al tipo de contribución metabólica (aeróbica o anaeróbica). Aumentos en la cantidad de magnesio en plasma se vinculan a esfuerzos intensos y de corta duración, mientras que un descenso del mismo está más relacionado con esfuerzos de predominio aeróbico (Therminarias et al., 1995). El comportamiento de estos eletrolitos coincide con el estudio realizado por Therminarias et al. (1995), con jugadores de tenis, en donde también disminuyeron significativamente los valores de potasio y magnesio a la finalización de una competición simulada. Estos decrementos pueden ser debidos igualmente a la eliminación urinaria (potasio) y al equilibrio electrolítico (magnesio) (Bassini & Cameron, 2014; Burtis, Carl & Ashwood, 1999; Clemente, Navarro & González, 2011).

Finalmente la CK, como marcador de la actividad enzimática, sufrió un incremento significativo tras el esfuerzo. Se ha demostrado en otros trabajos realizados en disciplinas de larga duración que es habitual el aumento de la CK derivada de un mayor metabolismo muscular (Clemente, 2011; Gallo-Salazar et al., 2015). Estudios que abordaron esta cuestión con tenistas (Hornery et al., 2007; Ojala & Häkinen, 2013; Therminarias et al., 1995) han confirmado igualmente su incremento asociado a un esfuerzo de tipo intermitente, como es el pádel (Pradas et al., 2014), donde se producen un elevado número de acciones de tipo excéntrico, derivando éstas en un aumento de las concentraciones séricas de CK. Este tipo de acciones son más propicias al daño muscular, y en consecuencia, comprometen a la integridad de la estructura de la célula muscular.

6. CONCLUSIONES

Los marcadores bioquímicos analizados indican que en el pádel masculino se produce una situación catabólica del organismo. Su dinámica de juego, con esfuerzos prolongados pero de tipo intermitente y acciones cortas e intensas, en donde se producen continuas aceleraciones y desaceleraciones, parecen provocar un aumento del daño muscular agudo, como consecuencia de un predominio a nivel local muscular del componente excéntrico.

La disminución significativa en las concentraciones de magnesio puede estar relacionada con la contribución del metabolismo aeróbico a lo largo de un partido. El aumento posterior de los niveles de potasio, urea, creatinina, ácido úrico y creatinkinasa confirman el impacto que el pádel tiene sobre la musculatura implicada en particular, y el organismo en general.

Los cambios en los marcadores analizados en este estudio nos permiten esclarecer el efecto que produce la práctica del pádel sobre el organismo, sin embargo, se hace necesaria la realización de nuevos estudios en donde se corrobore y profundice sobre los hallazgos encontrados en esta investigación.

REFERENCIAS

Bassini, A. & Cameron, L. C. (2014). Sportomics: Building a new concept in metabolic studies and exercise science. Biochemical and Biophysical Research Communications, 445, 708-716.

Bernal, M. & Cruz S. (2014). Interacción fisiológica de la hormona eritropoyetina, relacionada con el ejercicio físico en altitud moderada y alta. Revista Investig. Salud Univ. Boyacá, 1(1), 73 – 96.

Bergeron, M. F. (2003). Heat cramps: fluid and electrolyte challenges during tennis in the heat. J Sci Med Sport, 6, 19–27.

Bergeron, M. F., Armstrong, L. E. & Maresh, C. M.(1995). Fluid and electrolyte losses during tennis in the heat. Clin Sports Med, 14, 23–32.

Bergeron, M. F., Waller, J. L. & Marinik, E. L. (2006). Voluntary fluid intake and core temperature responses in adolescent tennis players: sports beverage versus water. Br J Sports Med, 40, 406–10.

Burtis, C, A. & Ashwood, E. R. (1999). Tietz Textbook of Clinical Chemistry. Philadelphia: Saunders.

Clemente, V. J. (2011). Modificaciones de parámetros bioquímicos después de una maratón de montaña. European Journal of Human Movement, 27, 75-83.

Clemente, V., Navarro, F. & González, J. M. (2011). Changes in biochemical parameters after a 20-hour ultra-endurance kayak and cycling event. International SportMed Journal, 12(1), 1-6.

Davidson, R. J. L., Frcpe, M.D., Robertson, J. D, & Maughan, R. J. (1986). Haematological changes due to triathlon competition. Brit. Jou. Sports Med. 20(4), 159-161.

Gallo-Salazar, C., González-Millán, C., Del Coso, J., Salinero, J. J., Abián-Vicén, J., Ruiz-Vicente, d., Lara, B., Areces, F., & Soriano, M. LL. (2015).

Influencia de un medio ironman en parámetros sanguíneos. Archivos de Medicina del Deporte, 32(1), 10-15.

Hornery, D. J., Farrow, D., Mujika, I. & Young, W. (2007). An integrated physiological and performance profile of professional tennis. Br. Jou. Sports Med, 41, 531-536. doi: 10.1136/bjsm.2006.031351.

McCarthy, P. R, Thorpe, R. D. & Williams, C. (1998). Body fluid loss during competitive tennis match-play. In: Lees, A., Maynard, I., Hughes, M., Reilly, T., editors. Science and racket sports, 2nd edition. London: E & FN Spon, 52–55.

Mischler, I., Boirie, Y., Gachon, P., Pialoux, V., Mounier, R., Rousset, P., Coudert, J. & Fellmann, N. (2003). Human Albumin Synthesis Is Increased by an Ultra-Endurance Trial. Med. Sci. Sports Exerc., 35(1), 75–81.

Ojala, T. & Häkkinen, K. (2013). Effects of the tennis tournament on player´s physical performance, hormonal responses, muscle damage and recovery. Jou Sports Sci and Med, 12, 240-248.

Pradas, F., Cachón, J., Otín, D., Quintas, A., Arracó, S. I. & Castellar, C. (2014). Análisis antropométrico, fisiológico y temporal en jugadoras de pádel de elite. Retos. Nuevas tendencias en Educación Física, Deporte y Recreación, 25, 107-112.

Rensburg, J. P., Kielblock, A. J. & Van der Linde, A. (1986). Physiologic and biochemical changes during a triathlon competition. Int. Jou. Sports Med., 7, 30-35.

Strüder, H. K., Hollmann, W., Duperly, J. & Weber, K. (1995). Amino acid metabolism in tennis and its possible influence on the neuroendocrine system. Br. Jou. Sport Med, 29(1), 28-30.

Therminarias, A., Dansou, P., Chirpaz, M. F., Eterradossi, J., & Favre-Juvin, A. (1995). Cramps, heat stroke and abnormal biological responses during a strenuous tennis match. First World Congress on Science and Racket Sports. Merseyside (England).

Urdampilleta, A., López-Grueso, R., Martínez-Sanz, J. M. & Mielgo-Ayuso, J. (2014). Parámetros bioquímicos básicos, hematológicos y hormonales para el control de la salud y el estado nutricional en los deportistas. Revista Española de Nutrición Humana y Dietética, 18(3), 155-171.

Wayner, D. D. M., Burton, G. W. & Ingold, K. U. (1987). The relative contributions of vitamin E, urate, ascorbate and proteins to the total peroxyl radical-trapping antioxidant activity of human blood plasma. Biochim. Biophys. (73), 235-247.

Capítulo 8

ENTRENAMIENTO EN FITBALL COMO COMPLEMENTO A LA PREPARACIÓN FÍSICA DEL PÁDEL

Gema Torres-Luque[1,2] y Ángel Iván Fernández-García[2,3]
[1]Universidad de Jaén, España
[2]Área de Docencia e Investigación Federación Andaluza de Tenis.
[3]Universidad de Granada.
Correo electrónico: . gtluque@ujaen.es, angelivanfg@hotmail.com

Resumen:

Se plantea una propuesta metodológica del empleo del fitball como complemento a la preparación física del pádel. Se muestra los criterios a considerar en la elección del fitball, así como sus posibilidades de entrenamiento, agrupados en siete grupos diferenciados: control lumbo-pélvico, control postural, entrenamiento de fuerza, trabajo unilateral, equilibrio y movilidad, aplicación en pista con pala y trabajo mixto y combinado. A su vez, se planteará la modificación de variables para adaptar las diferentes actividades desde principiantes a jugadores avanzados.

Palabras clave: preparación física, fitball, pádel.

Abstract:

A methodological proposal fitball employment to supplement the physical preparation of the paddle is raised. Criteria to consider in choosing the fitball and training possibilities are shown. At the same time, they are classified into seven groups: lumbo-pelvic control, postural control, strength training, unilateral work, balance and mobility, training in court and combined traninig. In turn, changing variables will be raised to accommodate the different activities from amateur to professional players.

Keywords: physical condition, fitball, paddle tennis.

1. INTRODUCCIÓN

Actualmente el entrenamiento de fitball está siendo una de las grandes bazas del entrenamiento en centros deportivos y gimnasios. A pesar de que se lleva años empleándolo como juguete infantil y posteriormente como medio terapéutico, es en las últimas décadas cuando su uso se ha extendido siendo un sistema más de entrenamiento desde una visión multifuncional. El empleo del fitball resulta muy útil para todo tipo de personas, ya que puede tener respuestas para muchas demandas.

La diferencia respecto a otros ejercicios más clásicos, es el hecho de que trabajan diferentes músculos de forma simultánea, además del factor equilibrio, que está presente constantemente. El entrenamiento fitball es divertido, dinámico, seguro y eficaz. Los ejercicios de fitball ayudan a formar un cuerpo tonificado de manera armoniosa.

Con el fitball se puede diseñar un programa de entrenamiento para desarrollar todo el cuerpo, poniendo especial atención en las partes ejecutoras, y donde siempre se va a trabajar las partes estabilizadoras. Ese es uno de los grandes secretos y beneficios del fitball, que ayuda a un desarrollo más integral del sujeto. Cuando un sujeto realiza un trabajo de pesas, por ejemplo en máquina de manera guiada o semiguiada, no hace "pensar" al cuerpo, solo ejecuta. Con el trabajo de fitball el cuerpo está concentrado en la tarea, teniendo que poner en marcha todo el mecanismo orgánico, uniendo unas partes del cuerpo con otras. Además la ejecución lenta y suave del ejercicio posee una actitud mental y una fluidez de movimiento que se asemejan a otras actividades actualmente puestas de moda como el pilates o el yoga.

Aquellos adultos que no tienen ningún problema de salud y que entrenan, precisamente con un objetivo saludable, un programa de ejercicios con fitball que implique el trabajo de diferentes partes del cuerpo, con pocos descansos y de manera continua, les permitirá una frecuencia cardiaca elevada, que complementará de sobremanera otras actividades como correr, nadar, etc...

Por supuesto, aquellas personas lesionadas, pueden emplear el fitball como medio de rehabilitación. Un cuerpo que esté lesionado puede emplear ejercicios con balón para reconstruir zonas dañadas, así como para volver a poner en marcha zonas curadas. Este tipo de ejercicios permite que la zona lesionada esté lista y preparada para la vida cotidiana, la acción motriz dañada o la destreza deportiva requerida.

Son diferentes los estudios que marcan los beneficios del entrenamiento con superficies inestables, quedando resumidos de forma general en los siguientes puntos (Vera-García et al., 2000; 2007; Behm et al., 2002; Hildenbrand y Noble, 2005; Marshall y Murphy, 2006):

a) Mayor activación y reclutamiento muscular, especialmente en toda la zona denominada lumbo-pélvica, que colabora a aumentar la estabilidad articular.

b) Mayor activación de la musculatura antagonista que aumenta la estabilidad articular producida por la inestabilidad externa.

c) Se favorece la contracción isométrica de la musculatura que fija y estabiliza.

Algunos aspectos a considerar para la elección del balón de fitball (Goldenberg y Twist, 2007; Westlake, 2008):

a) Tamaño del balón: actualmente existen diferentes tamaños de balones, existiendo diferentes directrices en relación al autor consultado, pero de manera general se indica que, para sujetos que midan 175 cm o menos, emplean el balón de entre 45 y 55 cm; para sujetos que midan entre 178 y 190 cm emplean el balón entre 55 y 65 cm; y para sujetos que midan más de 190 cm pueden trabajar con el de entre 65 y 75 cm.

b) Hinchado del balón: un balón se debe hinchar hasta que una vez que uno se siente en el, las piernas queden paralelas al suelo, es decir, que la articulación de la rodilla forme un ángulo de 90º.

c) Calidad de los balones: actualmente no hay ningún problema en adquirir un balón de fitball en cualquier establecimiento deportivo. El hecho de que sea un material que se ha puesto de moda, implica que existan diferentes calidades en el mercado. Lo importante de un balón de fitball es que soporte el peso de nuestro cuerpo y los movimientos típicos que se van a producir con el propio entrenamiento. Al ser un balón que va hinchado, una de las cuestiones más importante es que sea de un material lo suficientemente preparado para evitar el reventón. La manera de evitarlo es que estén clasificados como ABS. Estos balones si se pinchan en vez de reventar se desinflarán.

Una vez que se comience a practicar con el fitball, será el entrenador el que cumpla el principio de variedad y progresión de la carga, no obstante aquí aparecen una serie de recomendaciones generales a poner en práctica:

a) Base de apoyo: se comenzará con la máxima parte del cuerpo apoyada en el fitball para permitir el mayor equilibrio posible. A partir de ahí, la base de apoyo se puede modificar para crear un mayor desequilibrio que complique el ejercicio.

b) Cambiar la longitud de palanca: si se modifica la longitud de palanca, se modifica la biomecánica del gesto, haciéndolo más complicado. Es más fácil lanzar un balón desde el pecho que por encima de la cabeza.

c) Cambiar la velocidad de movimiento: un movimiento muy lento, mantiene el músculo contraído bajo tensión durante más tiempo y ayuda a desarrollar la fuerza y la estabilidad. Los movimientos realizados de forma rápida y dinámica tienden a desarrollar la potencia.

d) Añadir resistencia: una de las grandes ventajas del empleo del fitball es que permite emplearlo con diferentes tipos de material: otros balones, balones medicinales, bosu, bandas elásticas, mancuernas, pesas, etc... eso no solo le da una grandísima variedad de ejercicios, sino de variar la dificultad de los mismos.

2. ORIENTACIONES METODOLÓGICAS DEL EMPLEO DEL FITBALL APLICADO AL PÁDEL

Gracias a la gran polivalencia del fitball para realizar diferentes tipos de trabajo, a continuación se establece una clasificación de los diferentes bloques de entrenamiento que existen con aplicación al pádel, mostrando varios ejemplos y variantes de cada uno en orden creciente de dificultad.

2.1. Control lumbo-pélvico.

En este bloque se incluyen todos aquellos ejercicios cuya finalidad sea trabajar la musculatura abdominal y lumbar.

Abdominales:

- El sujeto se coloca tumbado sobre el fitball (figura 1), estableciendo como base de apoyo el espacio comprendido entre la cadera y la zona lumbar. Las rodillas mantendrán una angulación de 90º y desde esa posición realizará elevaciones de tronco con los brazos pegados al pecho.
    - Variante 1: Los brazos se extenderán por encima de la cabeza para aumentar el tamaño de la palanca y por tanto, el peso a elevar.
    - Variante 2: Introducir una carga externa a sujetar con las manos como un balón medicinal o disco de pesas.

Figura 1. Progresión de dificultad entrenamiento abdominal.
Lumbares:

- El sujeto se tumbará boca abajo sobre el fitball (figura 2), apoyando los pies en el suelo y estableciendo como zona de contacto la comprendida entre la cadera y la parte baja de la barriga. Desde esa posición realizará elevaciones de tronco hasta que éste se coloque en línea con las piernas. Durante el ejercicio, los brazos irán recogidos y pegados al pecho.

- Variante 1: Los brazos se extenderán por encima de la cabeza para aumentar el tamaño de la palanca y por tanto, el peso a elevar.
- Variante 2: Introducir una carga externa a sujetar con las manos como un balón medicinal o disco de pesas.

Figura 2. Progresión de dificultad entrenamiento lumbar boca abajo.

- El sujeto se tumbará boca arriba en el suelo y apoyará sus pies sobre el fitball mientras mantiene los brazos en el suelo (figura 3). Desde esa posición realizará elevaciones de cadera.
  - Variante 1: Los brazos se colocarán apoyados en el pecho en lugar de en el suelo para aumentar la inestabilidad.
  - Variante 2: El sujeto realizará el mismo ejercicio pero apoyando un solo pie sobre el fitball.

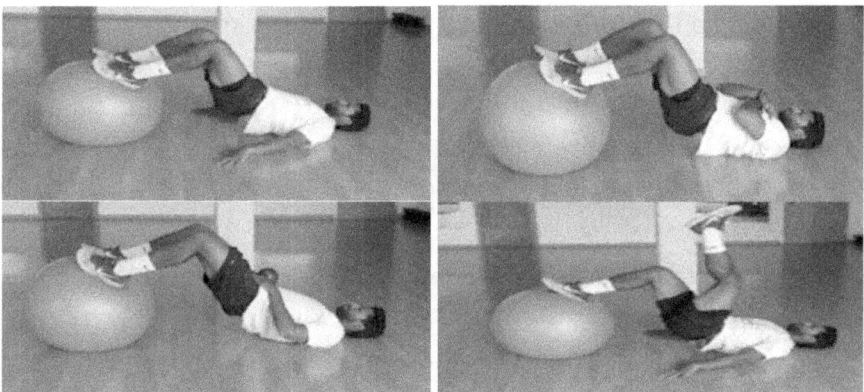

Figura 3. Progresión de dificultad entrenamiento lumbar boca arriba.

2.2. Control postural

Comprende aquellos ejercicios en los que el sujeto trata de mantener el equilibrio sobre el fitball mediante diferentes posiciones:

- El sujeto se coloca en cuadrupedia sobre el fitball tratando de aguantar el equilibrio sin tocar el suelo (figura 4).
  - Variante 1: Permanecerá con los ojos cerrados
  - Variante 2: Cuando consiga estabilizarse, elevará el tronco para apoyarse sólo con las rodillas.

Figura 4. Progresión de dificultad entrenamiento control postural.

- "Superman": El sujeto se colocará en primera instancia a un par de metros del fitball. Se desplazará para lanzarse y deslizarse sobre él hasta que éste contacte con sus rodillas. En ese momento tratará de recoger el cuerpo en sentido inverso al desplazamiento inicial y elevarse sobre el fitball, pasando por la cuadrupedia y terminando sólo con las rodillas apoyadas y los brazos abiertos (figura 5):
  - Variante 1: Permanecerá con los ojos cerrados una vez que se eleve sobre el fitball.
  - Variante 2: Una vez que se eleve, se le pasará un balón medicinal que éste tendrá que devolver lanzándolo lateralmente con ambos brazos las veces que se estimen oportunas.

Figura 5. Sucesión de pasos para realizar el "superman"

2.3. Entrenamiento de la fuerza

En este bloque entrarían todos aquellos ejercicios clásicos de trabajo muscular que pueden hacerse en salas de musculación con o sin resistencia externa, pero que en este caso son llevados a cabo con fitball:

Sentadillas:

El sujeto apoyará la parte media-alta de su espalda en el fitball y éste sobre la pared. Desde esa posición y manteniendo el tronco erguido, realizará sentadillas hasta que las rodillas alcancen los 90º, mientras que los brazos permanecerán extendidos a la altura de los hombros y los pies apoyados con una separación algo superior a la de la cadera. Durante el descenso, las rodillas no podrán superar la posición de las puntas de los pies.

- Variante 1: Introducir una carga externa con un balón medicinal o disco de pesas que el sujeto portará en sus brazos y pegado al cuerpo.
- Variante 2: Las sentadillas se ejecutarán solo con una pierna.

Figura 6. Progresión de dificultad para realizar sentadillas.

Aperturas con mancuernas (pectoral):

El sujeto se coloca tumbado boca arriba sobre el fitball, estableciendo como base de apoyo el espacio comprendido entre la zona media y alta de la espalda. Cogerá una mancuerna con cada mano y partirá con los brazos semi extendidos sobre su tronco. Desde esa posición realizará aperturas laterales de brazos hasta que las mancuernas alcancen la altura aproximada del tronco, para posteriormente volver a elevar las mancuernas hasta la posición de inicio. Durante todo el recorrido los codos permanecerán semi extendidos.

- Variante 1: En lugar de realizar el ejercicio simétrico con ambos brazos a la vez, se hará unilateral para crear un mayor desequilibrio.

- Variante 2: Durante la ejecución el sujeto apoyará sus pies en plataformas inestables en lugar de en el suelo.

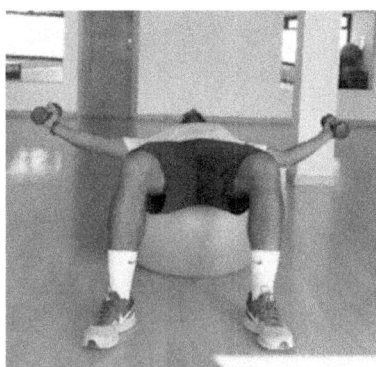 

Figura 6. Aperturas con mancuernas en fitball.

2.4. Trabajo unilateral

La finalidad es el trabajo completo de cadenas musculares. Se trata de una modalidad muy utilizada en deportes asimétricos (pádel, tenis, fútbol...) por la especificidad y semejanza del trabajo (músculos implicados, tipos de contracción...) con respecto a los gestos técnicos específicos del deporte.

Press Banca con mancuernas y ejecución unilateral:

La posición del cuerpo sobre el fitball es idéntica a la del ejercicio anterior. En la posición inicial, el brazo que sujeta la mancuerna se coloca extendido hacia arriba mientras que el libre se recoge cerca del cuerpo. Desde esa posición se produce el movimiento inverso, mientras el brazo de la mancuerna desciende con una flexión y bajada del codo, el libre asciende. Cuando la mancuerna llega a una altura cercana a la del cuerpo, vuelve a producirse el movimiento contrario, extensión del brazo de la mancuerna y recogida del libre a la vez que se eleva la rodilla contraria al brazo ejecutor.

- Variante 1: El pie de apoyo se coloca sobre una plataforma inestable.
- Variante 2: Aumentar el peso de la carga externa.

Figura 6. Trabajo unilateral press banca con mancuernas.

Equilibrio y movilidad.

Se incluirían dentro de él todos aquellos ejercicios que impliquen desplazamientos llevados a cabo mientras el ejecutor sujeta el fitball con sus brazos para dificultar el equilibrio. Pueden realizarse desde desplazamientos específicos (RSA), hasta cualquier tipo de movilidad con giros, cambios de dirección, etc.

- Desplazamientos frontales con giros: El sujeto agarra el fitball con los brazos extendidos a la altura del pecho, para posteriormente realizar zancadas frontales en las que debe realizar un giro de 360º sobre el pie de contacto antes del siguiente apoyo.
    - Variante 1: Aumentar el tamaño del fitball.
    - Variante 2: Ejecutar el ejercicio con los ojos cerrados.
- Desplazamientos laterales con giros: El sujeto agarra el fitball con los brazos extendidos a la altura del pecho, para posteriormente realizar desplazamientos laterales derecha-izquierda. Antes de cambiar de dirección, debe realizar un giro de 360º sobre la pierna externa.
    - Variante 1: Aumentar el tamaño del fitball.
    - Variante 2: Ejecutar el ejercicio con los ojos cerrados.

Aplicación en pista con pala:

En este apartado entrarían todos aquellos ejercicios desarrollados principalmente en pista, en los que el jugador tenga que realizar gestos técnicos con la utilización del fitball,

- El sujeto se coloca sobre el fitball realizando pequeños rebotes con los glúteos y manteniendo la pala preparada a la espera de que le lancen una pelota para salir a golpearla de volea.
    - Variante 1: Realizar rebotes apoyando una sola pierna
    - Variante 2: Complicar el lanzamiento previo a la volea
- El sujeto se coloca sobre el fitball con las rodillas apoyadas en él y el tronco erguido mientras mantiene la pala en posición de espera. Desde esa posición ejecuta voleas tratando de mantener el equilibrio y no apoyarse en el suelo.

a) Trabajo mixto o combinado: Combinación de varios ejercicios (recomendable que no sean más de 3) realizados de manera sucesiva y en los que se trabajen diferentes aspectos-cualidades físicas. Al menos uno de los ejercicios requerirá la utilización del fitball:

- Arrancada con barra + escalera de coordinación + Voleas ejecutadas con las rodillas apoyadas sobre fitball.
- Sentadilla con fitball + ejercicio de coordinación + Golpeo de bandeja ejecutado con las rodillas apoyadas sobre fitball

Dentro de esta clasificación y tal y como se ha comentado anteriormente, pueden establecerse diferentes progresiones, desde principiantes a alta competición. Para ello basta con modificar la dificultad en función de los cuatro apartados expuestos en el punto anterior (base de apoyo, longitud de palanca, velocidad de ejecución y resistencia externa).

REFERENCIAS

Behm, D.G., Anderson, K., Curnew, R.S. (2002) Muscle force and activation under stable and unstable conditions. Journal Strength Conditioning Research, 16(3), 416-422.

Goldenberg, L. y Twist, P. (2007) Entrenamiento con balón de fuerza. Barcelona: Paidotribo.

Hildenbrand, K., Noble, L. (2005) Abdominal muscle activity while performing trunk-flexion exercises using the AbRolles, Abslide, Fitball and conventionally performed trunk curls. Journal Athetic Training, 39(1), 37-47.

Marshall, P., Murphy, B.A. (2006) Increased deltoid and abdominal muscle activity during swiss ball bench press. Journal Strength Conditioning Research, 20(4), 745–750.

Vera-Garcia, F.J., Grenier, S.G., McGill, S.M. (2000) Abdominal muscle response during curl-ups on both stable and labile surfaces. Physical Therapy, 80(6), 564-569.

Vera-Garcia, F.J., Elvira, J.L., Brown, S.H., McGill, S.M. (2007) Effects of abdominal stabilization maneuvers on the control of spine motion and stability against sudden trunk perturbations. Journal Electromyography Kinesiology, 17(5): 556–567.

Westlake, L. (2008) Entrenamiento con balón de ejercicios. Barcelona: Paidotribo.

Capítulo 9

ANÁLISIS DEL JUEGO EN PÁDEL DE ALTA COMPETICIÓN

Daniel Navas Sanz[1] y José Antonio Aparicio Asenjo[2]

[1]Universidad Europea de Madrid.
[2]Universidad Politécnica de Madrid
Autor de correspondencia: Daniel.navas@uem.es

Resumen:

El objetivo del presente estudio es analizar tácticamente el juego en pádel de alta competición diferenciando entre las parejas que ganan respecto a los que pierden en categoría masculina en el Pádel ProTour 2012. Un total de 14 partidos de categoría masculina fueron analizados (finales Pádel Pro Tour 2012, Top 18-ranking) a través de un sistema notacional validado, registrando las acciones de juego al comenzar un punto, y como finalizaba, para determinar la importancia técnico – táctica en su resultado final. Las variables analizadas fueron los errores forzados, errores no forzados, golpes ganadores, la tipología de golpes y el resultado de juego (ganadores y perdedores). Los resultados muestran que se juegan de media 138,93 (DT: 37,63) puntos. La diferencia entre ganadores y perdedores es muy pequeña ya que el porcentaje de puntos ganados es de apenas un 10% (55,56% ganadores frente a 44,44% perdedores). Según los datos obtenidos, los resultados muestran que las parejas ganadoras obtienen un 6% más de remates ganadores, un 6% menos de errores en volea de derecha en ataque y, provocan un 6% más de errores ofensivos en los contrarios. Del mismo modo, la productividad es mayor en las parejas ganadoras (35,69%), frente a las perdedoras (28,41%).

Palabras clave: Análisis Notacional, Pádel, Análisis Táctico, Análisis del juego, Competición.

Abstract:

The aim of this study is to analyze the game tactically paddle highly competitive differentiating between couples earning respect to the losers in the men categories Paddle ProTour in 2012. A total of 14 men's games were analyzed (final Padel Pro Tour 2012 Top 18 ranking) through a validated notational system, recording game actions to start a point and ended as to determine the technical importance - tactics in the final result. The variables analyzed were forced errors, unforced errors, winning shots, types of strokes and game results (winners and losers). Results show that are played middle 138.93 (37.63 DT) was applied. The difference between winners and losers is very small since the percentage of points earned is only 10% (55.56% vs. 44.44% winners losers). According to the data, the results show that the winning couples get 6% more winning shots, 6% fewer errors on forehand attack and cause a 6% increase in offensive mistakes in opposites. Similarly, productivity is higher in the winning couples (35.69%) compared to the losers (28.41%).

Keywords: Performance Analysis, Paddle, Tactical Analysis, Game Analysis, Competition.

1. INTRODUCCIÓN

Las limitaciones de los entrenadores en la observación directa junto con la importancia que tiene el feedback que éstos aportan a los jugadores de pádel, hacen que el análisis notacional cobre un valor fundamental, ya que va a permitir registrar el rendimiento de una forma objetiva, cuantificando los eventos críticos de una manera consistente y fiable, permitiendo que el feedback sea preciso y objetivo (Murray et al., 2007).

En la actualidad existen cuatro áreas principales dentro de las cuales se podría aplicar el feedback recogido a través del análisis notacional al pádel, como son, el análisis táctico, el análisis técnico, el análisis de movimiento, y la creación de bases de datos y modelos (Hughes, Hughes,& Behan, 2007).

El objetivo del presente estudio es analizar tácticamente el juego en pádel de alta competición diferenciando entre las parejas que ganan respecto a los que pierden en categoría masculina en el Pádel ProTour 2012. Éste estudio se basó en otros estudios de análisis notacional en deportes de raqueta como el realizado por O'Donoghue e Ingram (2001) que analizaron la eficacia del juego en red y el juego de fondo analizando el porcentaje de los diferentes puntos ganados en Grand Slam de tenis, trabajos como el de Djokic (2002) sobre la eficacia de movimiento en tenis de mesa; o en squash (Brown & Hughes, 1995) y en bádminton (Cabello-Manrique & González-Badillo, 2003) analizando los golpes ganadores, faltas y errores no forzados.

2. MATERIAL Y MÉTODOS

Se analizaron catorce finales del torneo Pádel Pro Tour 2012 a lo largo del año, registrándose las acciones de juego al comenzar un punto, y como finalizaba, para determinar la importancia técnico - táctica en su resultado final, analizando los errores no forzados, errores forzados, golpes ganadores y la tipología de golpes.

Dicho análisis, nos va a ayudar para determinar el grado de eficacia de los golpes, visualizando cuáles son los más usados y qué diferencias tienen en relación a la eficacia, trayectorias y número de errores forzados, no forzados así como golpes ganadores existen entre las parejas analizadas.

Antes del momento de la visualización de los partidos, se preparó una plantilla de sistema de notación para poder registrar los indicadores de rendimiento. Se establece la importancia de determinar mediante análisis notacional ratios de efectividad técnica o de habilidades específicas (positivos y negativos) (O'Donoghue, 2001), como así se comprobó por ejemplo en squash (Murray y Hughes, 2001). La plantilla de notación fue probada por un panel de expertos, obteniendo un error porcentual de un 2,14%, demostrando de esta manera un grado de fiabilidad inter – observadores bastante alto.

3. RESULTADOS

En un primer análisis, observamos que en las finales jugadas en los campeonatos del año 2012 se juegan de media 138,93 (dt: 37,63) puntos con una productividad mayor de las parejas ganadoras respecto a las perdedoras. Sin embargo los puntos jugados tanto en zonas de ataque como de defensa son muy parejos entre los ganadores y perdedores. (Tabla 1) (Figura 1 y 2)

Tabla 1. Análisis general de los parámetros de los partidos

	Puntos Jugados		Puntos Ganados		% Ganados		% E.no forzados		Productividad	
	RP		RP		RP		RP		RP	
	P	G	P	G	P	G	P	G	P	G
N	14	14	14	14	14	14	14	14	14	14
Media	138,93	138,93	63,14	75,79	44,44	55,56	19,88	15,97	28,41	35,69
DT	37,63	37,63	22,70	15,92	5,21	5,18	4,60	5,01	3,73	4,04

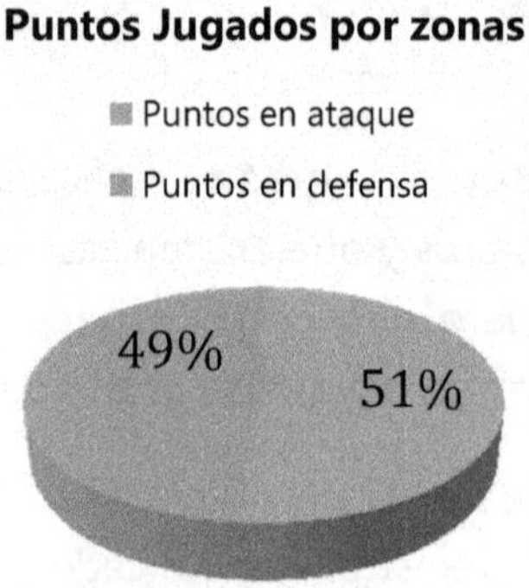

Puntos Jugados por zonas

- Puntos en ataque
- Puntos en defensa

49%
51%

Figura 1. Parejas ganadoras

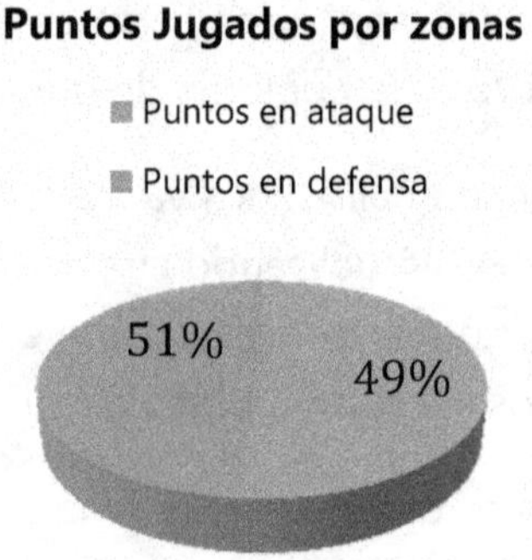

Puntos Jugados por zonas

- Puntos en ataque
- Puntos en defensa

51%
49%

Figura 2. Parejas perdedoras

Respecto a los puntos jugados en ataque, ambos grupos juegan un número similar de puntos en red, mostrando una diferencia mayor de ataques ganados en las parejas que se alzan con la victoria. (Tabla 2) (Figuras 3 y 4)

Tabla 2. Análisis de los parámetros en Ataque

	Total Ataque		Ganados		% Ganados	
	RP		RP		RP	
	P	G	P	G	P	G
N	14	14	14	14	14	14
Media	67,64	71,29	46,64	54,79	68,16	77,74
DT	20,83	19,95	16,05	12,97	5,85	5,02

Juego en Ataque

- Golpes Ataque
- Perdidos Contrarios en Def
- Winner Def Contrarios

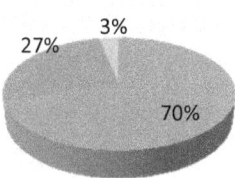

Figura 3. Juego en ataque parejas ganadoras

Juego en Ataque

- Golpes Ataque
- Perdidos Contrarios en Def
- Winner Def Contrarios

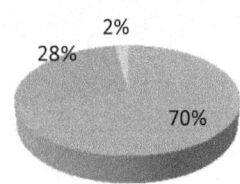

Figura 4. Juego en ataque parejas

En un análisis más detallado en profundidad, observamos los indicadores que contribuyen al logro de los resultados obtenidos en los puntos ofensivos del juego en red. Se muestran solo los golpes de ataque en zona ofensiva por ambos parejas, tanto los ganadores como los errores que cometen en la red en voleas y remates. (Tabla 3) (Figuras 5 y 6)

Tabla 3. Análisis de los parámetros en Ataque

	VD Ganador		VD Error		VR Ganador		VR Error		Remates		R Error		E. Def. Con		W. Def. Con	
	RP		RP		RP		RP		RP		RP		RP		RP	
	P	G	P	G	P	G	P	G	P	G	P	G	P	G	P	G
N	14	14	14	14	14	14	14	14	14	14	14	14	14	14	14	14
Media	7,86	9,57	9,71	7,29	5,14	6,21	6,93	6,86	15,08	18,93	1,93	1,14	18,00	18,93	2,28	1,57
DT	5,92	4,98	2,73	3,45	3,88	4,26	3,79	3,80	9,84	10,38	1,94	1,51	9,77	6,68	2,65	1,82

Golpes en Ataque

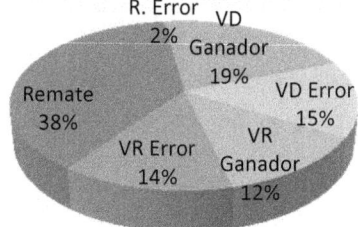

Figura 5. Golpes en ataque parejas ganadoras

Golpes en Ataque

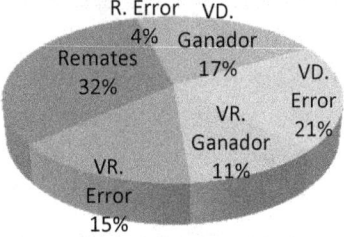

Figura 6. Golpes en ataque parejas perdedoras

Detallamos a continuación el juego desarrollado en la zona de defensa relacionando el juego de las parejas ganadoras respecto a las perdedoras. Se observa como el juego en defensa al igual que en ataque se encuentra muy igualado. Al igual que en ataque, el juego en defensa se compone de los golpes en defensa de una pareja, tanto ganadores como errores, mas los golpes en ataque de los contrarios. (Tabla 4) (Figuras 7 y 8)

Tabla 4. Análisis de los parámetros en Defensa

	Total Defensa		Defensa Ganados		% Defensa Ganados	
	RP		RP		RP	
	P	G	P	G	P	G
N	14	14	14	14	14	14
Media	71,29	67,64	16,50	21,00	22,24	31,81
DT	19,95	20,83	7,58	6,36	5,01	5,84

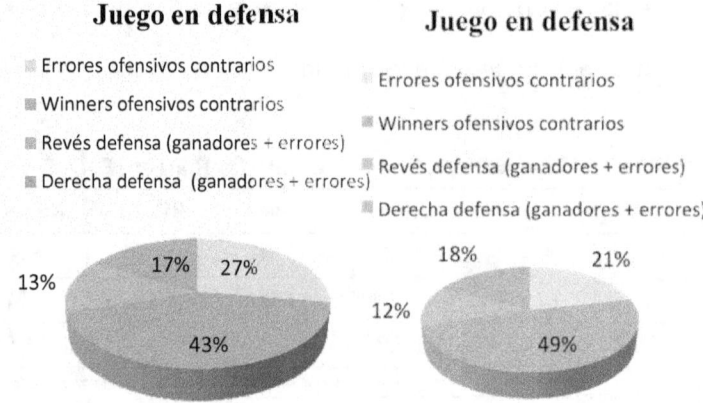

Figura 7. Juego en defensa parejas ganadoras

Figura 8. Juego en defensa parejas perdedoras

Como en ataque, realizamos un análisis más detallado en defensa, desglosando el juego jugado por las propias parejas de los golpes en defensa, en este caso con los golpes de derecha y revés tanto ganadores como los errores. (Tabla 5) (Figuras 9 y 10)

Tabla 5. Análisis de los distintos indicadores de rendimiento en defensa

	D Ganadora		D Error		RV Ganador		RV Error		E. Ata. Cont		W. Ata. Cont	
	RP		RP		RP		RP		RP		RP	
	P	G	P	G	P	G	P	G	P	G	P	G
N	14	14	14	14	14	14	14	14	14	14	14	14
Media	1,14	1,64	11,36	9,86	0,43	0,64	7,57	8,14	15,29	18,57	34,71	28,08
DT	1,17	2,02	3,41	5,46	0,65	0,63	3,27	4,31	8,76	8,46	19,62	19,64

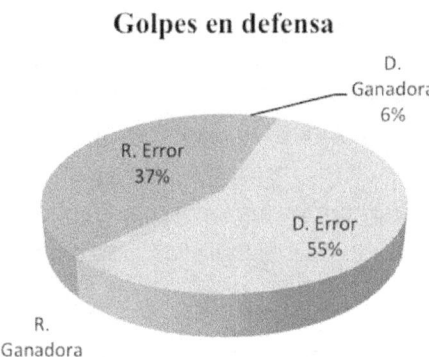

Figura 9. Golpes en defensa parejas ganadoras

Figura 10. Golpes en defensa parejas perdedoras

4. CONCLUSIONES

A partir de estos resultados podemos concluir que en pádel de alta competición los resultados son muy ajustados a nivel general entre las parejas que conforman el circuito, existiendo una serie de variables significativas (porcentaje de puntos ganados, de errores no forzados, de ataques ganados y puntos de defensa ganados, y la productividad), sobre el resultado final.

Ambos equipos poseen parámetros similares en puntos totales de ataque, estando la diferencia en la mayor efectividad de los equipos ganadores, siendo dicha variable significativa respecto al resultado. En el juego de ataque prima sobre todo el golpe de remate siendo el más definitorio en el resultado seguido de la volea de derecha como golpe más utilizado en ataque. Dadas las características de la estructura y del reglamento de éste deporte, en un principio siempre se crean las mismas oportunidades de ataque al sacar y subir a la red por ambos equipos, teniendo por tanto un objetivo claro por ambos equipos de permanecer el mayor tiempo posible en zonas ofensivas o cerca de la red para ganar puntos.

En defensa se juega un número parecido de puntos por ambos equipos siendo el porcentaje mayor de puntos ganados en los equipos ganadores, característica significativa en el resultado final. Estos puntos ganados no son consecuencia de golpes ganadores sino de errores del equipo contrario. Casi el 90% son errores en ambos equipos lo que nos invita a pensar que los puntos en pádel se consiguen en la zona ofensiva o de red.

Estos datos nos indican la importancia en cuanto a la efectividad en el juego de ataque de estos jugadores encontrándose la diferencia más clara en estas posiciones para conseguir un resultado favorable. De la misma forma resaltar la importancia de trabajar tanto los aspectos tácticos, técnicos y psicológicos al estar los resultados tan igualados por ambos equipos

Por lo tanto, los entrenadores de pádel deben basar la formación de sus jugadores en consolidar estos parámetros que son los que finalmente llevan a un resultado favorable.

Dichas variables o indicadores de rendimiento, podrían servir y utilizarse para predecir el resultado final de un partido y/o el rendimiento de una pareja.

Hasta el momento, ningún estudio había analizado los parámetros tácticos más utilizados entre los mejores jugadores de pádel a nivel mundial, un deporte cuyo nivel de practicantes está aumentando tanto en España como en diferentes países europeos. De esta forma se hace necesario atender a los aspectos más relevantes que favorezcan un resultado positivo explicando de ésta manera los aspectos funcionales del propio juego consiguiendo los objetivos propuestos en el estudio.

Los resultados derivados del presente trabajo aportan una descripción del análisis táctico así como de la estructura del juego por parte de los jugadores.

Como consecuencia de la ausencia de investigaciones que aborden el deporte del pádel, son necesarios nuevos estudios que acaben de definir y analizar el comportamiento de las variables analizadas en cuanto a la eficacia táctica así como de los golpeos en cuanto a su trayectoria y gestualidad para contrastar los resultados presentados en esta investigación.

REFERENCIAS

Brown, D. & Hughes, M. (1995) The effectiveness of quantitative and qualitative feedback in improving performance in squash. In T. Reilly, M.D. Hughes and A. Lees (Eds), Science and Racket Sports.E and FN Spon: London, pp. 232-237.

Cabello-Manrique, D. & González-Badillo, J. J. (2003). An analysis of the characteristics of competitive bádminton. British Journal of Sport Medicine, 37(1), 18-25.

Djokic. Z. (2002). Structure of competitors' activities of top table tennis players. In Table Tennis Sciences 4 and 5 (edited by N. Yuza, S. Hiruta, Y. Iimoto, Y. Shibata, Y. Tsuji, J.R. Harrison, A. Sharara, J.F. Khan, K. Kimura, S. Araki), Lausanne: ITTF, pp. 74-90.

Hughes, M., Hughes, M. T., & Behan, H. (2007).The evolution of computerised notational analysis through the example of racket sports. International Journal of Sports Science and Engineering, 1(1), 3–28

Murray, S. & Hughes, M. Tactical Performance Profiling in Elite Level Senior Squash. Presented at World Conference of Performance Analysis and Computers in Sport.Cardiff, 2001.

Murray, S., Hughes, M.T., White, C. & Locke, D. (2007). Analysis of performance. En Hugues, M. (Ed.), Basic of Performance Analysis (pp. 21-31). Cardiff: Centre for Performance Analysis, UWIC.

O'Donoghue P.G. (2001), The most important points in Grand Slam tennis, Research Quarterly for Exercise and Sport, 72, 125-131.

O'Donoghue, P.G. and Ingram, B. (2001).A notational analysis of elite tennis strategy. Journal of Sports Sciences, 19, pp 107-115..

Capítulo 10

ANÁLISIS DEL RENDIMIENTO DE LOS 16 MEJORES JUGADORES DE PÁDEL DE 2013

Javier Courel-Ibáñez[1,2], Bernardino J. Sánchez-Alcaraz[3,2], Jerónimo Cañas[1,2].
[1] Departamento de Educación Física y Deporte, Facultad de Ciencias del Deporte, Universidad de Granada, España.
[2] PadelScience, Granada, España.
[3] Departamento de Actividad Física y Deporte, Facultad de Ciencias del Deporte, Universidad de Murcia, España.
*Correo electrónico: courel@ugr.es

Resumen:

En este trabajo se muestran los principales resultado de tres estudios cuyo objetivo fue detectar los indicadores de rendimiento en los jugadores de pádel de élite, distinguiendo entre ganadores y perdedores: 1) Efectividad en la red como predictor del resultado final del partido, 2) Análisis temporal y efectividad de ataque, 3) análisis temporal y resultado del punto en función de la posición del ranking. Los principales resultados mostraron que jugando eficazmente en la red (p.e., realizar el mayor número de golpes ganadores y hacer los menos errores no forzados) incrementó la posibilidad de ganar el partido, especialmente cuando estas acciones se realizan en situación de resto. Además, se encontró una tendencia general en los jugadores de pádel de élite a cometer errores no forzados en los primeros segundos del punto y errores forzados en los últimos segundos. Finalmente, se observaron diferencias en la longitud del punto en función de la posición del ranking en los jugadores profesionales. Especialmente, anotando antes y recibiendo después de los primeros diez segundos del punto, parece ser una táctica efectiva en pádel. Esta información puede ser útil en el diseño de programas de entrenamiento precisos destinados a mejorar el rendimiento de los jugadores.

Palabras clave: análisis de partido, análisis predictivo, comparación de medias, padel.

Abstract:

In this paper we show the main results from three studies aimed at detecting performance indicators in elite padel players that may distinguish between winners and losers: 1) Effectiveness at the net as a predictor of final match outcome, 2) Temporal analysis and attack effectiveness, 3) Temporal analysis and point outcome regarding ranking position. Main results showed that playing effectively at the net (i.e., score the most points and make the least unforced errors) increased the likelihood of winning the match, especially when resting. Moreover it was found a general trend of committing early unforced errors and late forced errors in elite padel players. Finally, we observed differences in rally length regarding ranking position in elite padel players. Especially, scoring before and received after the first ten seconds of the point seems to be an effective tactic in padel. This information may be useful in the design of accurate training programs for improving players' performance.

Keywords: match analyisis, predictive analysis, mean comparison, paddle tennis.

1. INTRODUCCIÓN

El pádel es un deporte de raqueta que se practica en modalidad de dobles que utiliza las reglas similares a las del tenis, así como su sistema de puntuación, pero que es jugado dentro de una pista rodeada de cristal y malla metálica (10 x 20 m), permitiendo el rebote de la pelota en las paredes de fondo y laterales (Federación Internacional de Pádel, 2008). Estas características dan lugar a un ritmo de juego y frecuencia de acciones propias del deporte aunque la intensidad física es similar a otros deportes de raqueta (Carrasco, Romero, Sañudo, & De Hoyo, 2011). Como consecuencia, la popularidad del pádel ha sufrido un crecimiento exponencial durante los últimos años, llegando a ser uno de los deportes más practicados en Sudamérica y España (García-Ferrando & Llopis, 2010), expandiéndose rápidamente alrededor del mundo. El análisis del rendimiento se ha aplicado ampliamente para estudiar diversos aspectos de los deportes de raqueta (Lees, 2003; O'Donoghue, Girard, & Reid, 2013). Esta información es esencial para el diseño de programas de formación precisos para mejorar el rendimiento de los jugadores (Eccles, Ward, & Woodman, 2009). Con este propósito, el análisis del rendimiento deportivo permite detectar indicadores durante la competición deportiva real que describen y explican los comportamientos eficaces de los jugadores (Drust, 2010; Hughes & Bartlett, 2002; O'Donoghue, 2009). Sin embargo, el conocimiento acerca de los requerimientos específicos de la competición y las dinámicas de juego en el pádel es todavía limitado. En este capítulo se muestran los principales resultados de tres estudios cuyo objetivo fue detectar los indicadores de rendimiento en los jugadores de pádel de élite, distinguiendo entre ganadores y perdedores:

- **Estudio 1. Efectividad en la red como predictor del resultado final del partido:** Este estudio tiene como objetivo analizar la efectividad en la red y su influencia en el resultado final del partido en función de la situación de servicio en jugadores profesionales de pádel.

- **Estudio 2. Análisis temporal y efectividad de ataque:** El objetivo de este estudio fue analizar las diferencias en la longitud del punto en función de la efectividad de ataque en jugadores profesionales de pádel.

- **Estudio 3. Análisis temporal y resultado del punto en función de la posición del ranking:** El objetivo de este estudio fue identificar las diferencias en la duración del punto al anotar o recibir en función de la posición en el ranking de los jugadores de pádel de élite.

2. MÉTODO

2.1. Muestra y variables

La muestra estuvo formada por 2107 puntos (308 juegos) de 15 partidos masculinos del Máster Final del World Padel Tour 2013. Esta competición agrupa a los 16 jugadores mejor clasificados durante el año en los torneos más importantes de pádel del mundo, por lo que era esperado un máximo grado de competitividad hasta el final de cada partido. A continuación se muestran las variables incluidas en el análisis.

- **Estudio 1. Efectividad en la red como predictor del resultado final del partido:** efectividad de ataque (puntos y errores), resultado del partido (ganadores y perdedores), zona de la pista (red o fondo), y situación de servicio (pareja al saque o resto).

- **Estudio 2. Análisis temporal y efectividad de ataque:** longitud del punto (en segundos), y efectividad de ataque (puntos y errores).
- **Estudio 3. Análisis temporal y resultado del punto en función de la posición del ranking:** longitud del punto (en segundos), resultado del punto (anotado o recibido), y posición en el ranking de los jugadores (8 mejores parejas del mundo).

2.2. Procedimiento

Los datos fueron recogidos a través de la observación sistemática, realizada por dos observadores especializados en pádel y específicamente entrenados para esta tarea. Al final del proceso de entrenamiento, cada observador registró los mismos tres juegos con el objetivo de calcular la fiabilidad inter-observador, a través de la prueba Kappa de Cohen, obteniendo un resultado mínimo superior a 0.88. Para asegurar la consistencia de los datos obtenidos, se realizó una evaluación intra-observador al final del proceso de observación, a través del cálculo Kappa de Cohen, obteniendo un resultado mínimo por encima de 0.93. De acuerdo con Altman (1991, p.404), los valores de Kappa obtenidos se consideran como un grado de acuerdo muy consistente (>0.80). El instrumento de registro usado fue el Software LINCE (Gabín, Camerino, Anguera, & Castañer, 2012), un software digital de registro flexible que permite exportar los datos recogidos para su tratamiento posterior en paquetes estadísticos.

2.3. Análisis estadísticos

Se realizó un análisis descriptivo de todas las variables objeto de estudio. La prueba odds ratio con sus intervalos de confianza del 95% se estimó a través de una serie de regresiones logística binomial, para predecir la influencia de la efectividad en la red y el fondo (variables predictoras) en el resultado final del partido (variable resultante) en función de la situación de saque (estudio 1). Las diferencias estadísticas de los predictores fueron medidas a través las medias del test de Wald ($P < 0.05$). El test de Hosmer-Lemeshow fue usado para evaluar la bondad de ajuste de los modelos. Además se realizó un ANOVA de una vía para medir las diferencias en la longitud de los puntos en función de la efectividad de ataque y de la posición del ranking (estudios 2 y 3). La significación estadística se estableció en $P < 0.05$. Los datos fueron procesados en el paquete estadístico IBM SPSS 20 para Macintosh (Armonk, NY: IBM Corp.).

3. RESULTADOS

Estudio 1: Efectividad en la red como predictor del resultado final del partido.

Como se muestra en la tabla 1, seis de cada diez puntos terminaron en la red. Además, la mayoría de puntos ganadores fueron anotados desde la red. Por otro lado, el 83.4% de los juegos fueron ganados por la pareja que se encontraba en situación de saque, hallándose únicamente una media de 3.40 ± 1.72 (M±DT) breaks (servicio perdido) por partido. En concreto, cuatro de cada diez breaks fueron realizados a mitad de set aproximadamente (juegos de 4, 5 y 6). Los resultados de las regresiones logísticas binarias revelaron aproximadamente un 52% menos de errores no forzados en el fondo de la pista en la pareja ganadora cuando sacan ($X^2_{(4)} = 10.733$, $p = 0.030$, $R^2=.26$). Además, los ganadores obtuvieron casi un 65% más de puntos y cometieron aproximadamente un 37% menos de errores no forzados en la red cuando restaban ($X^2_{(4)} = 16.511$, $p = 0.002$, $R^2=.56$).

Tabla 1. Distribución de la efectividad de ataque en la red y en el fondo de la pista

Eficacia	Zona	Ganadores		Perdedores		Total	
		n	%	n	%	n	%
Puntos	Red	428	85.1	349	81.2	777	83.3
	Fondo	75	14.9	81	18.8	156	16.7
Errores forzados	Red	122	51.5	123	47.9	245	49.6
	Fondo	115	48.5	134	52.1	249	50.4
Errores no forzados	Red	130	45.6	183	46.4	313	46.1
	Fondo	155	54.4	211	53.6	366	53.9
Total	**Red**	**680**	**66.3**	**655**	**60.6**	**1335**	**63.4**
	Fondo	**345**	**33.7**	**426**	**39.4**	**771**	**36.6**

Estudio 2. Análisis temporal y efectividad de ataque.

El análisis descriptivo mostró una media en la duración de los puntos de 9.40±7.19" (M±DT). En función de la efectividad de ataque, la media de los puntos que terminaron con un error no forzado fue de 7.49±6.10" (M±DT), la media de puntos que terminaron con un golpe ganador fue de 10.12±7.18" (M±DT) y la media de los puntos que terminaron con un error no forzado fue de 10.71±8.05" (M±DT). La prueba ANOVA mostró un importante efecto significativo de la efectividad de ataque ($F(2,1524)=27.654$, $p<0.01$). La comparación en la prueba Post hoc reveló diferencias significativas en la duración de los puntos en función de terminar con error forzado o no forzado (Diff±2.64", $p<0.01$), así como puntos ganadores y errores no forzados (Diff±3.22", $p<0.01$). Se observaron distribuciones similares en cada una de las parejas de jugadores.

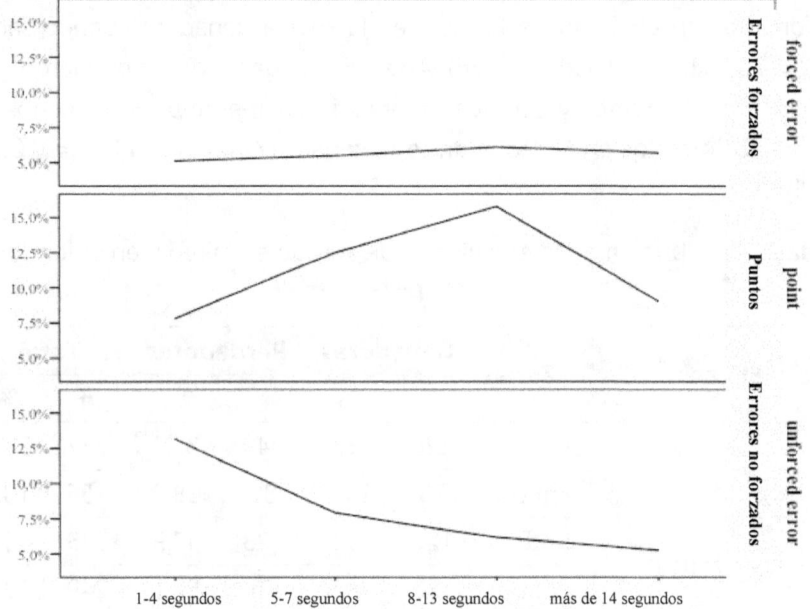

Figura 1. Gráfico lineal mostrando las frecuencias (eje x) de errores forzados, puntos y errores no forzados en función de la longitud de los puntos (eje y).

Estudio 3. Análisis temporal y resultado del punto en función de la posición del ranking.

Los resultados descriptivos del análisis temporal se muestran en la tabla 2. La prueba ANOVA mostró un importante efecto significativo de la posición del ranking en la duración del punto ($F(7,1519)=2.49$, $p<0.015$). La comparación en la prueba Post hoc reveló importantes pero no significativas diferencias en la duración de los puntos entre la pareja número 1 y la número 7 del mundo en el tiempo que necesitaron para anotar el punto (Diff±2.33", $p<0.028$). Particularmente, los resultados de la prueba t-Student sólo revelaron diferencias estadísticamente significativas entre la longitud del punto y los puntos anotados/recibidos en la pareja número 1 ($T(650)=-1.96$; $p=0.049$), los cuales necesitaron una media de 9.26±6.98" (M±DT) para anotar y 10.45±8.46" (M±DT) para recibir un punto.

Tabla 2. Media, máximo (Max), Error Estándar (ET) y Desviación Típica (SD) de la longitud del punto (segundos) cuando se anotan o reciben puntos en función del ranking de los jugadores.

Ranking		Media	Recuento	Máximo	Rango	ET	DT	Diff.
Pareja #1	Pto. anotado	9,26	330	56	55	0,38	6,98	-1,19
	Pto. recibido	10,45	322	53	51	0,47	8,46	
Pareja #2	Pto. anotado	10,36	214	41	39	0,55	7,98	1,15
	Pto. recibido	9,21	195	56	54	0,54	7,56	
Pareja #3	Pto. anotado	8,87	199	46	45	0,47	6,68	0,02
	Pto. recibido	8,85	194	31	30	0,44	6,13	
Pareja #4	Pto. anotado	9,99	276	53	51	0,46	7,70	0,03
	Pto. recibido	9,96	247	35	33	0,48	7,49	
Pareja #5	Pto. anotado	9,79	116	42	40	0,66	7,15	0,23
	Pto. recibido	9,56	125	41	39	0,57	6,37	
Pareja #6	Pto. anotado	9,88	98	34	32	0,73	7,20	-0,15
	Pto. recibido	10,03	126	33	31	0,59	6,60	
Pareja #7	Pto. anotado	7,85	149	32	31	0,45	5,51	-0,52
	Pto. recibido	8,37	153	48	47	0,53	6,52	
Pareja #8	Pto. anotado	8,65	146	48	46	0,61	7,33	0,68
	Pto. recibido	7,97	164	32	31	0,46	5,92	

4. DISCUSIÓN

Estudio 1: Efectividad en la red como predictor del resultado final del partido.

Los principales resultados mostraron que jugando eficazmente en la red (p.e., realizar el mayor número de golpes ganadores y hacer los menos errores no forzados) incrementó la posibilidad de ganar el partido, especialmente cuando estas acciones se realizan en situación de resto. Además, dominando el juego de red parece ser un factor clave en el pádel, y que puede determinar a los jugadores ganadores y perdedores del partido. Esta información puede constituir una guía muy útil en el diseño de estrategias apropiadas de juego y sesiones de entrenamiento específicas basadas en el actual contexto de competición. Por otro lado, futuras investigaciones en pádel deberían centrarse en explorar aquellos golpes que resultan más efectivos para poder ganar la posición de ataque en la red y aquellos golpes que se realizan en la red y que permitirán incrementar las opciones de ganar el partido.

Estudio 2. Análisis temporal y efectividad de ataque.

Los resultados principales mostraron una tendencia general en los jugadores de pádel de élite a cometer errores no forzados en los primeros segundos del punto y errores forzados en los últimos segundos. Estos resultados parecen mostrar una falta de concentración o ritmo de juego cuando el punto comienza, lo que se traduce en malas decisiones tácticas o ejecuciones técnicas en los primeros golpeos. Además, parece que buscar y mantener la iniciativa en los puntos largos podría incrementar las opciones de victoria en pádel forzando el error de los oponentes. Esta información puede ser útil en el diseño de programas de entrenamiento precisos destinados a mejorar el rendimiento de los jugadores.

Estudio 3. Análisis temporal y resultado del punto en función de la posición del ranking.

Los resultados más importantes de este estudio mostraron diferencias en la longitud del punto en función de la posición del ranking en los jugadores profesionales. Especialmente, anotando antes y recibiendo después de los primeros diez segundos del punto, parece ser una táctica efectiva en pádel. Además, aplicado al juego, hay una mayor efectividad de ataque y una mejor rendimiento en defensa en las parejas mejor clasificadas del ranking. Esta información puede ser útil en el diseño de programas de entrenamiento precisos destinados a mejorar el rendimiento de los jugadores

REFERENCIAS

Altman, D. (1991). Practical statistics for medical research. Florida: CRC Press.

Carrasco, L., Romero, S., Sañudo, B., & de Hoyo, M. (2011). Game analysis and energy requirements of paddle tennis competition. Science and Sports, 26(6), 338-344.

Drust, B. (2010). Performance analysis research: Meeting the challenge. Journal Sports Sciences, 28, 921–922. doi:10.1080/02640411003740769

Eccles, D., Ward, P., & Woodman, T. (2009). Competition-specific preparation and expert performance. Psychology of Sport and Exercise, 10, 96–107.

Furlong, J. D. (1995). The service in lawn tennis: how important is it? In: T. Reilly,M. D. Hughes, & A. Lees (eds.). Science and Racket Sports. London: E&FN Spon.

Gabin, B., Camerino, O., Anguera, M. T., & Castañer, M. (2012). Lince: multiplatform sport analysis software. Procedia-Social and Behavioral Sciences, 46, 4692-4694.

García Ferrando, M., & Llopis, R. (2011). Encuesta sobre los hábitos deportivos en España 2010. Ideal democrático y bienestar personal. Madrid: Consejo Superior de Deportes & Centro de Investigaciones Sociológicas.

Hughes, M., & Bartlett, R. (2002). The use of performance indicators in performance analysis. Journal of Sports Sciences, 20(10): 739–754.

Hughes, M., & Moore, P. (1998). Movement analysis of elite level male "serve and volley" tennis players. In: Hughes M, Maynard I, Lees A, Reilly T. (Eds.). Science and Racket Sports II. London: Routledge.

Klaassen, F., & Magnus, J. (2001). Are points in tennis independent and identically distributed? Evidence from a dynamic binary panel data model. Journal of the American Statistical Association, 454(96), 500-509.

Lees, A. (2003). Science and the major racket sports: a review. Journal of sports sciences, 21(9), 707-732.

Martin, C., Bideau, B., Nicolas, G., Delamarche, P., & Kulpa, R. (2012). How does the tennis serve technique influence the serve-and-volley?. Journal of sports sciences, 30(11), 1149-1156.

O'Donoghue, P., & Brown, E. (2009). Sequences of service points and the misperception of momentum in elite tennis. International Journal of Performance Analysis in Sport, 9(1), 113-127.

O'Donoghue, P., & Ingram, B. (2001). A notational analysis of elite tennis strategy. Journal of Sports Sciences, 19(2), 107-115.

Ramón-Llín, J., Guzmán, J. F., Llana, S., Vuckovic, G., & James, N. (2013). Comparison of distance covered in paddle in the serve team according to performance level. Journal of Human Sport & Exercise, 8(3), 738-742.

Reid, M., McMurtrie, D., & Crespo, M. (2010). The relationship between match statistics and top 100 ranking in professional men's tennis. International Journal of Performance Analysis in Sport, 10(2), 131-138.

Capítulo 11

PERFIL DE MOVIMIENTO EN JUGADORES DE PÁDEL CON ALTO NIVEL DE RENDIMIENTO

[1] Ramón-Llin, J., [1]Guzmán, JF,[1] y [2]Vučković, G.

1 Facultad de Ciencias de la Actividad Física y del Deporte, Universidad de Valencia, España;

[2] Facultad del Deporte de la Universidad de Ljubljana, Ljubljana, Eslovenia.

Resumen:

INTRODUCCIÓN: El análisis de perfil de movimiento proporciona datos útiles para para preparar las sesiones de entrenamiento .Así, este tipo de estudios ha sido hecho anteriormente en otros deportes como por ejemplo los fútbol (Bangsbo et al., 2004), baloncesto (King et al., 2009), el rugby, (Roberts et al., 2008) y hokey (Spencer et al. 2004). Por otra parte, el pádel ha aumentado mucho el número mucho de jugadores, principalmente en España, donde es uno de los deportes más populares. A pesar de los estudios científicos recientemente publicados con datos de análisis del movimiento, no encontramos uno solo acerca de la intensidades de desplazamiento en el pádel.

OBJETIVO: Analizar la distancia cubierta por los jugadores de pádel según los diferentes grados de intensidad de desplazamiento, referidos en velocidad, en jugadores de pádel de alto nivel.

MÉTODOS: Se analizó una muestra de 12 jugadores diferentes de alto nivel (nacionales) en 3 partidos diferentes completos, durante una competición española federada. Se utilizó el Software SAGIT (Vučković et al.2002) para obtener los datos de la intensidades de desplazamiento de velocidad de los jugadores y luego calcular el tiempo y la distancia recorrida durante la fase activa (bola en juego durante el punto. La velocidad de desplazamiento se clasificó en 4 niveles de intensidad, considerándolos como caminar, trotar, correr y esprintar. Los análisis de datos se realizaron con Microsoft Excel y Acces 2010.

RESULTADOS: Los jugadores cubrieron una distancia de fase activa de M = 1875,8 m; SD = 637 m, que se dividió en distancia caminando M = 769 m; SD = 257,5 m, distancia trotando M = 881,4 m; SD = 320,6 m, distancia corriendo M = 221,2 m; SD = 107,6 m, y la distancia esprintando M = 2,9 m; SD = 6.7m. El porcentaje de la distancia recorrida fue M = 41,4%; SD = 4,5% caminando, M = 46,8%; SD = 4% trotando, M = 11,6%; SD = 3,2% corriendo y M = 0,1%; SD = 0,3% esprintando.

DISCUSIÓN: En comparación con otros deportes de equipo, los jugadores de pádel parecen pasar más tiempo en una menor intensidad de desplazamiento como caminando o trotando. Esto probablemente se debe a que la pista de pádel es más corta cuando se compara con la de los demás deportes, y además ,exige una frenada anticipada para que el choque con las paredes no sea excesivamente violento, lo que en conjunto no permite a los jugadores alcanzar la velocidad máxima. Sin embargo, en el nivel de élite Ramón-Llin et al., (2013) informaron que el pádel podría requerir un elevado ritmo cardíaco, ya que los jugadores de pádel hacen unos saltos con muchos apoyos en el suelo, tanto en la posición de preparados como para el ajuste de pasos, lo que aumenta la frecuencia cardíaca, y sin embargo, en la posición de preparados el jugador se mantiene en la misma posición pero no se registra ninguna velocidad.

PALABRAS CLAVE: velocidad, intensidad de desplazamiento, raqueta.

1. INTRODUCCIÓN

Desde hace 30 años, el pádel es un deporte muy popular en los países como México y muchos de América del Sur, con mención especial en Argentina y Brasil. En los últimos 15 años el pádel se ha convertido en uno de los deportes más populares en España (Ciria, González, Ramos y Millán, 2012). El pádel está en proceso de expansión por todo el mundo, puesto que, por ejemplo, el año pasado nuevos clubes de pádel se abrieron en diferentes ciudades de Europa, como Lisboa, Atenas, Roma, Londres, en EE.UU. como por ejemplo en Miami, y también en los países árabes como en Dubai. Su éxito puede ser debido a que es muy fácil de aprender, tiene un componente social y es muy rentable, según los aspectos económicos (Almonacid, 2011).

El análisis de perfil de movimiento proporciona información interesante para los entrenadores (O'Donoghue 2010), por lo que se ha hecho en diferentes deportes. Hay varios tipos de estudios de análisis de perfil de movimiento. Por ejemplo, en el fútbol, Carling (2010) clasificó la velocidad en varios rangos e informó que cuando los jugadores tenían la posesión del balón corrían un 34,3% mayor de 5,3 m / s; un 25,6% de tiempo entre 3,92 y 5,29 m / s, y 12,5% entre 3,08 y 3,89 m / s. En otro aspecto, Spencer et al. (2004) en el hockey también dividieron el movimiento en 5 categorías de baja a alta intensidad, estar de pie, caminar, trotar, correr y esprintar. Informaron que los jugadores de hockey pasaron la mayor parte del tiempo caminando o trotando. Sibila, Vuleta y Pori (2004) estudiaron las actividades del movimiento cíclico en el balonmano, y clasificaron las intensidades de desplazamiento de acuerdo a diferentes rangos de velocidad, para el estudio de distintas posiciones de juego en balonmano.

El Software SAGIT es un sistema de seguimiento semiautomático utilizado para hacer estudios de análisis de perfil de movimiento en los diferentes deportes de equipo, validado por Bon, Kovačič, Sibila y Dezman (2002), siendo aplicado para estudios de baloncesto (Vučković, Dezman, James y Erculj, 2010;. Erculj et al (2008), o balonmano Sibila et al, 2004). Erculj et al. (2008), en el baloncesto encontraron que durante el tiempo en directo del partido la media de velocidad era de 1,86 m / s. Vučković et al. (2010) estudiaron la transición entre las diferentes clases de velocidad en jugadores de baloncesto. Sibila et al., (2004) estudiaron las actividades de movimiento cíclico de acuerdo a las posiciones de balonmano e informaron que a partir de la distancia más corta a los jugadores que cubrieron más distancia eran aleros, defensas, pivotes y, finalmente, los porteros.

La distancia cubierta ya ha sido estudiada en pádel (Ramón-Llin, Guzmán, Llana, Vučković y James, 2010; Ramón-Llin, 2013). Ramón-Llin et al., (2010) informaron que los jugadores de nivel medio cubrían más distancia que los de niveles altos y bajos. Sin embargo, no se ha encontrado en esta revisión ningún estudio de análisis de perfil de movimiento en pádel. Por lo tanto, este estudio tuvo como objetivo analizar la distancia recorrida durante el punto por los jugadores de pádel, de acuerdo a diferentes intensidades de desplazamiento. Se planteó la hipótesis de que los jugadores de pádel pasarían más tiempo en las intensidades más bajas y luego cubrirían más distancia para caminar y trotar. La razón podría basarse en los resultados de la tesis de Ramón-Llin, (2013), quien informó que los jugadores de pádel de alto nivel hicieron un promedio de velocidad durante el punto un poco superior a 1 m / s.

2. MATERIAL Y MÉTODOS

2.1. Muestra

12 jugadores de alto nivel de rendimiento de pádel de edad M = 32,4 años; SD = 4,4 años se registraron en 3 partidos diferentes de una competición federada de primera división en Valencia (España). Todos los jugadores firmaron un consentimiento de grabación para un uso de datos al ámbito de la investigación.

2.2. Instrumentos, Procedimiento y análisis estadísticos

La distancia recorrida durante el punto (cuando la bola está en juego) se clasificó en 4 intensidades de desplazamiento (categorías de velocidad) según lo sugerido por Sibila et al. (2004), en rangos correspondientes a caminar (0,0 a 1,4 m / s), trotar (1,4 a 3,0 m / s), correr (3,0 a 5,2 m / s) y esprintar (por encima de 5,2 m / s) .Todos los partidos se registraron con 2 cámaras fijas digitales de vídeo (Bosch Dinion IP 455, Alemania) con captura de imágenes a 25 Hz. Cada cámara cubrió medio lado de la pista de pádel.

Las imágenes digitales fueron procesadas por el sistema de seguimiento SAGIT (Vučković et al., 2002). Los datos finales se almacenaron y se filtraron para analizar la velocidad de acuerdo con la intensidad de movimiento cuando la bola estaba en juego. Los análisis de datos se realizaron con Excel. (Microsoft Inc, EE.UU.).

3. RESULTADOS

Los jugadores pasaron una media de tiempo total, en la fase activa del partido (bola en juego), M = 1625 s; SD = 538 s, que se dividió en el tiempo caminando (walking) M = 1126 s; SD = 382 s; tiempo trotando (jogging) M = 435 s; SD = 158 s; tiempo corriendo (running) M = 64 s; SD = 30 s; y el tiempo esprintando (sprinting) M = 0 s; SD = 1 s (véase gráfica

1). El porcentaje de tiempo activo de acuerdo con la intensidad de la velocidad fue: caminando M = 69%; SD = 4%; trotando M = 27%; SD = 4%, corriendo M = 4%; SD = 1% y esprintando M = 0%.

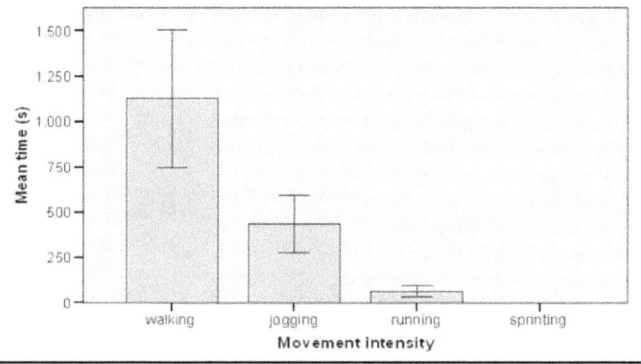

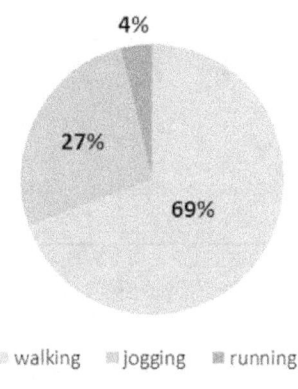

Gráfica 1. Media, desviación y porcentaje de tiempo dedicado según la intensidad de desplazamiento.

En la gráfica 2 se observa que los jugadores en la fase activa del partido (bola en juego) cubrieron una distancia total media de M = 1,875 m; SD = 638 m, que se dividió en distancia caminando (walking) M = 769 m; SD = 258 m; distancia trotando (jogging) M = 881M; SD = 321; distancia corriendo (running) M = 221 m; SD = 107 m; y distancia esprintando (sprinting) M = 3 m; SD = 7m (ver gráfica 2). El porcentaje distancia activa de acuerdo con la intensidad de la velocidad fue: caminando (walking) M = 41%; SD = 4%; trotando (jogging) M = 47%; SD = 4%, corriendo (running) M = 12%; SD = 3% y esprintando M = 0%.

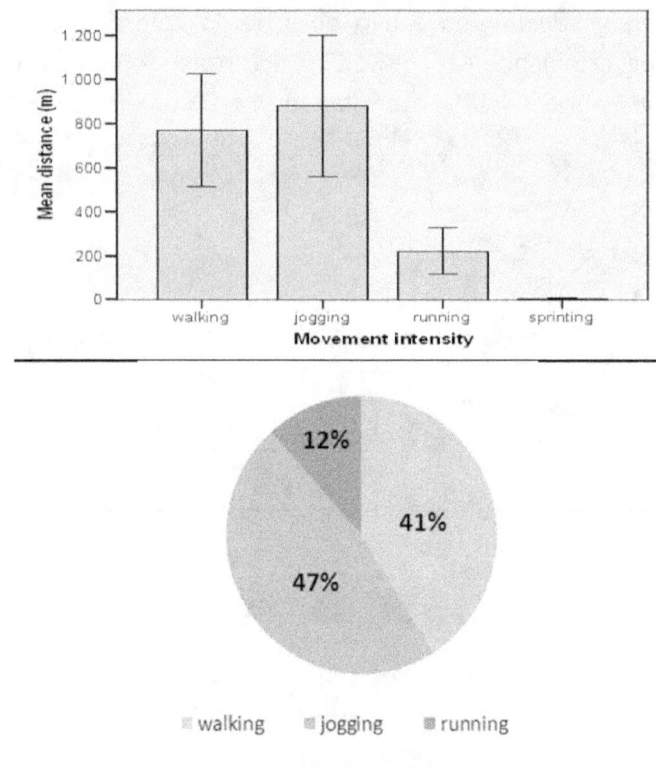

Gráfica 2. Media, desviación y el porcentaje de la distancia recorrida según la intensidad de movimiento estándar.

Acerca de la velocidad, la media de tiempo activo fue M = 1,15 m / s; SD = 0,1 m / s, mientras que para caminar fue M = 0,68 m / s; SD = 0,03 m / s, para trotar M = 2,03 m / s; SD = 0.02 m / s, para correr fue M = 3,46 m / s; SD = 0,07 M / s y para esprintar fue M = 5,4 m / s; SD = 0,16 m / s.

4. DISCUSIÓN

Los jugadores de pádel pasaron más tiempo en intensidades bajas de desplazamiento como caminar o trotar, probablemente debido a que la pista no es tan grande como en otros deportes de equipo como el baloncesto o el balonmano. Además, a esta razón también se le puede juntar que al estar la pista de pádel rodeada de paredes obliga a los jugadores a frenar en sus desplazamientos para evitar colisiones peligrosas. Esta baja intensidad de desplazamiento durante el punto, podría ser una de las razones por las que el pádel es un deporte para todos, donde no importa la edad o el sexo del practicante del deporte.

Al comparar el pádel con un estudio previo de balonmano (Sibila et al., 2004), observamos que los jugadores de pádel durante el punto pasaron más porcentaje de tiempo caminando que los jugadores aleros y defensas, un porcentaje similar al de los pivotes, pero menos tiempo que los porteros. Cuando comparamos el tiempo trotando, los jugadores de pádel gastaron un poco más porcentaje de tiempo que en todas las posiciones de balonmano, excepto con el portero, donde la diferencia era muy grande. En la comparación del pádel con el baloncesto (Erculj et al, 2008), los jugadores de pádel promediaron menos velocidad, posiblemente debido a las limitaciones de velocidad que presenta el pádel, ya mencionadas previamente. Finalmente, en comparación con los resultados de Spencer et al. (2004) en el hockey, los jugadores de pádel cubrieron una distancia (en la fase activa) en la misma proporción al hockey, caminando y trotando (41 y 47 respectivamente).

Es interesante resaltar que los jugadores de pádel cubrieron más distancia trotando que caminando, a pesar de que el tiempo gastado fue casi 2,5 veces mayor caminando. La razón, obviamente, es que la velocidad promedio trotando es casi 3 veces mayor que caminando. .

Por último, cabe indicar que este estudio presentó varias limitaciones, entre las que podemos destacar, por ejemplo, que aunque las intensidades de desplazamiento se basaron de acuerdo con los rangos de velocidades de estudios previos como los de Pers et al., (2002). y Sibila et al, (2004), pensamos que establecer intensidades de desplazamiento de acuerdo con rangos de velocidad presenta la limitación de que a veces un jugador podría estar en una intensidad de desplazamiento fuera del rango de velocidad para esa intensidad. Así por ejemplo, 2 jugadores diferentes, uno muy alto y el otro muy bajo, cuando el alto camine deprisa, el bajo probablemente necesite ir trotando para mantener esa misma velocidad. Otra limitación es que los rangos de las intensidades de desplazamiento se establecieron de acuerdo con los rangos de velocidad de estudios previos de balonmano, mientras que nosotros los estudiamos en pádel. Una de las limitaciones que suelen tener los estudios de análisis de perfil de movimiento, es de validación inter e intra de los observadores ya que las intensidades de desplazamiento se establecen a criterio del observador. No obstante, en este estudio esa limitación no se daba, ya que los datos se obtuvieron de forma automática con el software SAGIT.

5. CONCLUSIONES

Este puede ser el primer estudio de análisis de perfil de movimiento sobre intensidades de desplazamiento en pádel. El principal hallazgo fue que los jugadores pasaron más tiempo en las velocidades correspondientes a caminar y trotar, lo que dio lugar a distancia cubiertas superiores en estas intensidades de desplazamiento. En comparación con otros deportes de equipo, el pádel parece requerir menos intensidad de velocidad como ya se indicó en estudios previos. La correlación de los rangos de velocidad con intensidades de desplazamiento fue una limitación de este estudio. Las intensidades bajas de desplazamiento podrían justificar que el pádel tenga una menor exigencia física que le ayude a ser un deporte para todos los practicantes.

REFERENCIAS

Almonacid, B. 2012. Perfil de juego en pádel de alto nivel. Tesis doctoral. Universidad de Jaen.

Carling, C. (2010). Analysis of physical activity profiles when running with the ball in a professional soccer team. Journal of Sports Sciences. 28 (3), 319-326.

Ciria, C. Gonzalez, M. Ramos, A. & Millán, L. 2012. El pádel de la jet set a deporte popular. On line in www.dragondigital.es. Querie in 20-03-2012.

Erculj, F., Dežman, B., Vučković, G., Perš, J., Perše, M. y Kristan, M. (2008). An analysis of basketball player´s movements in the Slovenian basketball league play-offs using the tracking sagit system. Physical Education and Sport, 6 (1), 75 – 84.

O´Donoghue, P. 2010. Performance Analysis Research. In Research methods for sport performance analysis.Routledge.

Perš, J., Bon, M., Kovačič, S., Šibila, M., & Dežman, B. (2002). Observation and analysis of large-scale human motion. Human Movement Science, 21(2), 295-311.

Ramón-Llin, J., Guzmán, J.F., Vučković, G., Llana, S. y James, N. (2010). Players' covered distance according playing level and balance between teams: a preliminary analysis in paddel. In M. Hughes (ed.) Research in Sports Science 6. Szombathely: West-Hungary University, Hungary, pp. 188-193.

Ramón-Llin Más, J. (2013). Análisis de la distancia recorrida y velocidad de desplazamiento en pádel. Doctoral dissertation.

Šibila, M., Vuleta, D., & Pori, P. (2004). Position-related differences in volume and intensity of large-scale cyclic movements of male players in handball. Kinesiology, 36(1), 58-68.

Spencer, M., Lawrence, S., Rechichi, C., Bishop, D., Dawson, B., y Goodman, C. (2004). Time_motion analysis of elite field hockey, with special reference to repeated-esprint activity. Journal of Sports Sciences, 22, 843-850.

Vučković, G., Dežman, B., Erculj, F., Kovačič, S. & Perš, J. (2002). Computer tracking of players at squash matches. Acta kinesiol. 7:216-220.

Vučković, G., Dežman, B., James, N., & Erčulj, F. (2010). Analysis of the movement intensity of national level basketball guards and centres in defence and offence--a case study. Kinesiologia Slovenica, 16(3).

Vučković, G., Dežman, B., Perše, M., Kristan, M., Perš, J., Kovačič, S., & James, N. (2010). An automatic tracking analysis of the movement velocities of national level basketball guards, forwards and centres. In V. Koprivica, & I. Juhas (Eds.), Zbornik radova (p. 97-101). Beograd: Fakultet sporta i fizičkog vaspitanja.

Capítulo 12

COMPARACIÓN DEL TIEMPO DE PERMANENCIA EN ZONA OFENSIVA ENTRE JUGADORES GANADORES Y PERDEDORES EN PÁDEL

[1] Ramón-Llin, J., [1]Guzmán, JF ,[1]Llana, S. y [2]Vučković, G. y [3]James, N.

1 Facultad de Ciencias de la Actividad Física y del Deporte, Universidad de Valencia, España;
[2] Facultad del Deporte de la Universidad de Ljubljana, Ljubljana, Eslovenia
[3] Instituto del Deporte de la Universidad de Middlesex, Londres, Inglaterra;
*Correo electrónico: jeramas@hotmail.com

Resumen:

La comparación de los diferentes niveles de rendimiento de jugadores ganadores y perdedores puede proporcionar datos sobre los indicadores de rendimiento para el éxito en el deporte. A pesar de ser el pádel un deporte muy popular en España la investigación sobre el rendimiento continúa siendo escasa. En tenis, ya se han estudiado indicadores de rendimiento en función del resultado, como por ejemplo el tiempo de permanencia de los jugadores en zonas ofensivas y defensivas, pero no ha ocurrido así en el pádel. La posición táctica en pádel, determina que probablemente los jugadores cerca de la red estén atacando mientras que los jugadores en el fondo, están defendiendo, y de ahí que los jugadores traten de permanecer más tiempo cerca de la red.

OBJETIVO: Este estudio tuvo como objetivo comparar el tiempo que pasan en zona ofensiva (ZO), los jugadores ganadores y perdedores de tres partidos diferentes de nivel alto. Nuestra hipótesis es que los ganadores harán más golpes en ZO (cerca de la red), ya que son más hábiles, por lo que probablemente pasarán más tiempo en esta zona.

MÉTODO: Se analizaron 3751 golpes y el tiempo jugado por 12 jugadores diferentes de alto nivel (nacionales), en 3 partidos completos durante una competición española federada. Se consideró zona ofensiva (ZO) a aquella dentro del área de la pista en la distancia de 3,33 m más cerca de la red. El Software SAGIT se utilizó para obtener datos de la posición del jugador. El porcentaje de puntos ganados por los perdedores se consideró como variable de control. El análisis de datos se realizó con Microsoft Excel.

RESULTADOS: En dos de los 3 partidos, los ganadores del partido pasaron M = 29,3%; SD = 11,4% más de tiempo que los perdedores en ZO y las parejas ganadoras jugaron un, M = 97,2%; SD = 26,8% más de golpes que los perdedores en ZO. En el tercer partido los perdedores pasaron un 51,2% más de tiempo que los ganadores en ZO, pero también ganaron más puntos, concretamente un 51,1% de los puntos jugados.

DISCUSIÓN: En el tenis, squash o pádel, los perdedores del partido pueden ganar más puntos que los ganadores. En este estudio, uno de los partidos fue muy disputado, de tal forma que los perdedores del partido ganaron en total más puntos que los ganadores del partido; Así que esta razón podría justificar que los perdedores pasaran más tiempo y jugaran más golpes en ZO.

CONCLUSIÓN: En todos los partidos la pareja que pasaba más tiempo en ZO, hizo más golpes en OZ y ganó un mayor número de puntos en el partido.

PALABRAS CLAVE: zonas, indicadores de rendimiento, raqueta.

1. INTRODUCCIÓN

O'Donoghue (2010) indicó que la comparación de los indicadores de rendimiento entre ganadores y perdedores podría ayudar a los entrenadores para saber dónde están las claves del éxito en la competición. Así que muchos estudios en diferentes deportes, han hecho análisis de anotaciones táctico, tratando de encontrar los indicadores clave de rendimiento. En los deportes de raqueta, Hughes (1985) analizó en el squash la distribución de golpes según 3 niveles diferentes de rendimiento. En el tenis la mayor parte de los estudios se han centrado en estudiar las variables temporales o el tipo de superficie. Sin embargo, Martínez-Gallego et al. (2013a) indicaron que la táctica también debería considerar el rendimiento en función del resultado. Siguiendo esta línea, dividieron la pista en dos zonas, defensivas y ofensivas, y compararon el tiempo que los jugadores ganadores y perdedores permanecieron en éstas, y además la distancia recorrida por los jugadores. Los resultados indicaron que los ganadores cubrieron menos distancia, y pasaron más tiempo en ZO que los perdedores.

En el pádel, hay algunos estudios con análisis de anotaciones realizado. Por ejemplo, las variables temporales se analizaron en varios estudios, como Almonacid (2012), o Ramón-Llin (2013). Almonacid (2012) comparó las variables temporales y el tipo de golpes entre los jugadores ganadores y perdedores, la posición en la pista y el género. Su estudio indicó que los jugadores pasaron el mismo tiempo atacando y defendiendo basándose en el tipo de golpes efectuados, y señalaron que el indicador del rendimiento que diferenció a los jugadores ganadores de los perdedores era un menor porcentaje en los errores no forzados. En el pádel, los entrenadores generalmente cuando enseñan sobre el concepto táctico de la posición en pista, indican que de forma general, los jugadores cerca de la red están atacando, y por su parte, los jugadores en el fondo están defendiendo, aunque hay algunas excepciones en situaciones de contraataque. Sin embargo, no se ha encontrado en nuestra búsqueda ningún estudio sobre zonas ofensivas y zonas defensivas en el pádel.

Por tanto, este estudio tuvo como objetivo comparar entre los jugadores ganadores y perdedores de cada partido, el tiempo que pasaron en ZO y el número y porcentaje de golpes que se hicieron en esta zona. Basándonos en el estudio de Martínez-Gallego (2013a) nuestra hipótesis será que los ganadores pasarán más tiempo en ZO, y tendrán más oportunidades (efectuarán un mayor número de golpes en ZO) para ganar el punto.

2. MATERIAL Y MÉTODOS

2.1. Muestra y diseño

Se analizaron 3751 golpes (552 eran golpes de servicio) y el tiempo activo, el cual sólo considera el tiempo de juego ya que elimina el tiempo de descanso entre puntos, (9750 s de tiempo activo) por 12 jugadores de alto nivel de rendimiento en pádel de edad M = 32,4 años; SD = 4,4 años. La muestra se registró en 3 partidos diferentes de una competición federada de primera división en Valencia (España). Todos los jugadores firmaron un consentimiento para ser grabados y utilizar los resultados de la investigación con fines exclusivamente científicos. La pista se dividió en zonas como muestra la figura 1. Los golpes fueron considerados dentro de ZO cuando la distancia de la bola en el impacto fuese igual o inferior a 3,33 m respecto de un plano paralelo a la red..

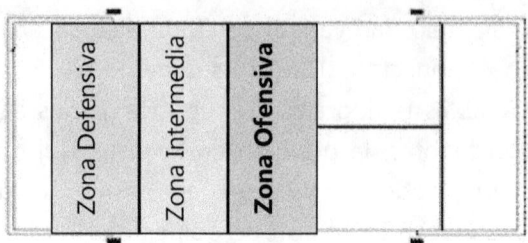

2.2. Procedimiento y análisis estadístico.

Todos los partidos se registraron con 2 cámaras fijas, de video digital (modelo Bosch Dininion IP 455, Alemania) con captura de imágenes a 25 Hz. Cada cámara cubrió medio lado de la pista de pádel con su ángulo máximo, ya que se fijaron en el techo, en vigas a 7 metros sobre la pista. La anotación de los golpes se realizó con el sistema de seguimiento SAGIT (Vučković, Dezman, Erculj, Kovacic y Pers., 2002). Lo datos del SAGIT se almacenaron y se filtraron utilizando el software Microsoft Excel (Microsoft Inc, EE.UU.). A partir del estudio de Vučković y James, (2010) que indicaba que los perdedores de los partidos de squash, muchas veces ganan un porcentaje de puntos cerca del 50%, y a veces incluso más, se decidió tener en cuenta el número de puntos ganados por los perdedores se tomó como variable de control para este estudio.

3. RESULTADOS

Los resultados en la tabla 1 indican que en dos de 3 partidos (el partido 2 y el partido 3) los ganadores pasaron más tiempo en ZO (Tiempo ZO) e hicieron más número de golpes (número de tomas ZO) en ZO que los perdedores, pero no así en el partido 1. Sin embargo, de acuerdo con el porcentaje de puntos ganados por la pareja (% puntos ganados), en todos los partidos la pareja que ganó más porcentaje de puntos, pasó más tiempo en ZO y realizó más golpes en ZO.

Tabla 1. Variables analizadas según el resultado del partido.

Partido	Resultado	% Puntos Ganados	∑ Tiempo activo 2 jugadores(s)	Tiempo en ZO(s)	Nº golpes	Nº golpes en ZO
1	Ganadores	48.9	4228	457.6	819	42
	Perdedores	51.1	4228	692.2	817	58
2	Ganadores	54	3696	644	705	123
	Perdedores	46	3696	468.8	696	69
3	Ganadores	57.1	1826	393.8	354	67
	Perdedores	42.9	1826	324.7	360	31

Un 11,4% de los golpes totales realizados (figura 1b), y un 12,2% de todos los golpes sin contar el número de saques, fue el porcentaje de golpes que los jugadores hicieron en ZO. El tiempo dedicado por cada jugador en ZO fue M = 248 s; SD = 100 s, mientras que los jugadores promediaron un tiempo activo por partido M = 1625 s; SD = 537 s. Así que el tiempo pasado en ZO representó un 15,2% del tiempo activo del partido (figura 1a).

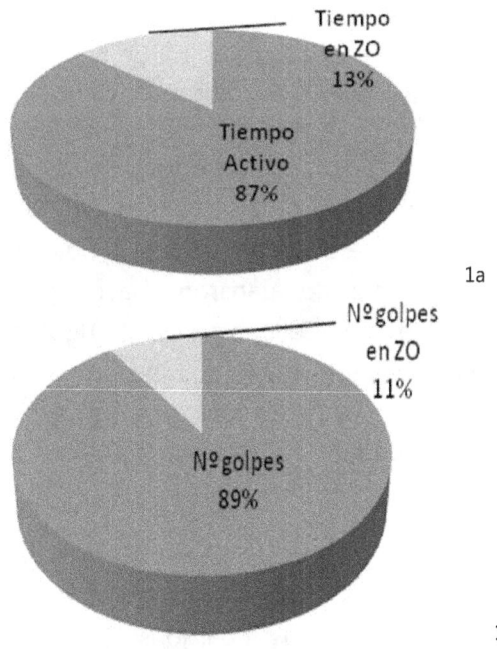

Figura 1. Tiempo en ZO según el tiempo activo (1a) y número de golpes en ZO según el número total de golpes (1b).

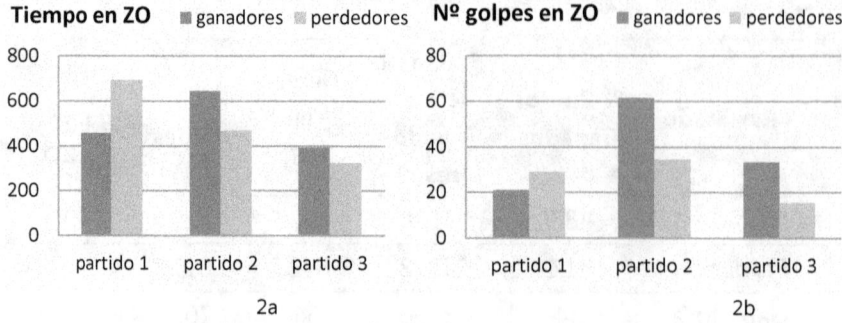

Figura 2. Tiempo medio por pareja (2a) y de tiros (2b) en ZO.

La figura 2a y 2b muestran una comparativa entre la media de tiempo dedicado (2a) y la media de golpes realizados (2b) por cada pareja en ZO. Cuando los golpes en ZO se compararon entre ganadores y perdedores, los resultados indicaron que en el partido 1, los perdedores jugaron un 38,1% más de golpes en ZO que los ganadores, mientras que en el partido 2, los ganadores jugaron un 78,3% más de golpes en ZO que los perdedores. Finalmente en el partido 3, los ganadores también jugaron un 116,1% más de golpes en ZO que los perdedores. Sobre el tiempo de permanencia en ZO en el partido 1, los perdedores pasaron un 51,2% más de tiempo en ZO, mientras que en el partido 2, los ganadores pasaron un tiempo 37,4% mayor en ZO, y en el partido 3, los ganadores pasaron un 21,3% mayor que los perdedores.

4. DISCUSIÓN

En dos de los 3 partidos, como se predecía, los ganadores del partido pasaron más tiempo e hicieron más golpes en ZO. Sin embargo, en el partido 1 encontramos resultados distintos, probablemente debido a que los perdedores del partido ganaron mayor porcentaje de puntos. Comparando, en Martínez-Gallego et al. (2013a) se indicaba que los ganadores del partido pasaron más tiempo en ZO, mientras que en este estudio no fue siempre la pareja que ganó el partido la que pasó más tiempo en ZO, sino que fue la pareja que ganó más porcentaje de puntos la que siempre pasó más tiempo en ZO.

A razón de que la ZO representaba el 33% del área de la pista, podría ser posible pensar que los jugadores deben jugar un 33% del número de golpes dentro de esta área. Sin embargo, sólo el 11% de los tiros que los jugadores hicieron fueron realizados dentro de la zona, y el 12% cuando no se contaron los golpes de servicio. De esta manera, los entrenadores deberían considerar entrenar a los jugadores situándolos en posiciones de ataque más allá de 3,33 metros desde la red.

En futuras investigaciones, otro parámetro de táctica que debería tenerse en cuenta es la distancia a la red del jugador cuando su pareja está sirviendo, ya que podría afectar en gran medida a los resultados. Por ejemplo, un jugador, que se coloca a 3 metros de la red cuando su pareja va a servir, tendría un promedio de más tiempo en ZO que uno que espera la pelota a 4 metros cerca de la red. Además, los parámetros antropométricos de los jugadores que pueden influir en la distancia desde el jugador a la red, tendrían relación con el tiempo que los jugadores pasan en ZO.

Sería interesante que la investigación futura controlara el número de golpes ganadores, errores no forzados y errores forzados. Por ejemplo, Martínez-Gallego et al., (2013b) informaron que cuando los ganadores del partido están en ZO hicieron más tiros ganadores y los forzaron los errores del oponente. Sin embargo, los perdedores del partido cometieron más errores no forzados cuando estaban en ZO.

5. CONCLUSIONES

En resumen, en todos los partidos la pareja que pasaba más tiempo dentro de la ZO, jugó más número de golpes dentro de ella y ganó más porcentaje de puntos en el partido. La ZO representa un 33% del área de la pista, pero los jugadores sólo jugaron un 12% de los tiros (borrados los golpes de servicio) dentro de esta área. Los entrenadores deben considerar estos parámetros para las sesiones de entrenamiento, aunque se necesita más investigación con muestras mayores.

REFERENCIAS

Almonacid, B. 2012. Perfil de juego en pádel de alto nivel. Tesis doctoral. Universidad de Jaen.

Hughes, M. (1985). A comparison of the patterns of play of squash. International Ergonomic, 85, 139-141

Martínez-Gallego, R., Guzmán, J. F., James, N., Pers, J., Ramón-Llin, J., & Vučković, G. (2013a). Movement Characteristics of Elite Tennis

Players on Hard Courts with Respect to the Direction of Ground Strokes. Journal of Sports Science & Medicine, 12(2), 275.

Martínez-Gallego, R., Guzmán, J. F., James, N., Ramón-Llin, J., Crespo, M., & Vučković, G. (2013b). The relationship between the incidence of Ganadores/errors and the time spent in different areas of the court in elite tennis. Journal of Human Sport & Exercise, 8(3), 601-607

O´Donoghue, P. 2010. Performance Analysis Research. En Research methods for sport performance analysis. Routledge.

Ramón-Llin Más, J. (2013). Análisis de la distancia recorrida y velocidad de desplazamiento en pádel. Tesis doctoral. Universidad de Valencia.

Vučković, G., Dezman, B., Erculj, F., Kovacic, S. & Pers, J. (2002). Computer tracking of players at squash matches. Acta kinesiol. 7:216-220.

Vučković, G. & James, N. (2010). The distance covered by winning and losing players in elite squash matches. Kinesiologia Slovenica. 16. 1-2. 44–50. .

Capítulo 13

ENTRENAMIENTO DE FUERZA MEDIANTE UNA PERIODIZACIÓN ONDULANTE EN JUGADORES DE PÁDEL

Javier González Castellanos
Universidad de Castilla la Mancha.
* Correo electrónico: javibatu7@gmail.com

Resumen:

El objetivo de este estudio ha sido comparar los efectos de un programa de entrenamiento de fuerza de 6 semanas, 3 sesiones semanales siguiendo una periodización ondulante en jugadores de pádel entrenados, analizando sus efectos sobre el tren inferior, tren superior y estabilidad del Core. Para este estudio se han reclutado un total de 16 participantes divididos en dos grupos, experimental (n=8) y control(n=8), físicamente activos, 21.37±18 años de edad, 181±4.50 cm de altura, 74.87±6.10 kg de peso para el grupo experimental y 22.12±1.80 años de edad ,182.25±6.11 cm de altura, 75.25±6.96 kg de peso para el grupo control. Para cuantificar los efectos del entrenamiento se realiza un pre test y un post test. Los test utilizados en el estudio han sido: un test de fuerza de tren superior en el que incluía las variables lanzamiento de balón medicinal frontal (BMF), balón medicinal derecha (BMD) y lanzamiento de balón medicinal revés (BMR), un test de fuerza del tren inferior que incluía las variables salto horizontal (SH) y salto cuádruple (SC) y un test de la estabilidad del Core que incluía las variables abdominales (ABD), plancha lateral derecha (PLD), plancha lateral izquierda (PLI) y lumbares (LUM). Los resultados obtenidos muestran que se han encontrado diferencias significativas entre grupos (experimental/control), a lo largo del entrenamiento en las variables BMF, BMR, SH,SC, ABD, PLI y LUM. El grupo experimental ha tenido unas mejoras del 10.66%, 10.21% y 6.27% respectivamente en las variables del tren superior. El nivel de significación ha sido P<0.05. Concluimos que tras las 6 semanas de entrenamiento que han seguido los participantes del presente estudio, se han producido efectos de mejora en los niveles de fuerza y por lo tanto la condición física de los sujetos se ha visto mejorada.

Palabras clave: Pádel, Entrenamiento de fuerza, Periodización ondulante.

Abstract:

The purpose of this study was to compare the effects of a strength-training program 6 weeks, 3 sessions per week following an undulating periodization in paddle-tennis trained players, analyzing their impact on the lower body, upper body and core stability. In the order to study, 16 participants were randomly recruited and divided in two groups, experimental (n = 8) and control (n = 8), physically active, 21.37 ± 18 years old, 181 cm ± 4.50, 74.87 ± 6.10 kg for the experimental group and 22.12 ± 1.80 years, 182.25 ± 6.11 cm, 75.25 ± 6.96 kg for the control group. To quantify the effects of training in both groups is performed a pre-test and post-test. The test used in the study were: a test of strength in the upper body including the launch of frontal variables medicine ball (BMF), right medicine ball (BMD) and medicine ball toss backwards (BMR), a test of lower body strength that included variables long jump (SH) and quadruple jump (SC) and a test of the stability of the core variables that included abdominal (ABD), right lateral plate (PLD), left lateral plate (PLI) and lumbar (LUM). The results show that significant differences were found between groups (experimental / control), over the period of training in BMF, BMR, SH, (SC), ABD, PLI and LUM variables. The BMD and PLD variables have shown no significant differences along the training period between groups. The experimental group had some improvements of 10.66%, 10.21% and 6.27% respectively in the variables of the upper body. The significance level was $P<0.05$. In conclusion, after 6 weeks of training followed by participants of this study, we observe an improvement in the levels of strength and therefore the physical condition of the subject can be improved.

Keywords: Paddle tennis, Strength training, Undulating periodization.

1. INTRODUCCIÓN

El objetivo de este estudio ha sido comparar los efectos de un programa de entrenamiento de fuerza de 6 semanas, 3 sesiones semanales siguiendo una periodización ondulante en jugadores de pádel entrenados, analizando sus efectos sobre el tren inferior, tren superior y estabilidad del Core, para ello se creó un entrenamiento de fuerza pensado para obtener mejoras en 6 semanas de entrenamiento, basándonos en (García Manso 2010, González Ravé 2010, González Badillo 2000, Bompa,T 2000) y teniendo en cuenta la preparación física en el tenis (Aparicio,J, 1998)Además, en este estudio se analizan las demandas fisiológicas del pádel así como un análisis de los golpeos y los movimientos más utilizados.

2. MUESTRA

Para este estudio se han reclutado un total de 16 participantes divididos en dos grupos, experimental (n=8) y control(n=8), físicamente activos, 21.37±18 años de edad, 181±4.50 cm de altura, 74.87±6.10 kg de peso para el grupo experimental y 22.12±1.80 años de edad ,182.25±6.11 cm de altura, 75.25±6.96 kg de peso para el grupo control.

3. METODOLOGÍA

Para cuantificar los efectos del entrenamiento en ambos grupos se realiza un pre test y un post test. Los test utilizados en el estudio han sido: un test de fuerza de tren superior en el que incluía las variables lanzamiento de balón medicinal frontal (BMF), balón medicinal derecha (BMD) y lanzamiento de balón medicinal revés (BMR), un test de fuerza del tren inferior que incluía las variables salto horizontal (SH) y salto cuádruple (SC) y un test de la estabilidad del Core (Okada, 2011) que incluía las variables abdominales (ABD), plancha lateral derecha (PLD), plancha lateral izquierda (PLI) y lumbares (LUM).

Tabla 1. Diseño del programa

	Fuerza Máxima Intramuscular	Fuerza Máxima Hipertrofia	Acondicionamiento Físico General
Series	4	4	3
Repeticiones	4-6	8-12	15-20
Intensidad	85-90 % 1 RM	70-80 % 1 RM	50-65 % 1 RM
Días de trabajo	Lunes	Viernes	Miércoles

	Fuerza Máxima Intramuscular	Fuerza Máxima Hipertrofia	Acondicionamiento Físico General
Entrenamiento	1. Press banca 2. Sentadilla 3. Press militar 4. Press francés 5. Bíceps banco predicador 6. Abdominales y lumbares (Anexo II)	1. Press banca 2. Sentadilla 3. Press militar 4. Triceps extensión en polea 5. Bíceps con poleas 6. Abdominales y lumbares (Anexo II)	1. Press banca balón medicinal 5 kg. 2. Desplazamiento lateral con salto TRX 3. Polea derecha y revés 4. Prensa de piernas 5. Lanzamiento balón medicinal. 6. Abdominales y lumbares (Anexo II)

4. RESULTADOS

Los resultados obtenidos muestran que se han encontrado diferencias significativas entre grupos (experimental/control), a lo largo del periodo de entrenamiento en las variables BMF, BMR, SH,SC, ABD, PLI y LUM. Las variables BMD y PLD no han mostrado diferencias significativas a lo largo del periodo de entrenamiento entre los grupos. El grupo experimental ha tenido unas mejoras del 10.66%, 10.21% y 6.27% respectivamente en las variables del tren superior. El nivel de significación ha sido P<0.05.

Lanzamientos

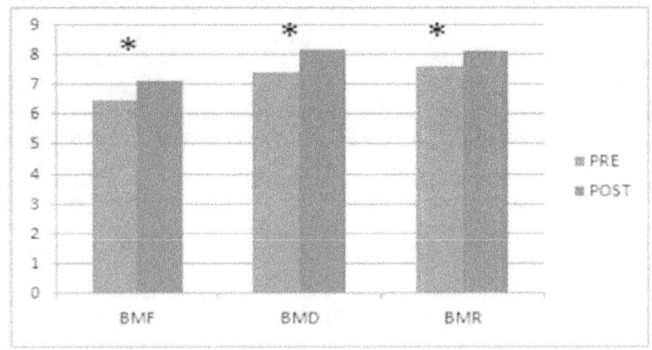

Saltos

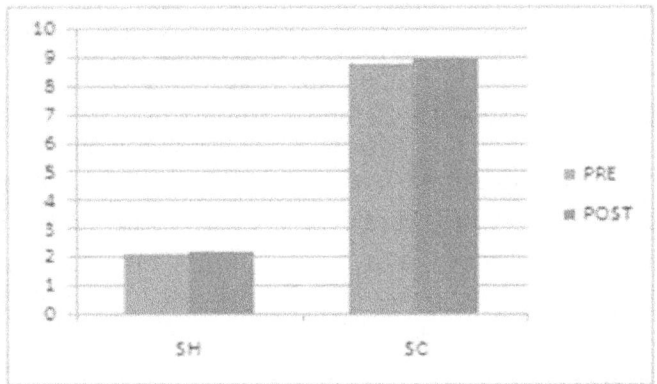

CORE

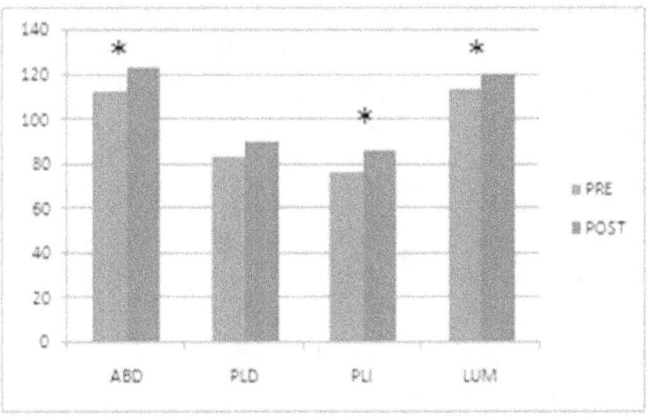

Figura 1. Comparación entre pretest (barra izquierda) y postest (barra derecha). * Diferencias significativas (p<0,05)

5. CONCLUSIONES

Hay mejoras tras 6 semanas de entrenamiento en las variables BMF, BMR, SH, SC, ABD, PLI y LUM existiendo diferencias significativas entre grupos (experimental/control).

- Las variables BMD, PLD no han mostrado diferencias significativas a lo largo del periodo de entrenamiento entre los grupos.
- Hay mejoras tras 6 semanas de entrenamiento en las variables de fuerza del tren superior en el grupo experimental, existiendo diferencias significativas.

- No hay diferencias significativas en las variables de fuerza del tren inferior (SH y SC).
- Hay mejoras tras las 6 semanas de entrenamiento en las variables de estabilidad del Core, encontrándose diferencias significativas en las variables ABD, PLI y LUM.

Concluimos que tras 6 semanas de entrenamiento que han seguido los participantes del presente estudio, se han producido efectos de mejora en los niveles de fuerza y por lo tanto la condición física de los sujetos se ve mejorada.

6. DISCUSIÓN

Este estudio pretende conocer los efectos de un programa de entrenamiento de fuerza aplicado sobre jugadores de pádel entrenados siguiendo un programa de entrenamiento basado en una periodización ondulante, así como el conocimiento sobre la metodología seguida en la realización de los test y del entrenamiento de fuerza.

Kraemer & Fleck (2007) proponen que este método de entrenamiento puede servir de ayuda a deportistas que compiten por lo general en 2 o 3 ocasiones por semana, como puede ser el caso de deportes como el tenis o baloncesto, que no siguen un calendario fijo, por lo que los días de competición se ven alterados en muchas ocasiones por modificaciones del calendario. Por ello, la planificación seguida en el presente estudio, serviría de ayuda a jugadores que practican deportes con las características citadas anteriormente.

Por su parte, Kovac (2007) afirma que en los últimos años, los programas de entrenamiento de la fuerza en los deportes de raqueta, han cambiado. Se ha pasado de aislar los movimientos musculares sobretodo en máquinas, a realizar ejercicios multi-articulares y "funcionales" y centrar el entrenamiento sobre los movimientos implicados en el tenis, en lugar de desarrollar la fuerza en los músculos individuales de forma aislada, obteniendo mejores resultados. Por lo que gran parte del entrenamiento que han llevado a cabo los participantes del estudio ha seguido las pautas citadas anteriormente por Kovac, encontrando mejoras significativas en los resultados obtenidos.

Baiget (2011) apunta que unos adecuados niveles de Fuerza Dinámica Máxima ejercen efectos positivos sobre el aumento de velocidad de golpeo en el tenis por lo que la mejora en los niveles de fuerza identificada en los participantes del grupo experimental del estudio, se pueden relacionar con un aumento de la velocidad de golpeo en el pádel.

7. FUTURAS LÍNEAS DE INVESTIGACIÓN

El incremento notable de practicantes, licencias, torneos etc. que ha experimentado el pádel en España en los últimos años hace necesaria la realización de estudios que busquen profundizar y mejorar los test de evaluación de la condición física en jugadores de pádel.

Por su parte Sánchez-Alcaraz y Sánchez-Pay (2013) afirman que hay que conocer los test publicados específicos del deporte de pádel de este modo se propone una batería de test para que el entrenador/preparador físico de jugadores de pádel pueda valorar la condición física de sus jugadores.

De esta forma se tendría un mayor control sobre los deportistas y podría servir de gran ayuda a la hora de para planificar el entrenamiento.

REFERENCIAS

Aparicio, J. (1998). Preparación física en el tenis: la clave del éxito. Gymnos.

Baiget, E. (2011). Entrenamiento de la fuerza orientado a la mejora de la velocidad de golpeo en tenis. Edited by: DAA Scientific Section. A. Scientific Section. A. Scientific Section Martos (Spain),3(3), 229-244.

Bompa, T. O. (2000). Periodización del entrenamiento deportivo (Vol. 24). Editorial Paidotribo.

García Manso, J. M. (1999). La fuerza. Madrid: Gymnos, 183.

González Badillo, J.J. & Rivas, J. (2002) Bases de la programación del entrenamiento de la fuerza. Barcelona: INDE. 41

González Badillo, J.J. (2000). Concepto y medida de la fuerza explosiva en el deporte. Posibles aplicaciones al entrenamiento. Revista de entrenamiento deportivo, 14(1):5-16.

Gonzalez Ravé, J.M. (2013) Apuntes inéditos de la asignatura control y valoración del rendimiento deportivo.Toledo. Universidad de Castilla La Mancha.

Kovacs, M. (2010)Desarrollo de jugadores, Asociacion de Tenis de los Estados Unidos ITF Coaching and Sport ScienceReview; 50 (18): 13 – 14.

Kovacs, M. S., Pritchett, R., Wickwire, P. J., Green, J. M., & Bishop, P. (2007).

Kraemer, W. J., & Fleck, S. J. (2007). Optimizing strength training: designing nonlinear periodization workouts. Human Kinetics.

Okada, T., Huxel, K. C., &Nesser, T. W. (2011).Relationship between core stability, functional movement, and performance. The Journal of Strength & Conditioning Research, 25(1), 252-261.

Sánchez-Alcaraz Martínez, B. J., & Sánchez-Pay, A. (2013) Medición de la condición física del jugador de pádel a través de testsmeasuringthe paddle playerfintessthroughtests.

Sánchez-Pay, A., Torres-Luque, G., & Palao, J. M. (2011). Revisión y análisis de los test físicos empleados en tenis. Motricidad: European Journal of Human Movement, 26. 42

Capítulo 14

INFLUENCIA DE UN PROGRAMA DE FUERZA ESPECÍFICO Y DE LA OPOSICIÓN EN PÁDEL

Víctor M. Renes López
Licenciado en Ciencias de la Actividad Física y del Deporte. Universidad Politécnica de Madrid.
Correo electrónico: vreneslopez@gmail.com

Resumen:

El presente estudio intenta responder a varias cuestiones que aportan información práctica para el entrenamiento y valoración del Pádel. ¿Existe una relación significativa entre la velocidad de golpeo con y sin oposición? ¿En qué medida influyen los factores cognitivos impuestos por la oposición en la velocidad del golpeo en pádel? ¿Qué efectos tiene un programa de entrenamiento específico de fuerza sobre la velocidad de diferentes golpeos en pádel? Para ello se ha diseñado, por un lado, un test específico contrastado con otros estudios que también testeaban la potencia de golpeo, con el que valorar los golpeos de potencia. Por otro lado, se ha elaborado un programa de entrenamiento físico específico de Pádel basado en el desarrollo de la fuerza del jugador y su transferencia a la competición. En este trabajo se exponen los resultados que muestran que el programa diseñado aumenta tanto la velocidad máxima como la velocidad media de los golpeos testados, así como la importancia de la fuerza en la preparación física de un jugador de Pádel. Se pudo constatar que a medida que los jugadores fueron completando el programa físico específico los resultados en los tres test que fueron realizados fueron mejorando, lo que nos lleva a pensar en la efectividad del programa. Estos resultados se explican contrastándolos con las referencias estudiadas. De acuerdo con ello se han alcanzado diversas conclusiones, entre las que destaca que la implicación cognitiva del jugador dentro de la preparación física aumenta el rendimiento.

Palabras clave: Pádel, específico, fuerza.

Abstract:

In this paper we have tried to answer several questions that can provide practical information for the training and assessment of paddle. Is there a significant relationship between the rate of hitting with and without opposition? To what extent cognitive factors by the opposition in the hitting speed in paddle influence? What effect does a program of specific training of strength about the speed of different beatings in paddle? For this we have designed, on one hand, a specific test contrasted with other studies that also test the hitting power, with which to assess the power hittings. On the other hand, we have developed a program of specific physical paddle training based on the development of the player strength and their transfer to the competition. In this work the results show that the designed program increases both the maximum speed and the average speed of the tested hittings, as well as the importance of the strength in the physical preparation of a paddle player. We found that as the players were completing the specific physical program, the results in the three tests that were performed were improving, leading us to believe in the effectiveness of the program. These results are explained contrasting them with the references studied. Accordingly we have reached different conclusions, among which stands out that cognitive involvement of the player in the physical training increases the performance.

Keywords: Paddle, specific, strength.

1. INTRODUCCIÓN

Metodológicamente es adecuado tratar por separado los dos aspectos que engloba este estudio. En primer lugar, los aspectos concernientes al entrenamiento de la fuerza en Pádel y, en segundo lugar, las acciones específicas de golpeo, con implicación cognitiva, de potencia en Pádel. El estudio considera necesario nutrirse del Tenis como un deporte con características físicas y fisiológicas similares y con una gran cantidad mayor de años de profesionalización e investigación sobre el terreno. De esta manera, el partido de tenis ha evolucionado desde la era donde la raqueta era de madera y los puntos eran largos a base de estilo y delicadeza, al ritmo rápido y explosivo actual basado en la potencia, la fuerza y la velocidad. Esta evolución ha llevado a un creciente interés en la investigación de tenis. Los tenistas de competición necesitan una mezcla de habilidades anaeróbicas, tales como la velocidad, agilidad y potencia, junto con una gran base aeróbica (Kovacs, 2007). A medida que el partido de tenis sigue cambiando, los parámetros fisiológicos deben ser continuamente investigados para ayudar a proporcionar a los atletas, entrenadores y preparadores físicos información que ayudará a aumentar el rendimiento de los jugadores de tenis y confeccionar programas de prevención de lesiones más específicos (Kovacs, 2007). El Pádel ha seguido una evolución pareja por lo que la importancia de la investigación de este campo cobra, de la misma manera que en el tenis, un sentido especial.

Este estudio contempla la confección de un test específico de potencia de golpeo en Pádel que intenta plasmar las situaciones de la misma competición, simulada por la oposición, para conseguir la mayor fiabilidad posible. Fernández-Fernández y cols (2007) concluyen que los mayores beneficios del entrenamiento ocurren cuando el estímulo de entrenamiento simula las demandas específicas del deporte, tanto a nivel de patrón de movimiento como a nivel fisiológico.

Para Horney y cols. (2007), las limitaciones de la investigación sobre el terreno presentan hasta la actualidad un reto metodológico a los investigadores dentro de este dominio. Se alientan a las investigaciones futuras a adoptar enfoques metodológicos que capturan la naturaleza multidimensional. Esto se puede lograr mediante el uso de parámetros experimentales que simulen con precisión las demandas energéticas de los partidos.

Con ello, estamos en consonancia con el estudio de Girard y cols. (2005) en el que los valores de VO_2 máx derivados de las pruebas de laboratorio no eran pertinentes para estimar con precisión la aptitud de los jugadores de squash de élite. Así que la prueba específica graduada de squash puede ser utilizada como una prueba adicional para la determinación de la intensidad del entrenamiento. Esto mejora la prescripción de entrenamiento de ejercicio aeróbico. Este estudio demuestra que los test de forma de los jugadores deben ser específicos de su deporte para acercarse a la realidad de su rendimiento. De la misma manera, podemos suponer que los programas de entrenamiento también deberían ser específicos del deporte en cuestión.

2. OBJETIVOS DEL ESTUDIO

1. Estudiar la influencia y los resultados de un programa de entrenamiento de fuerza específico para Pádel, que incluye tareas con implicación cognitiva, en la velocidad de golpeo con y sin oposición.

2. Analizar los cambios o modificaciones en la velocidad producidas en los diferentes golpeos de potencia en función de la oposición.

3. Analizar la relación entre velocidades máximas y medias alcanzadas en los diferentes golpeos con oposición y sin oposición.

3. MÉTODO

3.1. Proceso de la Investigación

Se realizaron numerosas entrevistas con jugadores de la Federación Madrileña de Pádel y del Circuito World Pádel Tour para seleccionar adecuadamente la muestra. Igualmente, teniendo en cuenta la importancia de coordinar el trabajo con los preparadores físicos de cada jugador, realizamos entrevistas con los preparadores físicos de los jugadores.

Los jugadores realizaron el Test Inicial, tras lo cual, realizaron nuestro programa de entrenamiento físico con implicación cognitiva. Tras el segundo mesociclo de nuestro programa, los jugadores realizaron el Test de Control. Por último, cuando los jugadores hubieron finalizado nuestro programa de entrenamiento físico realizaron el Test Final.

Al término de la investigación se entregó a cada jugador un informe con un análisis de sus resultados.

3.2. Elaboración de los test

En primer lugar, nos entrevistamos con entrenadores de élite para establecer los golpeos donde la potencia es determinante así como las variables de éxito de los mismos.

Todos los jugadores fueron valorados en 4 golpes específicos de Pádel, tanto con oposición como sin ella:

- Remate Directo (RD)
- Remate x3 (R3)

- Bajada de Pared de Derecha (BPD)
- Bajada de Pared de Revés (BPR)

3.3. Material

Para la valoración de la velocidad de los golpeos se utilizó una pistola radar, modelo: SR-3600 Sports Radar Gun. La gestión de los datos se realizó con un ordenador, utilizándose varios software específicos para el análisis y gestión de los datos (Excel y SPSS).

3.4. Procedimiento

3.4.1. Metodología de evaluación

Se revisaron varios artículos científicos con el fin de diseñar un protocolo de evaluación ya validado, o al menos, utilizado por estudios científicos publicados en revistas de impacto internacional. Basándonos en Sewrigth (2006), Rogowski (2011) y Rota (2012) diseñamos las pruebas de valoración de golpeos de potencia.

3.4.2. Descripción de las pruebas de valoración de la velocidad de golpeo

A) *Calentamiento:* Duración: 15 min. Movimientos dinámicos y un calentamiento pre-partido en pista compuesto de rallies entre jugadores.

B) *Procedimiento de las series:* Cada participante recibió instrucciones de golpear la bola lo más potente posible, a excepción del remate por tres, donde se les dio libertad, aspecto diferenciador del éxito de este golpeo.

C) *Descanso:* Se programó un descanso de 30 segundos cada 4/5 golpeos según la adaptación de cada jugador al test. También descansos de 1 minuto al cambiar de golpe a testear, de acuerdo a lo revisado en los tres estudios citados, en relación a las pausas entre acciones explosivas específicas.

D) *Fatiga:* En el Test Inicial, y aproximadamente a mitad del test, se preguntó a los jugadores con la escala del índice de percepción del esfuerzo, cuál era su nivel de cansancio y manifestaron un

11/12. Con este procedimiento se aseguró que los jugadores no comenzaran ninguna serie con fatiga acumulada.

E) *Lanzamiento de la bola:* Una bola cada 3 segundos para permitir a los jugadores suficiente tiempo para preparar su siguiente golpeo.

F) *Datos válidos para el posterior análisis estadístico:* Cuando el jugador consigue 4 golpeos exitosos se interrumpe la prueba de ese golpe. Sólo los golpeos exitosos, es decir, cuando la pelota rebotó en la zona objetivo, fueron considerados para posteriores análisis estadísticos.

3.4.3. Breve descripción del protocolo de entrenamiento de fuerza

Ejercicio Nv. 1
FASE II: Hipertrofia Squat Curl&Press. - Series: 4. - Rep: 8. - Int: 70/80% RM. - Velocidad de Ejecución: rápida. - Descanso: 20'' |//

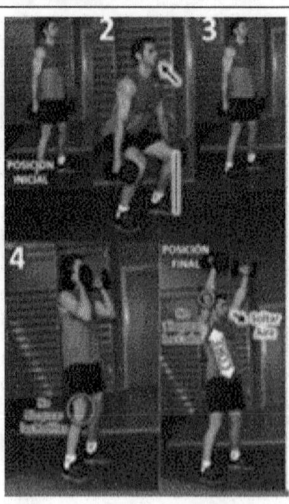

Ejercicio Nv. 2
FASE II: Lanzamiento de Balón Medicinal (3kg).   - Series: 4.   - Rep: 6/8.   - Int: 100%.   - Velocidad de Ejecución: explosiva.   - Descanso: 1'.

A. Fortalezas

1. Los ejercicios realizados son ejercicios globales que involucran varios grupos musculares y sobre todo los motores primarios, por lo que los beneficios para la coordinación intramuscular e intermuscular son muy grandes, como escribe Tous (1999).

2. Los ejercicios realizados cuentan con una alta activación del CORE. Según Peña (2012) si el CORE del jugador está más estable será capaz de generar mayores valores de potencia. Además, según Sewrigth (2006) el entrenamiento del CORE aumenta la velocidad del servicio en tenis (remates en Pádel).

3. Incluimos la toma de decisiones para asegurar la transferencia de la preparación física general a la preparación física específica.

4. En este programa de entrenamiento nos basamos en el concepto prioritario del nuevo modelo de preparación física: la especificidad (Rivilla 2011). Teniendo esto en cuenta, se puede comprobar en nuestro programa de entrenamiento cómo pasamos de ejercicios más generales, como son los de BodyCore, a ejercicios de mayor transferencia, como son los lanzamientos, y también cómo se va incluyendo la toma de decisiones integrada en la preparación física del jugador.

B. Características del Protocolo

Se divide en tres mesociclos de entrenamiento acorde con los eslabones para asegurar la transferencia. Los métodos de entrenamiento de la fuerza en los que se basa son: la Fuerza Máxima, Pliometría y Maxex. La toma de decisiones está presente de manera progresiva en las sesiones.

4. RESULTADOS Y DISCUSIÓN

A nivel general, se observó una mejora de la velocidad de golpeo en las cuatro acciones analizadas tanto sin oposición como con ella, así como en el pico de velocidad y media de golpeo. Las mejoras en estas acciones están en sintonía con la hipótesis planteada acerca de la eficacia de un protocolo de entrenamiento de fuerza específica con inclusión de toma de decisiones.

Estos datos de mejora de la velocidad de golpeo gracias al entrenamiento de fuerza, coinciden con los aportados por otros estudios como el de Sewrigth (2006) que señala que gracias al entrenamiento de Pilates se puede aumentar la velocidad de servicio en tenis.

En segundo lugar, resulta sorprendente la disminución significativa de velocidad de golpeo al introducir la oposición real en la acción de partido. Esta disminución se produce de forma sistemática en los cuatro golpeos analizados y se constata tanto en la media de velocidad como en la punta de velocidad de los golpeos. A su vez, se ha constatado un descenso progresivo de las diferencias entre velocidad de golpeo sin y con oponente, tanto en la velocidad máxima como media. Ello podría deberse a la mejora de la condición física específica, es decir, con implicación cognitiva, producida tanto por el aumento del volumen de entrenamiento específico –propio de la evolución de la temporada deportiva– como por el programa de fuerza específica aplicado a los deportistas a lo largo del período de estudio.

Estos datos están en consonancia con las diferencias halladas por otros estudios que analizaron las velocidades de lanzamientos sin y con oposición (Rivilla-García y cols., 2011). Por tanto, parece confirmarse que los jugadores de pádel golpean a mayor velocidad cuando se encuentran sin oposición –en una situación con escasa implicación cognitiva– que cuando existen factores informacionales impuestos por la oposición (García y cols., 1996).

A continuación se exponen los resultados referidos a las pruebas de golpeo de remate directo (tabla 1). Se observó una disminución en la velocidad máxima y media entre los golpeos con oposición. Estas diferencias fueron significativas en la velocidad pico del test inicial (p<0,05; t= 5,012; gl=3) y en la velocidad media del test inicial (p<0,05; t= 7,218; gl=3) y del test de control (p<0,05; t= 4,003; gl=3). Igualmente, puede observarse una progresiva mejora de la velocidad de golpeo desde el test inicial al final. Estas diferencias fueron significativas también en la velocidad media del remate directo con oposición (p<0,05; t= 5,088; gl=3). No obstante, la velocidad máxima con oposición tuvo diferencias elevadas y tuvo un valor cercano a la significación (p=0,12; t= 8,121; gl=3).

Tabla 1.- Valores de velocidad de la pelota (km/h ± DT) la acción de remate directo

	REMATE DIRECTO (VELOCIDAD MÁXIMA)			REMATE DIRECTO (MEDIA VELOCIDAD)		
	Sin Oposición	Con Oposición	Diferencias	Sin Oposición	Con Oposición	Diferencias
Test Inicial	133,25 ± 6,83	120,25 ± 11,3	**13 ± 7,39***	127,75 ± 12,2	109,5 ± 8,64	**18,25 ± 11,4***
Test Control	136,75 ± 8,71	126,75 ± 10,1	**10 ± 9,3**	130,25 ± 8,92	117 ± 6,24	**13,25 ± 9,12***
Test Final	139,5± 9,17	136,25 ± 7,42	**3,25 ± 8,2**	134,5 ± 9,21	127 ± 7,52	**7,5 ± 7,92**
Mejora	**6,25 ± 7,35**	**16 ± 9,82**		**6,75 ± 9,74**	**17,5 ± 8,1‡**	

* diferencia significativa entre la velocidad con oposición y sin oposición (p<0,05)
‡ diferencia significativa entre la velocidad del test inicial y final (p<0,05)

Como se pudo constatar en las tablas de los otros tres golpes, se constataron mejores valores en la velocidad máxima y media en los golpeos sin oposición que con ella.

De la misma manera que se observó en el remate directo, en el remate por tres se observó una progresiva disminución de diferencias entre la velocidad de golpeo sin y con oponente, tanto en la velocidad máxima como media. Esta tendencia se confirma también en los golpeos de bajada de pared, ratificando con ello la posibilidad de que el programa de entrenamiento de fuerza con inclusión de oposición pueda influir en estas diferencias.

5. APLICACIONES PRÁCTICAS

- La aplicación de este programa de entrenamiento físico específico aumenta el rendimiento.
- Los factores cognitivos, dada su influencia en la velocidad de golpeo, deberían ser incluidos en la valoración y el entrenamiento de los jugadores de pádel.
- El entrenamiento de la fuerza específica debería ser parte fundamental de la preparación física del jugador de pádel.
- Es importante diseñar test específicos que aporten a los entrenadores y preparadores físicos una información que se adecue más a la realidad de las necesidades energéticas y físicas del jugador de Pádel en la competición.

6. REFERENCIAS

Bompa, T. O. (2000). Periodización del entrenamiento deportivo. 2ª Edición. Barcelona, Ed. Paidotribo.

Fernández-Fernández, J., Méndez Villanueva, A., Babette, M. & Terrados, N. (2007). Aspectos físicos y fisiológicos del tenis de competición. Archivos de Medicina del Deporte. Vol. XXIV, Número: 117, 35-41.

García, J., Villa, J. A., Rodríguez, J. A., Morante, J. C., Álvarez, E. y Jover, R. (2003). Aplicación de un test de esfuerzo interválico (test de probst) para valorar la cualidad aeróbica en futbolistas de la liga española. Apunts: Educación Física y Deportes, (71), 80-88.

Girard, O., Sciberras, P., Habrad, M., Hot, P., Chevalier, R. And Millet, G. (2005). Specific incremental test in elite squash players. Br J Sports Med. Dec 2005; 39(12): 921–926.

Horney, DJ., Farrow, D., Mujika, I. & Young, W. (2007). Fatigue in tennis: mechanisms of fatigue and effect on performance. Soprts Med. 37 (3): 199-212.

Kovacs, Ms. (2007). Tennis physiology: training the competitive athlete. Sports Med. 37 (3):189-98.

Ortiz, R. H. (2004). Tenis. Potencia, velocidad y movilidad. Zaragoza. Ed. INDE.

Peña, G., Heredia, J. R., Moral, S., Donate F. I. and Ordoñez, M. (2012). Revisión de los Métodos de la Estabilidad Central CORE. Publice Standard. Instituto Internacional de Educación Física.

Renes, V. M., y Rivilla-García, J. (2015). Análisis del efecto de un programa de fuerza específico y de la influencia de la oposición sobre la velocidad de golpeo en Pádel. http://padelscience.com/areas-tem%C3%A1ticas/entrenamiento-y-preparacion-fisica/index.html

Rivilla-García, J., Grande, I., Chirosa, L. J. and Gómez, M. J. (2011). Differences and Relationship Between Standard and Specific Throwing Test in Handball according to the Competitive and Professional Level. Edited by: D.A.A. Scientific Section.

Rota, S., Hautier, C., Creveaux, T., Champely, S., Guillot, A. and Rogowski, I. (2011). Relationship between muscle coordination and forehand drive velocity in tennis. Journal of Electromiography and Kinesiology, 22. 294-300.

Sewrigth, K. (2006). Effects of six weks of Pilates Mat Trainnig on Tennis Serve Velocity, Muscular Endurance and their Relationship in Collegiate Tennis Players. ProQuest Dissertations and Theses (2006), p. n/a.

Tous, J. (1999). Nuevas tendencias en fuerza y musculación. Barcelona: Ergo.

Capítulo 15

LA TENSIOMIOGRAFÍA COMO HERRAMIENTA DE EVALUACIÓN EN EL PROCESO DE ENTRENAMIENTO

Antonio Jesús Morales Artacho[1]
[1]Facultad de Ciencias del Deporte, Universidad de Granada
Correo electrónico: ajmorales@ugr.es

Resumen:

El desarrollo de técnicas de evaluación neuromuscular que permitan conocer, predecir y controlar la respuesta muscular al proceso de entrenamiento resulta de gran interés y aplicación en las ciencias del deporte. En este sentido, la tensiomiografía (TMG) se presenta como una herramienta objetiva y no invasiva de evaluación de las propiedades contráctiles musculares. Las principales aplicaciones de esta herramienta en el deporte de élite implican la detección de fatiga, evaluación de balances musculares así como la evaluación de las adaptaciones inducidas por el entrenamiento. La creciente actividad investigadora en TMG permite su optimización como herramienta de evaluación muscular. Sin embargo, capacidad crítica es necesaria a la hora de interpretar los resultados y tomar decisiones en base a los mismos. Futuras investigaciones que traten de comparar la TMG con otras herramientas de investigación ampliamente usadas en la evaluación neuromuscular permitirán profundizar en la validez de la medida. Mientras tanto, el uso paralelo de otras técnicas que aporten información sobre el estado de fatiga periférica, desequilibrio muscular y adaptaciones al entrenamiento es vital para optimizar el uso de la TMG en el proceso de preparación del deportista.

Abstract:

Neuromuscular assessment and the development of reliable methods allowing to monitor muscular changes across the training process are key aspects in the sport sciences field. Accordingly, tensiomyography (TMG) has been introduced as an objective, non-invasive technique capable of measuring muscle contractile properties. Fatigue detection, muscular imbalances and muscle adaptive processes are the main applications of

TMG in sport performance. The increasing research activity on TMG will help to optimize it as an effective muscle testing tool. Nonetheless, a critical view of the literature is needed when it comes to interpreting the results' validity and decision making. Future research, aiming to correlate TMG measurements with other tools widely used to assess neuromuscular performance, will allow to go deeper in TMG validity and applicability. In the meantime, it seems reasonable to suggest that the use of other tools parallel to TMG will optimize the information obtained about peripheral fatigue, muscle imbalance and training induced adaptations.

1. INTRODUCCIÓN

La evaluación de la función neuromuscular ha sido y es objeto de estudio e interés en el campo de la fisiología del ejercicio y el entrenamiento deportivo. El entrenamiento en sus diferentes vertientes, tanto de forma aguda como crónica, se ha mostrado capaz de alterar la función neuromuscular y consecuentemente el rendimiento en el contexto deportivo. Por ejemplo, mejoras en la fuerza muscular se acompañan de incrementos en la capacidad de activación muscular medida mediante electromiografía (EMG) (Folland & Williams, 2007). De forma similar, el nivel de activación eléctrica muscular al inicio de la contracción se ha mostrado relevante para el rendimiento explosivo (Tillin, Pain, & Folland, 2012) y la prevención de lesiones. Se conoce que algunas lesiones frecuentes en el deporte (i.e. rotura del ligamento cruzado anterior) ocurren en una fase muy temprana (<50 ms) de aplicación de fuerza (Krosshaug et al., 2007) lo que destaca la importancia de la eficiencia del sistema neuromuscular en la prevención de lesiones. En este contexto, la evaluación de la función neuromuscular se presenta de vital importancia.

El desarrollo de técnicas de evaluación neuromuscular que permitan conocer, predecir y controlar la respuesta muscular al proceso de entrenamiento resulta de gran interés y aplicación en las ciencias del deporte. La figura 1 muestra algunas de las técnicas más empleadas para la evaluación de las adaptaciones neuromusculares tras periodos de entrenamiento, inactividad por lesión, etc. Por ejemplo, la ecografía musculo esquelética permite la evaluación no invasiva de las propiedades elásticas musculo-tendinosas (Bojsen-Møller, Magnusson, Rasmussen, Kjaer, & Aagaard, 2005) y cómo éstas se alteran con la presencia y ausencia de estímulo mecánico mediante el entrenamiento. Por otro lado, la combinación de técnicas de estimulación eléctrica percutánea y electromiografía permiten explorar las características neurales musculares y cómo éstas se modifican con el entrenamiento (Aagaard, Simonsen, Andersen, Magnusson, & Dyhre-Poulsen, 2002). En conjunto, estas herramientas nos ayudan a evaluar la función neuromuscular y a establecer relaciones con el rendimiento muscular funcional. No obstante, es preciso tener en cuenta que la dificultad, coste, tiempo necesario y en ocasiones la naturaleza invasiva de la medida con este tipo de técnicas, suponen ciertas limitaciones que impiden su uso frecuente y eficaz en el contexto deportivo. En este sentido, la constante búsqueda por herramientas válidas que permitan evaluar la función neuromuscular de forma rápida, fácil y segura ha motivado el desarrollo de técnicas como la tensiomiografía (TMG).

El uso de la TMG por parte de los profesionales del deporte se ha extendido en los recientes años. En algunos deportes como el fútbol, el apoyo económico, la prevalencia de lesiones y la lucha por optimizar el rendimiento de los jugadores han motivado el uso de ésta técnica. El carácter general, no invasivo y la facilidad de la medida suponen la factibilidad de uso en otros deportes como el pádel.

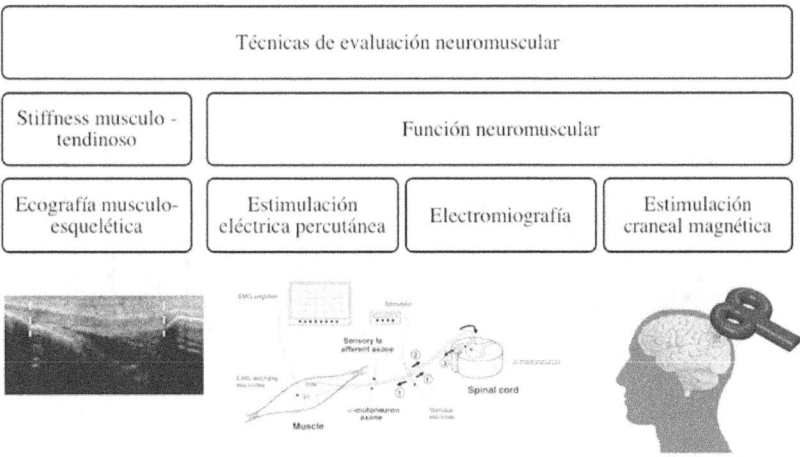

Figura 1. Algunas técnicas de evaluación neuromuscular empleadas frecuentemente en el campo de la fisiología del ejercicio.

2. LA TENSIOMIOGRAFÍA: DEFINICIÓN Y CARACTERÍSTICAS BÁSICAS

La TMG se presenta como un método no invasivo de evaluación de las propiedades contráctiles musculares. La actual actividad investigadora que implica TMG trata de optimizar su uso como herramienta detectora de fatiga muscular así como desequilibrios funcionales entre estructuras musculares. En el marco deportivo, el uso de la TMG se presenta como una herramienta complementaria a otras técnicas y procedimientos en la evaluación del deportista de alto nivel.

2.1 Funcionamiento

La TMG cuenta con un sensor transductor de posición (Figura 2) que mide el desplazamiento radial muscular en condiciones isométricas, tras la estimulación eléctrica percutánea. La principal variable que se obtiene es el "desplazamiento radial muscular" (Dm), el cual se propone como un indicador indirecto del tono muscular. Evaluando el Dm a lo largo de la contracción muscular (producida artificialmente mediante estimulación eléctrica), se obtiene una curva Dm – tiempo a partir de la cual se derivan los diferentes parámetros que constituyen la evaluación mediante TMG. En la Figura 3 se muestran dicha curva y sus variables.

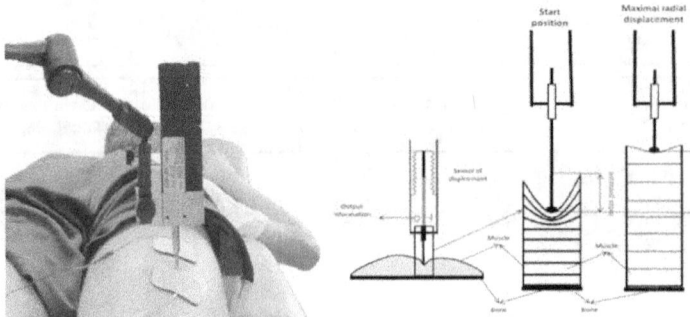

Figura 2. Mecanismo del sensor de desplazamiento radial que informa de la respuesta muscular al estímulo producido (adaptado de García-Manso et al., 2011).

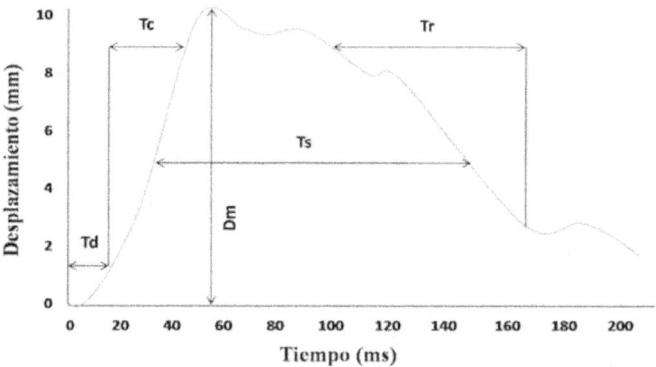

Figura 3. Curva Dm-tiempo y sus diferentes variables. Tiempo de reacción (Td), tiempo de contracción (Tc), máximo desplazamiento (Dm), tiempo de sustentación (Ts) y tiempo de recuperación (Tr) (García-Manso et al., 2012).

Los parámetros principales que se derivan de la curva Dm – tiempo son:

- *Tiempo de respuesta o activación* (Td): es el tiempo que transcurre desde el inicio del estímulo eléctrico hasta que el desplazamiento muscular corresponde al 10%.
- *Tiempo de contracción* (Tc): se ha definido como el tiempo entre el 10 y el 90% del desplazamiento radial muscular máximo.
- *Tiempo de sustentación* (Ts): se define como el tiempo transcurrido entre el 50% de la deformación durante la contracción y el 50% de la deformación durante la relajación. Constituye un valor representativo de la duración de la contracción.
- *Tiempo de relajación* (Tr): se presenta como el tiempo que transcurre desde la deformación máxima a su 50% durante la relajación.

El uso del software que acompaña el aparato de TMG consta de los parámetros arriba definidos. Sin embargo, es necesario precisar que no existe un criterio firme a la hora de establecer los parámetros, y se han elegido de forma que son parámetros representativos teóricos de cada fase de la contracción. En este sentido, en la literatura se sugiere el uso de los valores exportados en bruto y su análisis minucioso para aumentar la precisión del análisis (Garcia-Manso et al., 2010). Por ejemplo, el análisis de los datos en bruto permite la obtención de otro parámetro, la velocidad de contracción, que puede ampliar la información sobre las propiedades contráctiles musculares.

Otro aspecto de vital importancia a la hora de examinar el potencial de la TMG como herramienta para el deportista de élite es la reproducibilidad de la medida. Algunos estudios muestran buena reproducibilidad entre evaluadores y entre días consecutivos de evaluación en todos los parámetros evaluados. Por otra parte, otras investigaciones ponen de manifiesto que la reproducibilidad a largo plazo puede ser cuestionable para algunos parámetros (Tr). En este sentido, resulta primordial tomar todas las medidas posibles para estandarizar las evaluaciones y evitar variabilidad indeseada en la medida. El nivel de hidratación, lugar de evaluación, o el ángulo articular durante la evaluación pueden alterar los resultados llevando a conclusiones erróneas. Por este motivo, a pesar de contar con los estudios previos sobre la reproducibilidad de la medida, sería recomendable obtener información específica y personal en cada caso sobre la variabilidad de la medida. De esta forma, la precisión de la evaluación aumentará considerablemente.

3. EVALUANDO EL TONO MUSCULAR MEDIANTE TMG: Dm

La evaluación del tono muscular se muestra como la característica principal de la TMG (R Dahmane, Valenčič, Knez, & Eržen, 2001). Definido como la actividad muscular estable y mantenida en reposo, el tono, bajo control del sistema nervioso autónomo, determina la tensión muscular. Se define también como el "state of readiness" (nivel de alerta) del músculo y puede ser modificado en función de tareas específicas y el nivel de ansiedad del individuo (Needle et al., 2014). Los mecanismos fisiológicos responsables del tono muscular son mediados de forma periférica por el sistema fusimotor. Brevemente, el sistema fusimotor es el circuito neural existente entre el huso muscular, sus axones aferentes y las motoneuronas gamma que alteran la sensibilidad del huso para el cambio de longitud y tensión de las fibras intrafusales. De esta forma, un incremento en la actividad del sistema fusimotor se ha descrito como responsable del incremento en el tono muscular (Needle et al., 2014). Así, la evaluación del tono muscular en condiciones de reposo, supondría una oportunidad de aproximarnos a posibles cambios en el sistema nervioso autónomo como consecuencia de las cargas de entrenamiento (agudas y crónicas).

La capacidad de evaluar el tono muscular mediante TMG se ha descrito anteriormente en diferentes situaciones. Por ejemplo, un aumento del tono muscular (menor Dm) paralelo a una disminución en la capacidad de producir fuerza (mediante contracción máxima voluntaria) se ha descrito tras un protocolo de contracciones excéntricas diseñado para inducir daño muscular (Hunter et al., 2012). Este tipo de estudios sugieren la idoneidad de la TMG a la hora de evaluar el daño muscular y su recuperación tras el entrenamiento o la competición. En la Figura 4 podemos observar que, tras el protocolo de contracciones excéntricas diseñado para inducir daño muscular (en el bíceps braquial), la capacidad de producir fuerza, así como los parámetros de TMG están alterados y tienden a su valor inicial días después. Trabajos de este tipo son de gran ayuda a la hora de establecer y optimizar la utilidad de la TMG en el deporte.

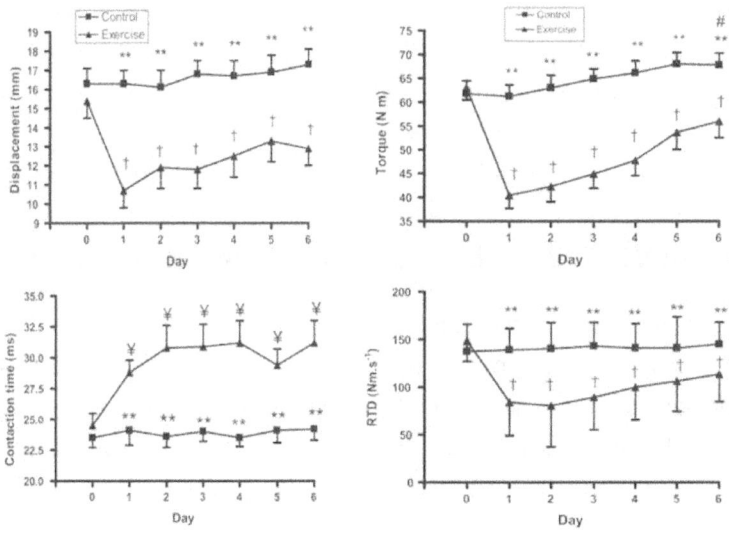

Figura 4. Dm (gráfica superior-izquierda) y Tc (gráfica inferior-izquierda) del grupo control y grupo experimental antes y después del protocolo de contracciones excéntricas. La capacidad de producir fuerza máxima (torque) y de producción de fuerza explosiva (RTD, rate of torque development) se presenta en a la derecha de la figura (Hunter et al., 2012).

En conjunto, este tipo de investigaciones sugieren que el uso de la tensiomiografía podría ser eficaz a la hora de evaluar el daño muscular y su recuperación tras cargas de entrenamiento. Sin embargo, es necesario tener precaución a la hora de interpretar los resultados. Por ejemplo, otros estudios han descrito un aumento del Dm (lo que sugiere menor tensión muscular en reposo) tras una carrera de ultra fondo (Ironman), donde la fatiga neuromuscular y el daño muscular son evidentes. Es probable que la depleción de las reservas de glucógeno, el tipo de esfuerzo y el momento de evaluación (justo después del esfuerzo vs. días después) sean responsables de los diferentes resultados mostrados en los estudios en cuanto al parámetro Dm. Por ese motivo, la recopilación de un gran volumen datos en nuestro deportista, en numerosas evaluaciones, puede aportar información sólida en cuanto a los cambios en las propiedades contráctiles inducidos por la fatiga.

Por otro lado, es necesario tener en cuenta también que, aunque la TMG se proponga como un indicador indirecto de stiffness (tensión) muscular, no existen estudios que validen dicho indicador con otros métodos de evaluación directa del stiffness músculo – tendinoso (mediante ecografía) (Heinemeier & Kjaer, 2011). En este sentido, es necesario ser cautos al interpretar los resultados y al compararlos directamente con otros resultados descritos en la literatura que han empleado una metodología diferente para hablar de stiffness muscular.

4. EVALUANDO LA VELOCIDAD DE CONTRACCIÓN: Tc

Las propiedades contráctiles, la contribución al rendimiento muscular y la adaptación al entrenamiento de diferentes tipos de fibra muscular han sido y son temas de relevancia en el campo de la fisiología del ejercicio y el entrenamiento (Bottinelli, 2001). Recientes estudios muestran evidencia sobre la capacidad de la TMG para estimar el porcentaje de fibras musculares tipo I (R Dahmane et al., 2001) así como cambios en las propiedades contráctiles musculares (Raja Dahmane, Djordjevic, & Smerdu, 2006). El tiempo de contracción (Tc), inicialmente definido como el tiempo transcurrido entre el 10 y el 90% del desplazamiento muscular (Dm) durante la contracción, parece mostrarse sensible a las adaptaciones agudas y crónicas inducidas por el entrenamiento.

Tras una carrera de ultrafondo (Ironman), la fatiga neuromuscular se reflejó en un incremento del Tc de la musculatura isquiotibial (García-Manso et al., 2011). En la misma línea, un aumento en Tc se ha mostrado tras 35 días de inmovilización en cama, lo que aporta más evidencia sobre la posibilidad de controlar cambios en el sistema neuromuscular mediante tensiomiografía. Esto pone de manifiesto que la TMG puede ser útil a la hora de monitorizar y/o evaluar a nuestros deportistas en un contexto específico (por ejemplo: lesión, tras un periodo de entrenamiento o una sesión de entrenamiento, etc.). Sin embargo, no todos los estudios han podido observar cambios contundentes en los parámetros de TMG cuando de evaluar el estado de recuperación/fatiga neuromuscular se trata. Por ejemplo, los valores de Tc de la musculatura de los miembros inferiores en futbolistas profesionales, tras dos métodos de recuperación (activa vs pasiva), no mostraron cambios algunos (Rey, Lago-Peñas, Lago-Ballesteros, & Casáis, 2012). En la misma línea, no se encontraron cambios en el Tc del recto femoral en triatletas tras la carrera de ultra fondo, lo que cuestiona nuevamente la sensibilidad de la medida a la hora de evaluar el proceso de fatiga.

En conjunto, estos estudios sugieren la factibilidad y facilidad de la TMG para evaluar el estado neuromuscular en relación a las adaptaciones/alteraciones producidas por el entrenamiento. Sin embargo, es necesario tener en cuenta la inconsistencia de algunos parámetros de TMG mostrados en los resultados de investigaciones previas y la imposibilidad de compararlos directamente con otras técnicas de evaluación neuromuscular (i.e. M-wave, H-reflex, ultrasonografía, etc.). Todo ello resalta la importancia y necesidad de ser críticos a la hora de tomar decisiones en el terreno en base a los resultados obtenidos y contar con el uso de otras herramientas paralelas que permitan guiar el proceso de entrenamiento de forma eficaz.

5. EVALUANDO EL BALANCE ENTRE GRUPOS MUSCULARES

La evaluación del balance de grupos musculares actuando en una misma articulación (agonista vs antagonista) o en miembros opuestos (balance bilateral, por ejemplo: pierna izquierda vs pierna derecha) supone otra de las principales aplicaciones de la TMG. Investigaciones precedentes ponen de manifiesto la importancia del balance funcional entre estructuras musculares en la prevención y recuperación de lesiones (Jordan, Aagaard, & Herzog, 2014). Mediante TMG, se han mostrado diferencias entre la respuesta muscular de la musculatura extensora y flexora de la rodilla (Rodríguez-Ruiz et al., 2014), así como diferencias entre ambas piernas atribuidas a factores biomecánicos durante el gesto deportivo (García-Manso et al., 2011). Sin embargo, es necesario tener en cuenta que la literatura es escasa en cuanto a establecer una relación directa entre los parámetros obtenidos mediante TMG y evaluaciones de rendimiento que muestren un desequilibrio funcional. En el contexto deportivo profesional, es de vital importancia utilizar e interpretar los parámetros de TMG en conjunto a otros procedimientos de evaluación funcional que permitan tomar decisiones de forma efectiva.

En este sentido, el desarrollo de evaluaciones de asimetría funcional mediante plataformas de fuerza supone una buena oportunidad para comparar y evaluar el balance muscular entre ambas piernas (Impellizzeri, Rampinini, Maffiuletti, & Marcora, 2007). Otra alternativa más económica, e igualmente validada en la literatura científica implica el uso de tests de salto horizontal a una y dos piernas (Noyes, Barber, & Mangine, 1991). De la misma forma, el uso de tests de contracción máxima voluntaria en la musculatura agonista y antagonista puede aportar información precisa y complementaria a la evaluación de TMG sobre los posibles desequilibrios funcionales.

Por otra parte, es cierto que una de las principales ventajas de la TMG implica su aplicabilidad en condiciones de lesión donde el deportista no puede realizar esfuerzos máximos o submáximos. En estos casos, el uso de la TMG puede ser vital para aportar una información objetiva que complemente los diagnósticos médicos y la percepción individual del deportista. Resulta así de vital importancia establecer parámetros de referencia y relaciones entre varios tipos de evaluación (TMG, saltos, capacidad de producir fuerza máxima y/o explosiva) en condiciones normales. De esta forma, la interpretación de los resultados de la TMG en condiciones de o próximas a la lesión ganará en eficacia.

6. CONCLUSIONES

El uso de la tensiomiografía en la preparación del deportista como herramienta de evaluación de fatiga muscular, riesgo de lesión y adaptación neuromuscular está extendiéndose cada vez más. A diferencia de otras herramientas de evaluación neuromuscular usadas principalmente en ámbitos de investigación, la facilidad, objetividad y naturaleza no-invasiva de la TMG hacen de ella una herramienta atractiva y práctica en la preparación de nuestros deportistas. Sin embargo, una revisión crítica de la evidencia científica es necesaria a la hora de interpretar los resultados obtenidos y su validez mediante esta técnica. La obtención de grandes volúmenes de datos en condiciones normales para cada deportista, ayudará al equipo de trabajo establecer un conocimiento específico sobre la variabilidad de la medida y valores de referencia de cada deportista. De esta forma, la predicción y aplicabilidad de la TMG en la preparación del deportista ganará en eficacia. Por otro lado, siempre que las circunstancias lo permitan, el uso de otros tests funcionales paralelos a la evaluación mediante TMG resultará primordial a la hora de tomar decisiones importantes en el proceso de entrenamiento de nuestro deportista.

REFERENCIAS

Aagaard, P., Simonsen, E. B., Andersen, J. L., Magnusson, P., & Dyhre-Poulsen, P. (2002). Neural adaptation to resistance training: changes in evoked V-wave and H-reflex responses. Journal of Applied Physiology (Bethesda, Md.: 1985), 92(6), 2309–18. doi:10.1152/japplphysiol.01185.2001

Bojsen-Møller, J., Magnusson, S. P., Rasmussen, L. R., Kjaer, M., & Aagaard, P. (2005). Muscle performance during maximal isometric and dynamic contractions is influenced by the stiffness of the tendinous structures. Journal of Applied Physiology (Bethesda, Md.: 1985), 99(3), 986–94. doi:10.1152/japplphysiol.01305.2004

Bottinelli, R. (2001). Functional heterogeneity of mammalian single muscle fibres: Do myosin isoforms tell the whole story? Pflugers Archiv European Journal of Physiology, 443, 6–17. doi:10.1007/s004240100700

Dahmane, R., Djordjevic, S., & Smerdu, V. (2006). Adaptive potential of human biceps femoris muscle demonstrated by histochemical, immunohistochemical and mechanomyographical methods. Medical & Biological Engineering & Computing, 44(11), 999–1006. doi:10.1007/s11517-006-0114-5

Dahmane, R., Valenčič, V., Knez, N., & Eržen, I. (2001). Evaluation of the ability to make non-invasive estimation of muscle contractile properties on the basis of the muscle belly response. Medical and Biological ..., 39, 51–56. Retrieved from http://link.springer.com/article/10.1007/BF02345266

Folland, J. P., & Williams, A. G. (2007). The adaptations to strength training. Morphological and Neurological contributions to increased strength, 37(2), 145–168.

Garcia-Manso, J. M., Rodriguez-Matoso, D., Sarmiento, S., de Saa, Y., Vaamonde, D., Rodríguez-ruiz, D., & Da Silva-Grigoletto, M. E. (2010). La tensiomiografía como herramienta de evaluación muscular en el deporte. Revista Andaluza de Medicina Del Deporte, 3(3), 98–102.

García-Manso, J. M., Rodríguez-Matoso, D., Sarmiento, S., de Saa, Y., Vaamonde, D., Rodríguez-Ruiz, D., & Da Silva-Grigoletto, M. E. (2012). Effect of high-load and high-volume resistance exercise on the tensiomyographic twitch response of biceps brachii. Journal of Electromyography and Kinesiology: Official Journal of the International Society of Electrophysiological Kinesiology, 22(4), 612–9. doi:10.1016/j.jelekin.2012.01.005

García-Manso, J. M., Rodríguez-Ruiz, D., Rodríguez-Matoso, D., de Saa, Y., Sarmiento, S., & Quiroga, M. (2011). Assessment of muscle fatigue after an ultra-endurance triathlon using tensiomyography (TMG). Journal of Sports Sciences, 29(6), 619–25. doi:10.1080/02640414.2010.548822

Heinemeier, K. M., & Kjaer, M. (2011). In vivo investigation of tendon responses to mechanical loading. Journal of Musculoskeletal & Neuronal Interactions, 11(2), 115–23. Retrieved from http://www.ncbi.nlm.nih.gov/pubmed/21625048

Hunter, A. M., Galloway, S. D. R., Smith, I. J., Tallent, J., Ditroilo, M., Fairweather, M. M., & Howatson, G. (2012). Assessment of eccentric exercise-induced muscle damage of the elbow flexors by tensiomyography. Journal of Electromyography and Kinesiology: Official Journal of the International Society of Electrophysiological Kinesiology, 22(3), 334–41. doi:10.1016/j.jelekin.2012.01.009

Impellizzeri, F. M., Rampinini, E., Maffiuletti, N., & Marcora, S. M. (2007). A vertical jump force test for assessing bilateral strength asymmetry in athletes. Medicine and Science in Sports and Exercise, 39, 2044–2050. doi:10.1249/mss.0b013e31814fb55c

Jordan, M. J., Aagaard, P., & Herzog, W. (2014). Lower limb asymmetry in mechanical muscle function: A comparison between ski racers with and without ACL reconstruction. Scandinavian Journal of Medicine & Science in Sports, n/a–n/a. doi:10.1111/sms.12314

Krosshaug, T., Nakamae, A., Boden, B. P., Engebretsen, L., Smith, G., Slauterbeck, J. R., … Bahr, R. (2007). Mechanisms of anterior cruciate ligament injury in basketball: video analysis of 39 cases. The American Journal of Sports Medicine, 35(3), 359–367. doi:10.1177/0363546506293899

Needle, a. R., Baumeister, J., Kaminski, T. W., Higginson, J. S., Farquhar, W. B., & Swanik, C. B. (2014). Neuromechanical coupling in the regulation of muscle tone and joint stiffness. Scandinavian Journal of Medicine & Science in Sports, n/a–n/a. doi:10.1111/sms.12181

Noyes, F. R., Barber, S., & Mangine, R. E. (1991). Abnormal lower limb symmetry determined by function hop tests after anterior cruciate ligament rupture. The American Journal of Sports Medicine, 19(5), 513–518.

Rey, E., Lago-Peñas, C., Lago-Ballesteros, J., & Casáis, L. (2012). The effect of recovery strategies on contractile properties using tensiomyography and perceived muscle soreness in professional soccer players. The Journal of Strength & Conditioning Research, 26(11), 3081–3088. Retrieved from http://journals.lww.com/nsca-jscr/Abstract/2012/11000/The_Effect_of_Recovery_Strategies_on_Contractile.24.aspx

Rodríguez-Ruiz, D., Diez-Vega, I., Rodríguez-Matoso, D., Fernandez-del-Valle, M., Sagastume, R., & Molina, J. J. (2014). Analysis of the response speed of musculature of the knee in professional male and female volleyball players. BioMed Research International, 2014, 239708. doi:10.1155/2014/239708

Tillin, N. a, Pain, M. T. G., & Folland, J. P. (2012). Short-term training for explosive strength causes neural and mechanical adaptations. Experimental Physiology, 97(5), 630–41. doi:10.1113/expphysiol.2011.063040

Bloque III

BIOMECÁNICA Y ANÁLISIS DE LA TÉCNICA

Capítulo 16

IDENTIFICACIÓN DE LAS PROPIEDADES MECÁNICAS QUE DEBE PRESENTAR UN PAVIMENTO DE CÉSPED ARTIFICIAL PARA PÁDEL DESDE EL PUNTO DE VISTA DE LA SEGURIDAD Y EL RENDIMIENTO DE LOS DEPORTISTAS

Mercedes Sanchis Almenara*, Enrique Alcántara Alcover, Rafael Mengual Ortolà, Pedro Vera Luna

Instituto de Biomecánica de Valencia.
*mercedes.sanchis@ibv.upv.es

Resumen: (250 palabras)

El pádel es un deporte relativamente nuevo que no recibe la consideración de mayoritario aunque el número de practicantes y de instalaciones destinadas a su juego experimentan un crecimiento continuo. En este contexto se constata que no se han llevado a cabo estudios que permitan conocer las propiedades que deben presentar los pavimentos destinados a su práctica, lo que ha provocado que se fabriquen e instalen superficies de césped artificial sin conocer si sus propiedades son adecuadas desde el punto de vista de la seguridad y el rendimiento de los deportistas.

Con el objetivo de contribuir a esclarecer esta cuestión, se han identificado los movimientos realizados por los deportistas durante la práctica del pádel que suponen una interacción entre el calzado y el pavimento, al igual que los diferentes golpes de pelota. Se cuantificó la frecuencia de cada movimiento y golpe, así como su importancia atendiendo a su posible repercusión en el rendimiento y la seguridad de los deportistas. Con esta información se seleccionaron los movimientos más representativos y se identificaron los ensayos normativos que mejor los simulaban, a partir de los cuales se ensayaron una serie de pistas de pádel que contaban con pavimentos de césped artificial.

A partir de los resultados de dichos ensayos y de la valoración subjetiva de los deportistas, se establecieron los valores de referencia de las propiedades identificadas como críticas para las superficies destinadas a la práctica de este deporte, que posteriormente fueron validados.

Palabras clave: Pavimento deportivo, césped artificial, pádel, seguridad y rendimiento.

Abstract (inglés): (250 palabras)

Due to padel is a not majority sport, studies to establish the properties of surfaces for this sport (mainly artificial turf) do not exist. It has caused that artificial turf used in padel courts have been built and installed without a real knowledge about the most appropriate properties to ensure safety and performance of players, taking into account the specific requirements of this sport.

With the aim of solving problems caused by the lack of specific knowledge about it, movements of players which mean an interaction between shoe and sport surface were identified. Then, their relevance was analyzed taking into account frequency and influence on safety and performance of players. Moreover, the frequency of different kind of ball shots was evaluated. After the identification of the most relevant players' movements and ball shots, regulatory framework was reviewed with the aim of identifying the most appropriate tests to evaluate artificial turf surfaces for padel. Different artificial turf padel courts were tested according to the standard detected.

From the results of these tests and from players' opinion, reference values for relevant properties of artificial turf for padel were established and validated.

Keywords: Sport surface, artificial turf, padel, safety and performance.

1. IMPORTANCIA DE LOS PAVIMENTOS DEPORTIVOS EN EL RENDIMIENTO Y LA SALUD

Existe un gran número de estudios que relacionan la interacción entre el calzado y el pavimento con el riesgo de sufrir diferentes tipos de lesiones durante la práctica deportiva. La amortiguación de impactos y el agarre son los aspectos de mayor relevancia en dicha interacción. El primero hace referencia a la capacidad tanto de los pavimentos como del calzado de reducir las fuerzas de impacto provocadas por el deportista al correr o saltar que se transmiten a través de la cadena musculo-esquelética. El efecto de estos esfuerzos sobre la salud depende del nivel de carga y de su contenido en frecuencias. Así, aunque son necesarias para mantener saludables los cartílagos, huesos y músculos (Forwood & Burr, 1993; Korver et al., 1992), niveles de impacto elevados pueden generar lesiones graves como roturas óseas (Hoeberigs, 1992; Jones, 1983; Macera, 1992) o incluso problemas de artritis (Radin et al., 1972; Radin et al., 1973).

El segundo aspecto, el agarre o tracción, es conocido en el ámbito deportivo como la respuesta de la interacción entre el pavimento y el calzado frente a una fuerza en el plano horizontal aplicada en la ejecución de gestos deportivos como cambios de sentido, cambios de dirección, paradas o inicio del desplazamiento.

Una respuesta del pavimento tanto en defecto como en exceso puede ser peligrosa para el deportista. En esta línea diferentes estudios concluyen que es necesario contar con un agarre mínimo (rozamiento) para evitar caídas y poder realizar los gestos deportivos y, al mismo tiempo, no debe ser excesivo para evitar bloqueos del pie que podrían desembocar en lesiones (Kaila, 2007; Nigg, 2013; Schrier et al., 2014; Torg et al., 1974).

En el ámbito del deporte, se distingue entre tracción rotacional y tracción lineal (Heidt et al., 1996), dependiendo del modo en el que se produzca la interacción entre el calzado y el pavimento. La tracción rotacional se corresponde con el momento torsor que se produce debido al agarre entre el calzado y el pavimento cuando el jugador gira sobre un punto de apoyo (generalmente el antepié) (Livesay et al., 2006). La tracción lineal se corresponde con la fuerza de resistencia provocada por la interacción entre el calzado y el pavimento durante una parada lateral o frontal o el inicio del movimiento en línea recta (Cawley et al., 2003).

Por otra parte, teniendo en cuente el rendimiento deportivo, debe considerarse también la interacción entre la pelota y el pavimento puesto que la capacidad de predicción del comportamiento de la pelota por parte de los jugadores permitirá tener un mayor acierto en el juego y evitar movimientos inesperados que puedan aumentar el riesgo de lesión.

A partir de lo señalado, puede afirmarse que el pavimento deportivo es un elemento clave desde el punto de vista de la seguridad y el rendimiento de los deportistas. No obstante, al ser el pádel un deporte relativamente nuevo, no existen estudios sobre las propiedades más adecuadas de los pavimentos destinados a su práctica, mayoritariamente de césped artificial (Navarro, 2013).

2. IDENTIFICACIÓN DE LAS PROPIEDADES QUE DEBE PRESENTAR UN PAVIMENTO DEPORTIVO PARA LA PRÁCTICA DEL PÁDEL

Este estudio tuvo por objetivo identificar las propiedades que debe presentar un pavimento destinado a la práctica del pádel atendiendo a la seguridad de los deportistas y a su rendimiento. A tal fin se analizó en primer lugar cómo se produce la interacción del deportista y de la pelota con la superficie, y en segundo lugar se establecieron aquellos ensayos normativos que permitían analizar dichas interacciones. Por último, se llevó a cabo un estudio de campo en el que se ensayaron diferentes pistas de pádel de hierba artificial al tiempo que se recababa la opinión sobre las mismas de un número significativo de deportistas para identificar los valores de referencia óptimos para cada una de las propiedades consideradas.

2.1. Identificación de los gestos deportivos más representativos

La siguiente tabla muestra los resultados del análisis cuantitativo de los movimientos citados realizado a partir de cuatro partidos correspondientes al campeonato "Pádel Pro Tour 2010" (Tabla 1).

Tabla 1. Resultados del análisis cuantitativo de los movimientos del pádel que implican una interacción entre el calzado y el pavimento.

Movimientos		Totales (4 partidos)	Media por partido	Porcentaje del total (%)
Saltos	split-step	424	106	**17.32**
	con remate	160	40	6.54
Desplazamientos	laterales	904	226	**36.93**
	frontales	748	187	**30.56**
	hacia atrás	76	19	3.10
Giros	pivote	136	34	5.56

Estos resultados muestran que los movimientos más frecuentes son los desplazamientos laterales (36.93%) y frontales (30.56%), seguidos de los split-steps (17.32%).

Con respecto a los golpes de pelota más frecuentes, se muestran a continuación los resultados obtenidos a partir de los cuatro partidos analizados (Tabla 2):

Tabla 2. Resultados del análisis cuantitativo de los golpes de pelota.

Golpes		Totales (4 partidos)	Media por partido	Porcentaje del total (%)
Drive/revés	Directo	112	28.00	1.84
	Indirecto	886	221.62	14.55
Bandeja	Directo	158	39.62	2.60
	Indirecto	896	224.00	14.70
Remate	Directo	1082	270.62	17.76
	Indirecto	140	35.00	2.30
Globo	Directo	66	16.38	1.07
	Indirecto	1250	312.62	**20.52**
Volea	Directo	1502	375.62	**24.66**

Se puede observar que los golpes a los que recurren los deportistas con mayor frecuencia son la volea (24.66%) y el globo indirecto (20.52%), seguidos del remate directo (17.76%), la bandeja indirecta (14.70%) y el drive directo (14.55%).

2.2. Identificación de los ensayos a realizar

Para seleccionar los ensayos a efectuar atendiendo a los resultados obtenidos del análisis cuantitativo de los movimientos de los deportistas, se analizó en primer lugar la relevancia potencial de cada uno de los gestos sobre su rendimiento y salud.

Aunque al valorar los movimientos que incluyen saltos, el split-step fue el movimiento realizado con mayor frecuencia, desde el punto de vista de la seguridad, la altura desde la que se produce el aterrizaje no supone unos niveles de impacto para el sistema musculo-esquelético mayores que los propios de la carrera. Por contra, el salto tras remate, aunque presenta una frecuencia reducida de ejecución en comparación con otros movimientos, supone niveles de impacto elevados que pueden generar lesiones graves como roturas óseas (Hoeberigs, 1992; Jones, 1983; Macera, 1992) o problemas de artritis (Radin, et al., 1972; Radin et al., 1973). Por tanto, dada la relevancia que tiene este gesto para la salud de los deportistas como consecuencia de la interacción entre el calzado y el pavimento, se concluyó que era preciso analizar la capacidad de amortiguación de impactos de la superficie de juego.

De manera complementaria, la relación de los desplazamientos con la seguridad y el rendimiento se basa principalmente en un agarre adecuado entre la superficie de juego y el calzado durante la realización del movimiento. Una tracción lineal deficiente provocará resbalones, aumentando el riesgo de lesión y disminuyendo el rendimiento, y una excesiva tracción lineal aumentará el riesgo de lesión debido a un bloqueo del pie en situaciones en las que el deportista esperaría deslizar (Kaila, 2007; B. Nigg, 2013; Pluim et al., 2006; Schrier et al., 2014; Torg et al., 1974). En estos últimos casos la lesión más frecuente es el esguince de tobillo (Pluim et al., 2006). De acuerdo a lo expuesto, considerando tanto la frecuencia de los movimientos que implican tracción lineal (desplazamientos laterales y frontales) como el riesgo que supone un inadecuado agarre lineal, se seleccionó un ensayo para evaluar esta propiedad.

En lo que respecta a los giros, las lesiones debidas a una excesiva tracción rotacional se producen principalmente en deportes como el fútbol y/o el rugby, en los que los deportistas utilizan calzado con tacos (De Clercq et al., 2014; Galbusera et al., 2013; Kaila, 2007; Schrier et al., 2014; Shorten & Himmelsbach, 2002). Por el contrario, en los deportes en que no se utiliza este tipo de calzado, los momentos torsores que se producen son bajos, siendo los ligamentos capaces de soportarlos (Torg et al., 1974). De hecho, las lesiones de rodilla más frecuentes durante la práctica del pádel son las tendinitis (Navarro, 2013) relacionadas principalmente con los bloqueos de la pierna por un agarre excesivo del pavimento durante los desplazamientos laterales. Desde el punto de vista del rendimiento, no se ha encontrado ningún estudio que relacione la tracción rotacional del calzado sin tacos con el rendimiento deportivo. Por tanto, teniendo en cuenta que los giros son uno de los movimientos realizados con menor frecuencia, se descartó la realización de un ensayo para la evaluación de esta interacción entre el jugador y el pavimento.

La siguiente figura muestra de forma gráfica la ordenación de los diferentes movimientos de los deportistas desde el punto de vista de los dos criterios considerados al seleccionar los ensayos: la frecuencia de aparición y la importancia de los mismos para el rendimiento y la salud de los deportistas (Figura 1):

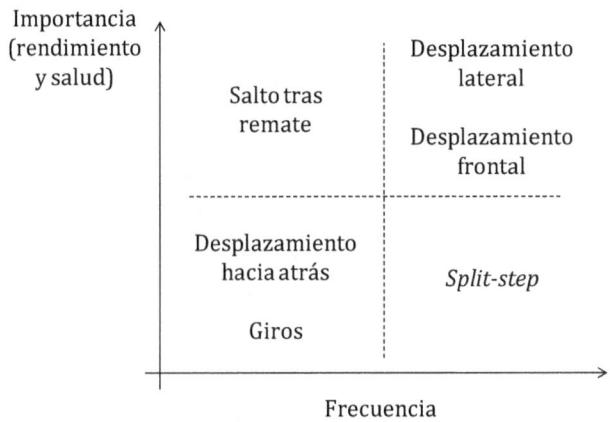

Figura 1. Representación de los diferentes movimientos en relación con su frecuencia de aparición y la importancia para el rendimiento y la salud de los deportistas.

Teniendo en cuenta la información expuesta, se seleccionaron ensayos para la evaluación de la capacidad de amortiguación de impactos y la tracción lineal del pavimento deportivo. Además, con la finalidad de desarrollar un protocolo de medida repetible, se decidió proceder a la elección de ensayos normativos de acuerdo a lo expuesto en la siguiente tabla (Tabla 3):

Tabla 3. Relación entre los movimientos de los jugadores, aspecto relacionado, variable y ensayo normativo.

Movimientos	Aspecto	Variable a evaluar	Ensayo normativo
Saltos	Amortiguación	Reducción de fuerzas	UNE-EN 14808
Desplazamientos	Agarre	Fricción	UNE-EN 13036-4

Desde el punto de vista de la interacción entre la pelota y el pavimento, el análisis cuantitativo de los golpeos de los jugadores muestra que la volea y el globo son los golpes realizados con mayor frecuencia (Tabla 2).

Atendiendo a la seguridad, distintos estudios afirman que el efecto de los diferentes golpes sobre la salud de los deportistas está relacionado con la técnica empleada durante la realización de los gestos y no con la interacción entre la pelota y el pavimento. Esta interacción se relaciona con el rendimiento, que aumentará en la medida en que los deportistas sean capaces de predecir el comportamiento de la pelota tras impactar con la superficie de juego (Bylak, 1998).

En el caso de la volea, los deportistas generan un efecto o spin sobre la pelota que provoca una interacción diferente con el pavimento. Cuando dicho golpe envía la pelota al fondo de la pista, el efecto provoca que la interacción de ésta con el pavimento sea de forma angular y con una velocidad elevada; en caso de realizar una dejada, el spin determinará que la interacción sea de forma vertical y con una velocidad reducida. En el caso del globo, la pelota interaccionará con el pavimento de forma vertical, en caída libre.

Por tanto, teniendo en cuenta que actualmente no existe ningún ensayo normativo capaz de reproducir el spin generado por los deportistas durante la ejecución de una volea o un remate, se procedió a seleccionar el ensayo que simula la interacción entre la pelota y el pavimento tras la ejecución de un globo (Tabla 4):

Tabla 4. Relación entre los golpes realizados por los jugadores, variable a evaluar y ensayo normativo.

Golpe	Variable a evaluar	Ensayo normativo
Globo	Bote vertical de pelota	UNE-EN 12235

2.3. Identificación de los valores que deben presentar las diferentes propiedades

Una vez seleccionados los ensayos a realizar, se identificaron los valores de referencia que debían presentar cada una de las propiedades del pavimento con potencial efecto sobre el rendimiento y/o la salud de los deportistas. Para ello se evaluaron, en primer lugar, las propiedades identificadas (amortiguación de impactos, agarre y bote vertical de pelota) sobre pistas con comportamientos diferentes (debido a la tipología de césped artificial instalado y a las horas de uso y exposición a los agentes meteorológicos) y, posteriormente, se analizó la percepción de los deportistas que practicaban pádel sobre cada una de las citadas pistas.

A partir de los resultados obtenidos de la evaluación mecánica de las pistas y de la valoración subjetiva de los deportistas, se identificaron los valores de referencia de cada una de las propiedades siguiendo el proceso mostrado a continuación:

- Análisis de correlación (Rho de Spearman) entre los valores medios de la percepción y la preferencia de los deportistas.
- Análisis de correlación (Pearson) entre las propiedades de los pavimentos deportivos y la percepción y preferencia de los deportistas (basada en los rangos promedios de Kruskal-Wallis).
- Tablas de contingencia entre las propiedades y la preferencia de los deportistas.

A partir de los resultados obtenidos, se definieron los rangos en que debían encontrarse cada una de las propiedades identificadas desde el punto de vista de la interacción entre el calzado y el pavimento. Dichos valores fueron validados posteriormente en una pista que presentaba valores dentro de los rangos establecidos y en otra cuyas propiedades se encontraban fuera. Dicha validación se llevó a efecto mediante una encuesta realizada a los deportistas tras la disputa de un partido.

Así mismo, para identificar el efecto del calzado sobre la percepción de los deportistas, se efectuaron ensayos sobre la pista con propiedades adecuadas para la práctica del pádel con jugadores experimentados que utilizaban zapatillas con diferentes tipo de suela (espiga, omni y mixta). En este caso se realizaron ensayos controlados en los que los deportistas ejecutaban un circuito que incluía los movimientos más representativos del pádel (Figura 2):

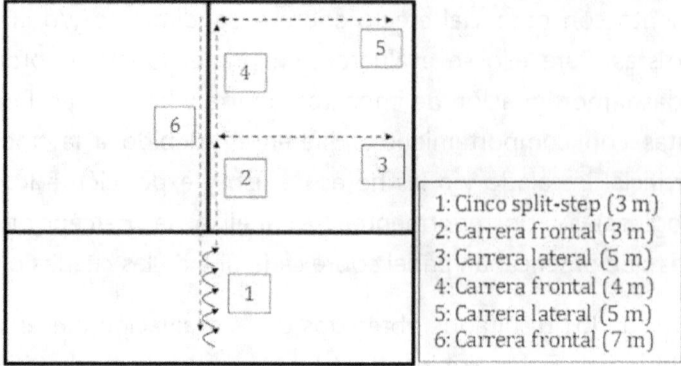

Figura 2. Circuito realizado por los deportistas durante la validación de los valores de referencia identificados.

Paralelamente, las zapatillas utilizadas fueron evaluadas en laboratorio mediante ensayos mecánicos, obteniéndose la rigidez y el coeficiente de fricción de las diferentes suelas. Los resultados mostraron que la percepción sobre las propiedades de la pista se modificaba atendiendo a las propiedades del calzado. En esta línea, los deportistas percibían la pista más dura cuando utilizaban las zapatillas con una suela más rígida e indicaban que era más resbaladiza, insegura y limitaba más su rendimiento cuando el calzado presentaba un menor coeficiente de fricción.

Con todo ello, tras las validaciones expuestas, se obtuvo que los valores de referencia que debe presentar cada una de las propiedades evaluadas son los mostrados en la siguiente tabla (Tabla 5):

Tabla 5. Valores de referencia identificados tras la validación.

	Valores de referencia
RF (%)	15 - 21
Fricción	80 - 110
H (%)	94 - 97

3. CONCLUSIONES

Este estudio ha permitido generar nuevos conocimientos sobre el pádel, un deporte relativamente nuevo. Se ha identificado que los movimientos más importantes durante su práctica son los desplazamientos laterales y frontales, dada su elevada frecuencia y su influencia sobre el rendimiento y la seguridad de los deportistas. Así mismo, se ha concluido que los split-steps y los saltos con remate son los movimientos a considerar atendiendo a la frecuencia del primero y al efecto sobre la seguridad de los jugadores del segundo desde el punto de vista de los impactos a los que se somete su sistema musculo-esquelético tras un salto. Por último, con una baja frecuencia y reducido efecto sobre la seguridad y el rendimiento, se ha identificado los giros y los desplazamientos hacia atrás.

En relación con los golpeos, tanto el globo como la volea se consideraron relevantes desde el punto de vista del rendimiento deportivo, si bien su relación con la salud depende de la técnica de los deportistas en su ejecución.

Por otro lado, se detectó una alta correlación entre la percepción de dureza de los deportistas y la reducción de fuerzas medida sobre las pistas de pádel, al igual que en el caso de la resbaladicidad y la fricción medida, y en el bote de la pelota percibido y el bote vertical medido, lo que permitió identificar valores de referencia de las diferentes propiedades del pavimento. Además, se encontró una correlación entre la percepción de fricción y la seguridad y rendimiento percibidos por los deportistas, si bien no se demostró correlación entre estos parámetros y la dureza percibida.

Como resultado que permite mejorar el desarrollo de calzado adecuado para la práctica del pádel, se demostró que los modelos de zapatilla peor valorados por los deportistas presentaban suelas con menor coeficiente de fricción estático y mayor rigidez que aquellas que identificaron como mejores para la práctica del pádel. Se evidenció, por tanto, el efecto que tienen el coeficiente de fricción estático y la rigidez de la suela del calzado sobre la percepción de los deportistas en relación con su interacción con la superficie de juego. Además, durante la realización de movimientos con el calzado con menor coeficiente de fricción y mayor rigidez, los deportistas percibían las pistas menos seguras y más limitantes de su rendimiento.

REFERENCIAS BIBLIOGRÁFICAS

Bylak, J., & Hutchinson, M. R. (1998). Common sports injuries in young tennis players. Sports medicine, 26(2), 119-132.

Cawley, P. W., Heidt, R. S., Scranton, P. E., Losse, G. M., & Howard, M. E. (2003). Physiologic axial load, frictional resistance, and the football shoe—surface interface. Foot & Ankle International, 24(7), 551–556

Forwood, M. R., & Burr, D. B. (1993). Physical activity and bone mass: exercises in futility? Bone and Mineral, 21(2), 89–112.

Hoeberigs, J. H. (1992). Factors related to the incidence of running injuries. Sports Medicine, 13(6), 408–422.

Jones, B. H. (1983). Overuse injuries of the lower extremities associated with marching, jogging, and running: a review. Military Medicine, 148(10), 783.

Kaila, R. (2007). Influence of modern studded and bladed soccer boots and sidestep cutting on knee loading during match play conditions. The American Journal of Sports Medicine, 35(9), 1528–1536

Korver, T. H., Van de Stadt, R. J., Kiljan, E., Van Kampen, G. P., & Van der Korst, J. K. (1992). Effects of loading on the synthesis of proteoglycans in different layers of anatomically intact articular cartilage in vitro. The Journal of Rheumatology, 19(6), 905–912.

Lejeune, T. M., Willems, P. A., & Heglund, N. C. (1998). Mechanics and energetics of human locomotion on sand. The Journal of Experimental Biology, 201(13), 2071–2080

Livesay, G. A., Reda, D. R., & Nauman, E. A. (2006a). Peak Torque and Rotational Stiffness Developed at the Shoe-Surface Interface The Effect of Shoe Type and Playing Surface. The American Journal of Sports Medicine, 34(3), 415–422

Macera, C. A. (1992). Lower extremity injuries in runners. Sports Medicine, 13(1), 50–57.

Navarro. (2013). Estudio epidemiológico de las lesiones en el deporte ocio. Parte II: Pádel.

Nigg, B. (2013). Injury and performance on tennis surfaces. The effect of tennis surfaces on the game of tennis.

Radin, E. L., Parker, H. G., Pugh, J. W., Steinberg, R. S., Paul, I. L., & Rose, R. M. (1973). Response of joints to impact loading—III: Relationship between trabecular microfractures and cartilage degeneration. Journal of Biomechanics, 6(1), 51–57.

Radin, E., Paul, I., & Rose, R. (1972). Role of mechanical factors in pathogenesis of primary osteoarthritis. The Lancet, 299(7749), 519–522.

Schrier, N. M., Wannop, J. W., Lewinson, R. T., Worobets, J., & Stefanyshyn, D. (2014). Shoe traction and surface compliance affect performance of soccer-related movements. Footwear Science, 6(2), 69–80.

Torg, J. S., Quedenfeld, T. C., & Landau, S. (1974). The shoe-surface interface and its relationship to football knee injuries. The American Journal of Sports Medicine, 2(5), 261–269.

Zamparo, P., Perini, R., Orizio, C., Sacher, M., & Ferretti, G. (1992). The energy cost of walking or running on sand. European Journal of Applied Physiology and Occupational Physiology, 65(2), 183–187

Capítulo 17

ANÁLISIS ESPACIO-TEMPORAL DE LOS GOLPES DE PÁDEL: SALIDA DE PARED, BANDEJA Y REMATE POR TRES

Carlos Espino Palma[1] Andreas Skiadopoulos[1,2] Konstantinos Gianikellis[1,2], y Vicente Luis del Campo[3]

[1]Laboratorio de Biomecánica del Movimiento Humano y de Ergonomía, Facultad de Ciencias del Deporte, Universidad de Extremadura, Cáceres, España.
[2]Grupo de Investigación BioErgon, Universidad de Extremadura, Cáceres, España.
[3]Laboratorio de Control Motor, Facultad de Ciencias del Deporte, Universidad de Extremadura, Cáceres, España.
*Correo electrónico: carlos.espinopalma@gmail.com

Resumen:

Los entrenadores de pádel carecen de apoyo científico para elaborar, de manera indivualizada, un programa de entrenamiento eficaz que contribuya a la mejora de la técnica de los golpes. Por consiguiente, el objetivo de este estudio es establecer las fases y sub-fases de la técnica deportiva en dichos golpes. Fueron analizados un total de 5 jugadores de élite con el software de fotogrametría-vídeo 3D (Kinescan. IBV) durante la realización de 2 ejecuciones correctas para cada uno de los golpes más representativos de este deporte (salida de pared, bandeja y remate por tres). En cuanto a la estructura temporal, se definieron las principales acciones de pasos que se realizan previas a cada una de las ejecuciones y se cuantificó la cantidad de tiempo empleado para la realización de las diferentes fases y sub-fases definidas. Además, las variables espacio-temporales permitieron conocer, entre otros aspectos, el ángulo que mantienen las diferentes articulaciones durante la ejecución del golpe, así como la relación entre estas.

Palabras clave: análisis 3D, biomecánica, técnica deportiva.

Abstract:

Padel coaches lack scientific support to individually develop an effective training program to improve the technique of padel shots. Therefore, the aim of this study was to stablish the phases and sub-phases of the sport technique in such shots. A total of 5 elite players were analyzed with the software photogrammetric-3D video (Kinescan, IBV) during the performance of two correct executions for each of the most representative padel shots (exit-wall drive, tray-smash and hook-smash). As for the temporal structure, the main sequences of steps that take place prior to each of the executions and the amount of time spent performing the different phases and sub-phases defined were determined. Moreover, the space-temporal variables allowed, among other aspects, the identification of the angle that keeps the different joints during the execution of the padel shot, well as the relationship between such joints.

Keywords: 3D analysis, biomechanics, sport technique.

1. INTRODUCCIÓN

El avance progresivo de la profesionalización del pádel, ha generado la demanda de realizar estudios biomecánicos de la técnica deportiva, al igual que ya sucede en otros deportes de raqueta (Bahamonde, 2002; Elliot & Marchar, 2002). El primer paso es el análisis de la estructura espacio-temporal de los siguientes golpes: salida de pared, bandeja y remate por tres, con el objetivo de establecer las fases y sub-fases de la técnica deportiva en dichos golpes.

2. MÉTODO

Se utilizaron 2 cámaras S-VHS a 50 Hz para registrar 2 ejecuciones correctas de 5 jugadores de élite (2 hombres, 3 mujeres). Los vídeos fueron procesados con un equipo de fotogrametría-vídeo 3D (Kinescan, IBV). El modelo mecánico estuvo definido por 25 marcadores (Fig. 1). Las coordenadas tridimensionales de los marcadores fueron calculadas usando la DLT (Abdel-Aziz & Karara, 1971). El suavizado de los datos fue realizado con GCVSPL de 5º orden de acuerdo al criterio "True predicted mean-squared error" (Woltring, 1986).

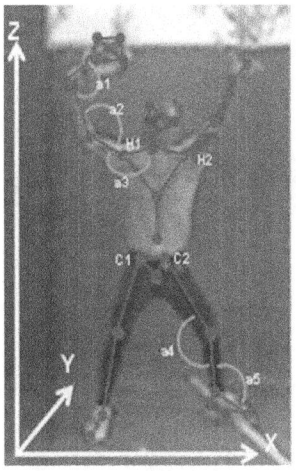

Figura 1. Modelo mecánico

3. RESULTADOS

Uno de los aspectos más trabajados por los profesionales de este deporte, tanto a nivel de iniciación como en la alta competición, es el juego de pies a la hora de conectar los distintos golpes. De tal forma, que dicha acción debe ser analizada con detenimiento y conocer así, con mayor precisión, las bases de este deporte. Para ello, debemos comenzar con el análisis de la fase de preparación de los diferentes golpes, donde se identificaron un total de 4 secuencias de pasos (Fig. 2) y la más frecuente fue "1DD+AD+DI+2AI" (Fig. 3).

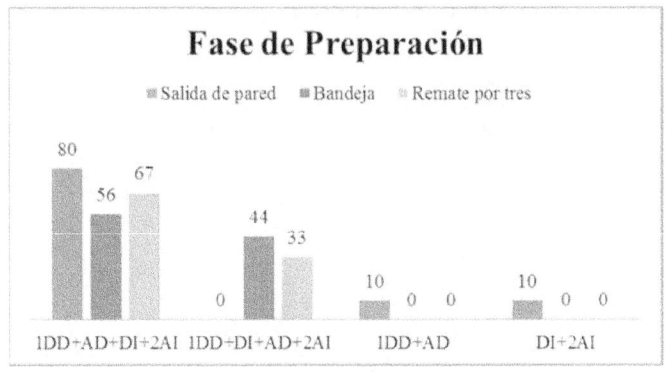

Figura 2. Secuencias de pasos

Figura 3. Secuencia "1DD+AD+DI+2AI"

Del mismo modo, dentro de esta secuencia de pasos de ajuste "1DD+AD+DI+2AI", se dio a conocer la estructura temporal y el tiempo medio empleado para cada golpe (tabla 1). Aquí, se destaca la agilidad gestual con los pies a la hora de efectuar las acciones propias del deporte.

Tabla 1. Análisis temporal de las fases y sub-fases y tiempos medios empleados (ms)

GOLPES	FASE DE PREPARACIÓN				FASE DE GOLPEO		
	A	B	C	D	E	F	H
SALIDA (tiempo)	1AI-1DD	1DD-AD	AD-DI	DI-2AI	2AI-2DD	-	2DI-IMP
	531				369		
BANDEJA (tiempo)	1AI-1DD	1DD-AD	AD-DI	DI-2AI	2AI-2DD	-	2DI-IMP
	516				264		
REMATE (tiempo)	1AI-1DD	1DD-AD	AD-DI	DI-2AI	2AI-2DD	2DD-2DI	2DI-IMP
	540				386		

1er apoyo izdo. (1AI), 1er despegue dcho. (1DD), apoyo dcho. (AD), despegue izdo. (DI), 2º apoyo izdo. (2AI), 2º despegue dcho. (2DD), 2º despegue izdo. (2DI) e impacto (IMP)

Los ángulos calculados de las principales articulaciones (Fig. 4) permiten cuantificar, entre otros aspectos, la posición exacta de cada una de las articulaciones y la relación entre cada una de ellas, como puede ser la relación entre los ejes cadera-hombros (Tabla 2). Además, fueron calculadas todas las variables espacio-temporales.

a1: pala
a2: codo
a3: hombro
a4: rodilla
a5: tobillo
a6: eje hombros-caderas XY

Tabla 2. Ángulos (°) en el instante del impacto "IMP" del sujeto 1

Articulación	Ensayos	Salida de Pared	Bandeja	Remate por Tres
Pala	1	147,3	138,9	180,9
	2	131,4	155,1	185,2
Codo Dcho.	1	164,4	156,1	162,5
	2	166,1	163,7	158,6
Hombro Dcho.	1	213,0	234,9	162,6
	2	140,4	129,9	201,8
Cadera Dcha.	1	189,2	187,1	211,9
	2	187,8	179,7	216,1
Cadera Izda.	1	129,3	122,4	121,2
	2	133,5	124,9	121,1
Eje XY Caderas-Hombros	1	32,2	15,1	38,3
	2	40,8	16,8	29,9
Rodilla Dcha.	1	151,7	149,5	169,5
	2	157,7	148,9	177,9
Rodilla Izda.	1	158,2	149,5	170,2
	2	150,0	146,4	168,2
Tobillo Dcho.	1	134,0	140,1	135,5
	2	124,9	142,1	140,2

4. DISCUSIÓN

La metodología de la biomecánica deportiva es imprescindible en el deporte de alto rendimiento por su incidencia sobre el proceso de aprendizaje motor de la técnica deportiva. Las relaciones causa-efecto que determina la estructura de los patrones motores que dan lugar al juego del pádel determinan la calidad técnica de los jugadores, que tiene como objetivo golpear la pelota con la mayor velocidad y precisión posible. Para que esto ocurra, es imprescindible que se realicen correctamente las diferentes fases y sub-fases, de modo que la secuencia de pasos resultante permita un óptimo aprovechamiento de la transferencia del peso del cuerpo al impacto con la bola y su correcta devolución. No solo en la fase de preparación del golpeo, puesto que también existe la necesidad de conocer aquello que sucede durante el contacto del sistema raqueta-sujeto con la bola y en la finalización de la acción. En cuyo punto, entran en juego una gran variedad de parámetros, los cuales aportarían una información de gran peso.

5. AGRADECIMIENTOS

El presente trabajo es parte del proyecto de investigación "Análisis biomecánico de los golpes más importantes en pádel", apoyado por un beca de la Secretaría General de Deportes del Gobierno de Extremadura.

REFERENCIAS

Abdel-Aziz, Y., & Karara, H. (1971). Direct linear transformation from comparator coordinates into object-space coordinates in close-range photogrammetry. ASP/UI Symposium on Close-Range Photogrammetry, American Society of Photogrammetry, Falls Church, VA, Estados Unidos, 1-18.

Bahamonde, R. (2002). The role of trunk rotation in tennis groundstrokes. In scientific proceedings: Apllied Programme. XXth International Symposium on Biomechanics in Sports: Tennis, Cáceres, España, 14-19.

Elliot, B. & Marchar, R. (2002). Biomechanics and the tennis backhand. In scientific proceedings: Apllied Programme. XXth International Symposium on Biomechanics in Sports: Tennis, Cáceres, España, 7-13.

Woltring, H. J. (1986). Fortran package for Generalized, Cross – Validatory spline smoothing and differentiation. Advances in Engineering Software, 8(2), 104-113.

Capítulo 18

VELOCIDAD DE LA BOLA Y PRECISIÓN EN EL SAQUE EN PÁDEL

PROTOCOLOS DE REGISTRO, ANÁLISIS Y PROSPECTIVAS

Ruperto Menayo Antúnez[1], Aaron Manzanares Serrano[1], Cristina Mª. Conesa Garre[1] y Adrián López Ortín[1,2]

[1]Facultad de Deporte. Universidad Católica de Murcia (Murcia, España).
[2]Club PádelMurcia (Murcia, España).
*Correo electrónico: rmenayo@ucam.edu; amanzanares@ucam.edu; cristinaconesagarre@icloud.com, clubpadelmurcia@gmail.com

Resumen:

La relación entre velocidad y precisión en el movimiento humano es un tópico de estudio abordado desde el área del Aprendizaje y del Control Motor. Esta disciplina científica trata de analizar el efecto de los incrementos o descensos de la velocidad del movimiento humano,-o de móviles golpeados o lanzados por el deportista- sobre la precisión lograda. En este capítulo, presentamos un protocolo de registro basado en el enfoque científico, para el análisis de las variables mencionadas en un deporte como el pádel. La finalidad de la metodología aplicada es la de ofrecer a técnicos y entrenadores una herramienta útil y eficaz para registrar datos relacionados con el saque -extrapolables a otros golpes- en condiciones dinámicas de juego, que puedan ser de utilidad para diseñar y aplicar entrenamientos que mejoren el rendimiento técnico de los jugadores.

Palabras clave: pádel, saque, velocidad, precisión, error variable, índice de dificultad

Abstract:

The relationship between velocity and accuracy of human movement is a topic of study approached from the area of Motor Control and Learning. This scientific discipline tries to analyze the effect of increases or decreases in velocity of human movement, -or mobile struck or launched by the athlete- on the accuracy achieved. In this chapter, we present a record protocol based on the scientific approach, for the analysis of the variables mentioned in a sport like padel. The goal of the methodology that we show, so that trainers and teachers have a useful and effective tool to extract data related to the serve -extrapolated to other strokes- in dynamical conditions of game, which they can be useful to design and implement training to improve the technical performance of the players.

Key words: padel, serve, speed, accuracy, variable error, index of difficulty

1. INTRODUCCIÓN

La velocidad de salida de la bola en los golpeos y la precisión a lograr por parte del jugador de pádel son dos de los principales factores que afectan el rendimiento en el juego. Los estudios pioneros de Woodworth (1899) y de Fitts (1954), acerca de ambas variables, demostraron la existencia de una relación logarítmica e inversa entre la velocidad y la precisión en movimientos de carácter cíclico. Posteriormente, Schmidt, Zelaznick y Frank (1978), extendieron esta relación a movimientos breves y rápidos, constatando una relación inversa, pero en este caso lineal, entre ambas. Un año más tarde, Newell, Hoshizaki, Carlton y Halbert (1979), estudiaron la relación en el ajuste de un movimiento a un tiempo dado. Sus resultados indicaron que, en este tipo de acciones, se aprecia una relación directa entre ambos factores, de manera que un descenso en la velocidad de ejecución provocaría pérdidas en la precisión.

Los estudios mencionados con anterioridad han supuesto el soporte y la base de sustentación de investigaciones posteriores. En trabajos más recientes, el estudio de ambas variables ha recibido una atención relevante en numerosos deportes (e.g., Bayios, Anastasopoulou, Sioudris y Boudolos, 2001; García, Moreno, Reina y Menayo, 2011; Gorostiaga, Granados, Ibáñez e Izquierdo, 2005; Matsuo, Escamilla, Fleisig, Barrentine y Andrews, 2001; Menayo, Fuentes, Moreno, Clemente y García, 2008). Sin embargo, en pádel aún no se han llevado a cabo investigaciones que aborden dicha relación y sus efectos sobre el rendimiento en el juego. Respecto a los resultados encontrados hasta el momento, se observan diversas cuestiones que afectan a la velocidad y a la precisión en tareas de golpeo o lanzamiento de móviles, dando lugar a relaciones directas y/o inversas que se aproximan o alejan de los primeros estudios. La distancia hasta la zona de envío y sus dimensiones (Menayo et al., 2008), el tipo de instrucción dada al jugador (Van der Tillar y Ettema, 2006), su nivel de experiencia (García et al; 2011), el tipo de entrenamiento (Zapartidis, Gouvali, Bayios y Boudolos, 2007) o incluso la presencia o no de adversario, pueden ser elementos que decanten el golpeo hacia la búsqueda de un equilibrio entre ambos factores y la consecución del éxito en la acción. Para el jugador, es imprescindible conocer con qué potencia puede golpear la bola sin que se produzca una pérdida excesiva de precisión, de modo que sus golpes logren la máxima efectividad posible. Para poder proporcionar esa información a los deportistas, es necesaria la investigación y la aplicación del método científico. El desarrollo de protocolos que faciliten la obtención de datos acerca de lo que sucede en la pista es crucial para la planificación de los entrenamientos, para el aporte de feedback y para la toma de decisiones respecto a cómo golpear la pelota y qué riesgos puede asumir el deportista. Así, en base a este tópico de estudio, el objetivo de este trabajo ha sido diseñar y aplicar un protocolo de medida para el registro y análisis de la relación entre la velocidad y la precisión en el saque en pádel en condiciones dinámicas de juego.

2. MÉTODO

Para el desarrollo del protocolo y la valoración de las posibilidades de aplicación futuras, se llevó a cabo un estudio piloto con un jugador de pádel de nivel avanzado. Se registró la velocidad del saque y la precisión de los envíos. Como variable independiente se estableció el índice de dificultad de la tarea (ID = $\log_2 2$ x tamaño de dianas / distancia del sacador a la diana), realizando saques hacia la "T" y hacia el cristal sobre dianas con forma de cuadrado y dimensiones de 25 x 25 cm, de 35 x 35 cm y de 45 x 45 cm (Figura 1). Como variables dependientes se registraron la i) velocidad de la bola, mediante un radar para móviles (Stalker Pro®) y una hoja de registro y ii) la precisión respecto a las zonas de envío. Para esto último, se filmó a una frecuencia de 100 hertzios el bote de la bola en la pista mediante una videocámara (GoPro®) ubicada en posición cenital, junto con un sistema de referencia ubicado en la superficie de la pista y formado por cuatro puntos de dimensiones conocidas (Figura 1). A partir del vídeo generado y previa eliminación del efecto "fish-eye" con el software GoPro Studio®, se digitalizó dicho bote y el sistema de referencia mediante el software de edición y captura Kinovea® v.8.23, eliminando el error de perspectiva y obteniéndose un error en la digitalización menor de 1 cm. Posteriormente, se exportaron los datos digitalizados a una hoja de cálculo de Microsoft Excel®, en la cual se calculó la precisión con respecto a las dianas a través del error radial ($ER = \sqrt{(x - x')^2 + (y - y')^2}$). En cuanto a la posibilidad de que la medida pudiera verse alterada por algunos factores inherentes a la toma de datos, se trató de garantizar el control experimental a partir de la consideración de las siguientes variables:

- Edad y experiencia previa: aunque en nuestro caso, no sería un aspecto determinante al tomar datos con un solo jugador, debería ser considerada en tomas de datos con una mayor muestra de jugadores.
- Posición del sacador: el pie adelantado se situaba siempre sobre una marca ubicada sobre la línea del cuadro de saque, a 10 cm de distancia de la "T".
- Características antropométricas: peso, estatura y envergadura.
- Ecología del proceso de medida: presencia de restador que devuelve los saques y obligación del sacador de subir a la red para realizar una volea sobre dicha devolución.

El jugador, previo conocimiento del objetivo del estudio y tras la firma del correspondiente consentimiento informado, realizó un calentamiento general de 10 minutos de duración, seguido de uno específico de 5 minutos. Posteriormente, ejecutó 5 saques de prueba, para familiarizarse con la situación de medida. Seguidamente, dio comienzo la toma de datos, realizando 3 series de 10 saques aleatorizados hacia las 3 dianas, con la instrucción de golpear con primer saque, tratando de lograr la máxima precisión. Tras el saque, siempre debía subir a la red para golpear la bola devuelta por un oponente situado al resto, con el fin de aproximar la situación a las condiciones reales del juego (Figura 1). En ningún momento se proporcionó al sacador información acerca de la velocidad de la bola ni sobre la precisión lograda.

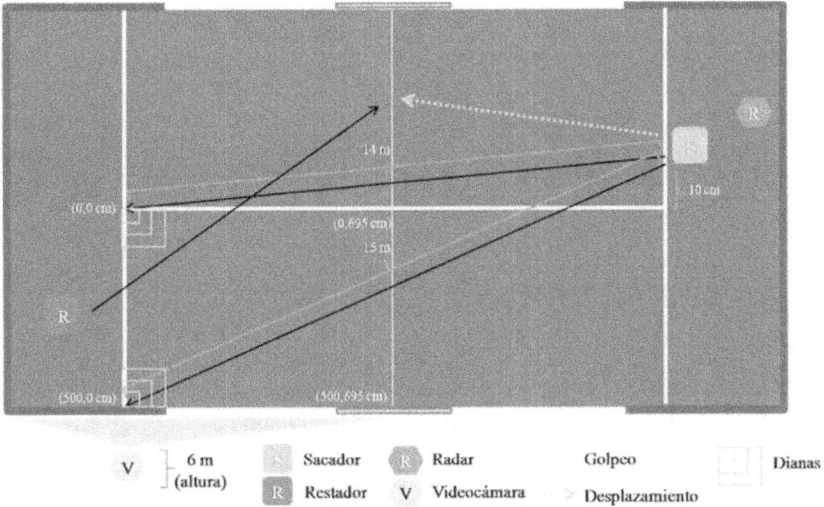

Figura 1. Situación experimental para el registro de datos en la pista de pádel.

3. RESULTADOS

En la Figura 2 (A-B) se aprecia una posible relación inversa entre el índice de dificultad del saque y la velocidad, sobre las dianas de 25 y 35 cm, diferenciadas en saques dirigidos hacia la "T" y hacia el cristal. Cuando la dificultad se va incrementando, se va reduciendo la velocidad de la bola.

La Figura 3 (C-D) muestra una posible relación directa entre el índice de dificultad del saque y la precisión del sacador, sobre las dianas de 25 cm, 35 cm y 45 cm, en los saques enviados hacia la "T" y hacia el cristal. Cuando la dificultad se va incrementando, va aumentando también la precisión.

La Figura 4 (E-F) muestra una posible relación directa entre la velocidad de la bola y la precisión lograda, tanto en los saques hacia la "T" como hacia el cristal. A medida que se va incrementando la velocidad de los saques en función del tamaño de las dianas, se va incrementando también la precisión lograda. Cuando la velocidad de la bola se va incrementando, dicho incremento también se observa en la precisión lograda.

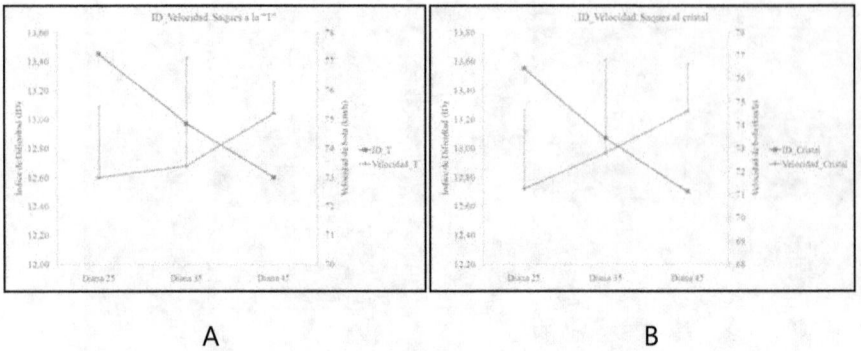

Figura 2. Representación de la velocidad de la bola respecto al índice de dificultad de la tarea. Las barras muestran la desviación típica.

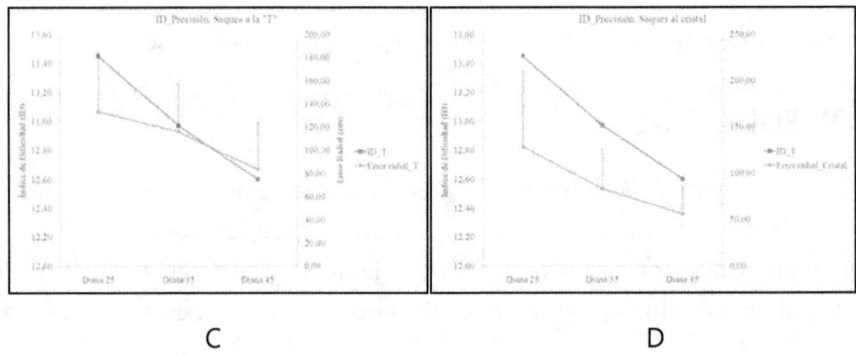

Figura 3. Representación de la precisión –error radial– respecto al índice de dificultad de la tarea. Las barras muestran la desviación típica.

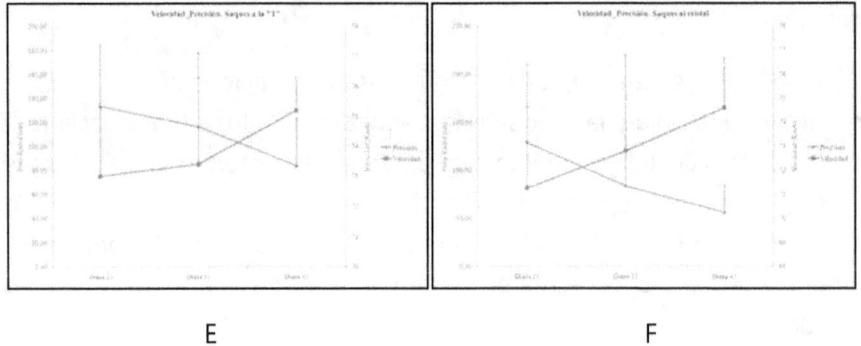

Figura 4. Representación de la precisión –error radial– y de la velocidad de la bola. Las barras muestran la desviación típica.

4. DISCUSIÓN Y CONCLUSIONES

El protocolo diseñado permite la investigación de la relación entre la velocidad y la precisión en el saque en pádel. Los dispositivos empleados para el registro de las variables de investigación son adecuados, facilitando la toma de datos sin interferir en la ejecución de los golpes ni en los desplazamientos del deportista. Del mismo modo, el software empleado para la captura y la digitalización del sistema de referencia y del bote de la bola en la superficie de la pista se muestran fiables, observándose un error despreciable (menor de 1 cm) para el análisis de los resultados. Esta fiabilidad también queda garantizada con el empleo del radar para el registro de la velocidad de la bola, ya que se trata de un dispositivo validado en anteriores investigaciones (Campo, de Benito, y Velasco, 2009; Veladés y Palao, 2012). Respecto a las perspectivas de los resultados, valorados con la cautela de saber que se extraen de un sólo jugador, el análisis preliminar determina una posible relación inversa entre la dificultad de la tarea y la velocidad de los saques. Parece ser que, cuando el jugador percibe una diana de menor tamaño, golpea la bola con menos potencia. Esto va en la línea de los hallazgos de Texeira (1999) o Juárez y Navarro (2006), al constatar que la intención de precisión generada por una tarea más compleja puede producir descensos en la velocidad del movimiento. Por el contrario, se observan relaciones directas entre la dificultad derivada del tamaño de las dianas y la precisión, así como entre ésta última y la velocidad de la bola. Este resultado difiere de las conclusiones de Menayo et al., (2008) en un trabajo realizado con tenistas, quizás condicionado éste último por una muestra de jugadores de poco nivel. Sin embargo, los resultados se aproximan a las conclusiones de Van den Tillaar y Ettema (2006), Bayios et al., (2001) o Gorostiaga et al., (2005), que tampoco encontraron pérdidas de precisión en tareas de lanzamiento cuando se producían aumentos de la velocidad del móvil. Incluso, Schmidt y Lee (2005), concluyeron tras el análisis de una tarea de bateo en béisbol, que una mayor velocidad de ejecución beneficiaba al golpeo de la bola, conclusión que se confirma en nuestro estudio.

Como conclusión, destacar la necesidad de continuar con el desarrollo de investigaciones que aborden el análisis de la velocidad de la bola y de la precisión alcanzada en los golpes de pádel como variables determinantes del rendimiento de los jugadores. A partir de las garantías que procura la metodología presentada en este capítulo, ofrecemos las herramientas para su puesta en práctica, tratando en todo momento de apoyar a los entrenamientos en pádel desde un área científica como es el Aprendizaje y el Control Motor. Finalmente, animamos a entrenadores, docentes y jugadores a aplicar dicha metodología para enriquecer el proceso de entrenamiento del jugador de pádel.

REFERENCIAS

Bayios, I.A., Anastasopoulou, E.M., Sioudris, D.S. y Boudolos, K.D. (2001). Relationship between isokinetic strength of the internaland external shoulder rotators and ball velocity in team handball.The Journal of Sports Medicine and Physical Fitness, 41(2), 229-235.

Campo, S.S., de Benito, A. y Velasco, J.M.I. (2009). Validación de un protocolo para la medición de la velocidad de golpeo en fútbol. Apunts: Educación física y deportes, (96), 42-46.

Fitts, P.M. (1954). The information capacity of the human motor system in controlling the amplitude of movement. Journal of Experimental Psychology, 47, 381-391.

García, J.A., Moreno, F.J., Reina, R. y Menayo, R. (2001). La velocidad y la precisión en el lanzamiento en jóvenes jugadores de balonmano en función de la concentración de la práctica. Retos, Nuevas Tendencias en Educación Física y Deportes, 19, 43-46.

Gorostiaga, E.M., Granados, C., Ibáñez, J. y Izquierdo, M. (2005). Differences in physical fitness and throwing velocity amongelite and amateur male handball players. International Journal of Sports Medicine, 26, 225-232.

Juárez, D. y Navarro, F. (2006).Análisis de la velocidad del balón en el tiro enfutbolistas en función de la intención de precisión. European Journal of Human Movement, 16, 39-49.

Matsuo, T., Escamilla, R.F., Fleisig, G.S., Barrentine, S.W. y Andrews, J.R. (2001).Comparison of kinematics and temporal parameters between different pitch velocity groups. Journal of Applied Biomechanics, 17, 1-13.

Menayo, R., Fuentes, J.P., Moreno, F.J., Clemente, R. y García-Calvo, T. (2008). Relación entre la velocidad de la pelota y la precisión enel servicio plano en tenis en jugadores de perfeccionamiento. European Journal of Human Movement, 21, 17-30.

Newell, K.M., Hoshizaki, L.E.F., Carlton, M.J. y Halbert, J.A. (1979). Movement time and velocity as determinants of movement timing accuracy. Journal of Motor Behavior, 29, 366-382.

Schmidt, R.A. y Lee, T.D. (2005). Motor Control and Learning. United States: Human Kinetics.

Schmidt, R.A., Zelaznik, H. y Frank, J.S. (1978). Sources of inaccuracy in rapid movement. En G.E. Stelchmach (Ed.), Information processing in motor control and learning. New York: Academic Press.

Texeira, L.A. (1999). Kinematics of kicking as a function of different sources of constraint on accuracy. Perceptual and Motor Skills, 88, 785-789.

Van der Tillaar, R. y Ettema, G. (2006).A comparison between novices andexperts of the velocity-accuracy trade-off in overarm throwing. Perceptual and Motor Skills, 103, 503-14.

Veladés, D. y Palao Andrés, J.M. (2012). Validez y fiabilidad del radar para el control de la velocidad del remate en voleibol. CCD. Cultura, Ciencia y Deporte, 2(6), 131-138.

Woodworth, R. S. (1899). Accuracy of voluntary movement. The Psychological Review: Monograph Supplements, 3(3), i.

Zapartidis, I., Gouvali, M., Bayios, I. y Boudolos, K. (2007).Throwing effectiveness and rotational strength of the shoulder in team handball. The Journal of Sports Medicine and Physical Fitness, 47(2), 169-178.

Capítulo 19

EFECTO DE LA FATIGA SOBRE EL TIEMPO DE REACCIÓN EN OJO DOMINANTE Y NO DOMINANTE EN PÁDEL -ESTUDIO PILOTO-

[1] **Alejandro de la O Puerta***, [2] **Sara Suárez Manzano** y [1] **Ángel Gutiérrez Sainz**
Grupo EFFECTS-262, Departamento de Fisiología, Facultad de Medicina, Universidad de Granada, Spain [1]; Facultad de Ciencias del Deporte. Universidad de Granada, Spain [2]
*Correo electrónico: alexdelao1991@gmail.com

Resumen:

El principal objetivo de este estudio fue analizar el efecto de la fatiga muscular post-esfuerzo sobre el tiempo de reacción simple (TRS) ante un estímulo visual, en ojo dominante y no dominante, en pádel. Un total de 10 jugadores de pádel con un mínimo de un año de experiencia en esta modalidad deportiva, fueron asignados de manera aleatoria en dos grupos, ambos experimentales. Los resultados mostraron que no se encuentran diferencias significativas en el TRS, entre el pre y post test tanto en ojo dominante como en no dominante, tras la aplicación de un esfuerzo físico (75-85% Tasa de Reserva Cardiaca (TRC)).

Palabras Clave: Fatiga muscular. Tiempo de reacción simple. Estímulo visual. Ojo dominante. Ojo no dominante. Pádel.

Abstract:

The main goal of this research was to analise the effect post-effort muscular fatigue causes, in simple reaction time (TRS), to a visual stimulus, both dominant or non-dominant eye, in paddle tennis. A total of mínimum one-year-experienced 10 paddle tennis players were randomly divided in two groups, both experimentals. Results proved that there were not any meaningful differences as for TRS between pre and post test, dominant or non-dominant eye, after applying a physical effort (75-85% Heart Rate Reserve)

Keywords: Muscular fatigue. Simple reaction time. Visual stimulus. Dominant eye. Non-dominant eye. Paddle.

1. INTRODUCCIÓN

El pádel es una popular actividad deportiva clasificada dentro de los deportes de raqueta y pala que ha experimentado en la última década una acogida rápida y progresiva entre la población de distinta edad, género o condición física (de la Fuente, 2014), constituyendo un deporte relativamente joven en el ámbito del alto rendimiento deportivo, teniendo una importancia creciente en los últimos años (Ruiz y Lorenzo, 2008).

Al igual que ocurre en otros deportes de alto rendimiento, el deporte del pádel presenta una serie de exigencias específicas de diferente índole, pudiendo destacar aquellas que son de carácter técnico (Castellote, 2005), táctico (Castellote, 2005), físico o fisiológico (Castellote, 2005; Amieba, 2013; de la Fuente, 2014;) y psicológicas (Castellote, 2005; Ruiz, 2008).

Centrándonos en estas exigencias desde la perspectiva psicológica, física, y de comportamiento motor, podemos observar como durante la competición de diversos deportes, el factor tiempo es un elemento determinante de la eficacia y del éxito (Moreno, 2003), de manera que al realizar un gesto especifico en un tiempo limitado, puede ser clave en la consecución de un objetivo deportivo, en el caso del pádel, la obtención de un punto ganador.

En este sentido, autores como Pérez (2011) establecen la importancia del tiempo de reacción (TR) durante el entrenamiento y rendimiento deportivo, así como la influencia de estímulos visuales sobre él. Diversos son los estudios que se han llevado a cabo sobre el TR, refiriéndose de una forma u otra en algunos de ellos, al tiempo que transcurre entre la aparición de un estímulo y la manifestación de una respuesta (Draper, 2010; Pérez, 2011).

Son varios los factores que influyen en el TR, pudiéndose distinguir entre aquellos relacionados con factores que dependen del sujeto y los relacionados con el propio estímulo (Pérez, 2011). Centrándonos en aquellos que dependen del sujeto, diversos estudios han puesto de manifiesto el efecto del ejercicio y la fatiga sobre el TR, empleándose para ello diferentes intensidades de esfuerzo. No obstante hay ciertas discrepancias entre los resultados obtenidos (Soetens, 1992; McMorris ; 1994; Setyawati, 1995; Brisswalter,1997; Draper, 2010).

Por otra parte, en relación a la consecución de un rendimiento deportivo óptimo, cada vez se hace más evidente la importancia de la lateralidad como un factor fundamental en algunos deportes (Bejarano, 2014), tales como pueden ser los de raqueta.

De esta forma, según estudios realizados por este mismo autor, la predominancia lateral de un ojo sobre el otro, denominado comúnmente como ojo director, y el hecho de que esta lateralidad ocular coincida o no con el pie o mano dominante, en el caso del pádel, dará lugar a deportistas de diferentes características. Esto tendría una gran importancia en la práctica deportiva desde un punto de vista técnico, dadas las ventajas que pueden suponer en competición.

Considerando todo lo anterior, el objetivo principal de este estudio es el de analizar el efecto de la fatiga muscular post-esfuerzo sobre el TRS ante un estímulo visual, en ojo dominante o no dominante, en una muestra de jugadores de pádel.

2. MÉTODO

La metodología empleada en este estudio fue de tipo experimental con pre-test y post-test de la muestra analizada, comparándose los resultados obtenidos de TRS ante un estímulo visual, en función del ojo empleado durante la prueba, dominante o no dominante, tras ser sometidos a un esfuerzo cuya intensidad estaba comprendida entre el 75-85% de su TRC.

2.1. Participantes

En el estudio participaron un total de 10 jugadores de pádel amateur, con una edad media de 27,0 ± 9,8 años, 77,1 ± 11,9 kg de masa corporal, 176,5 ± 5,1 cm de altura y 23,7 ± 6,7 % de grasa corporal, los cuales se dividieron de manera aleatorizada en dos grupos: GE1 (n=5) y GE2 (n=5). La muestra se obtuvo mediante la difusión del proyecto, pudiendo participar en él todos aquellos jugadores que llevasen un mínimo de un año de experiencia en esta modalidad deportiva. Todos los participantes fueron informados previamente sobre estudio, dando su consentimiento firmado para la realización de las pruebas.

2.2. Instrumentos

Se utilizó una hoja de registro, diseñada con la finalidad de recoger los datos de cada participante: edad, peso, estatura, mano dominante, ojo dominante, frecuencias cardiacas, tiempo que lleva practicando la modalidad deportiva de pádel, si toma alguna medicación o si ha consumido alguna bebida energética u otro tipo de sustancia que pudiera alterar las mediciones del TR.

Para evaluar el ojo dominante o director, se ha empleado la prueba del Sighting (Zazzo, 1960).

También se empleó un tapiz rodante para someter a los participantes a un esfuerzo cuya intensidad estuviese comprendida entre sus valores de frecuencia cardiaca de entrenamiento (75-85% TRC).

Se utilizó un pulsómetro Polar para monitorizar los valores de frecuencia cardiaca durante la prueba de esfuerzo.

Para la evaluación del TRS, variable dependiente de este estudio, se utilizó el Vienna Test System, una herramienta de diagnóstico psicológico y motriz. En esta investigación se utilizó el test RT (Reaction Test, S9).

El test RT (S9) está diseñado para medir la capacidad de reacción simple ante un estímulo visual. Esta prueba requiere que el participante pulse un botón especifico lo más rápido posible mediante la consola de ingreso de respuesta del Vienna Test System, en el momento en el que aparezca un estímulo visual de color amarillo en la pantalla.

Para la realización de este test, se emplearon parches oculares para focalizar la visión del estímulo a un solo ojo, el que deseamos medir.

2.3. Procedimiento

En el estudio, cada participante realizó todo el proceso de medición en dos sesiones, una para cada ojo, dominante o no dominante. En el GE1 se evaluó en la primera sesión el TRS en el ojo dominante, mientras que al GE2 se evaluó en primer lugar el TRS en el ojo no dominante.

Previamente a la realización del experimento, los participantes recibieron información sobre el estudio, dando su consentimiento firmado para la realización de las pruebas. Posteriormente se aplicó la prueba de Sighting para determinar su ojo director o dominante.

Una vez conocido el ojo dominante o director, se realizó el pre-test del TRS, en el que cada participante recibió instrucciones acerca del protocolo a realizar, con un ensayo de familiarización, para cerciorarnos de que todo el proceso había sido comprendido. Todas las instrucciones recibidas, volverían a aparecer por escrito en la pantalla del ordenador durante la realización de la prueba. Posteriormente rellenaron la hoja de registro.

A continuación se les sometió a un esfuerzo de 20 minutos en tapiz rodante con un calentamiento previo de 5 minutos a una velocidad de 6 km/h, manteniendo durante la prueba una frecuencia cardiaca del 75-85% TRC. y estando monitorizados en todo momento por un pulsómetro.

Finalmente, tras someter a los sujetos a estos niveles de fatiga, se procedió nuevamente a la toma de datos del TR del ojo analizado, que se realizó en un contexto tranquilo, aislado de cualquier estímulo exterior que pudiese provocar alteraciones o pérdidas de atención en los participantes. El experimentador se colocó en otra sala, fuera de la vista del participante, cuidando en todo momento que no se produjese ningún ruido o distracción externa que pudiese alterar los resultados.

Para la realización del test, se debía adoptar una posición sentada y cómoda en una silla frente a la pantalla del ordenador del Vienna Test System a una distancia próxima de la consola de ingreso de respuesta. Una vez adoptada esta posición, el participante pasaría a la realización del test del ojo a analizar, consistente en una secuencia de 28 estímulos visuales de color amarillo, con un tiempo de aparición variable entre cada estímulo, fijado por el propio test. La respuesta motora ante la presentación del estímulo, consistió en presionar la tecla "negra" de la consola de ingreso de respuesta del Vienna Test System con el dedo índice de la mano dominante, el cual se colocaba previamente sobre dicha tecla para evitar variaciones de recorrido hacia la consola. El estímulo visual presentado consistió en un círculo amarillo, de manera que este permanecía de color negro hasta la aparición del estímulo amarillo, momento en el que el participante debía responder a dicho estímulo lo más rápidamente posible.

3. RESULTADOS

En la muestra estudiada (n=10) el TRS en el ojo dominante dio como resultado en el pre-test una media de 0,221 ± 0,27 s, mientras que en el post-test la media fue de 0,213 ± 0,29 s (fig. 1a), no mostrando la prueba T diferencias significativas (p>0,05). En cuanto al ojo no dominante, la media fue de 0,225 ± 0,27 s en el pre-test, mientras que los datos arrojados en el post-test fueron de 0,219 ± 0,31 s (fig. 2b), no hallándose diferencias significativas entre ambas medias.

Comparando estos resultados entre ojo dominante y no dominante, tampoco se obtienen resultados significativos (p>0,05).

(a) (b)

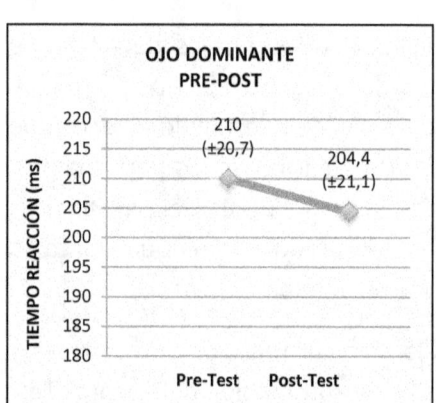
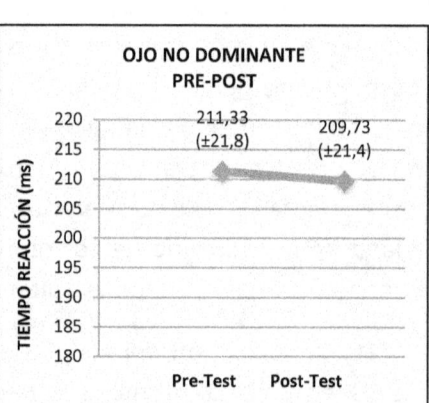

Figura 1. Efecto de la fatiga sobre el tiempo de reacción: (a) Ojo dominante, (b) Ojo no dominante.

4. DISCUSIÓN

En este estudio, el análisis estadístico no muestra diferencias significativas entre el pre-test y post-test, tanto en el ojo dominante como en el no dominante, tras la aplicación de un esfuerzo físico con una intensidad comprendida entre el 75-85% de su TRC.

No obstante, se puede observar que en ambos ojos, los TR son menores tras la aplicación de dicho esfuerzo, produciéndose una mayor mejora del TR en el ojo dominante con respecto al no dominante.

Este estudio piloto presenta una primera aproximación a la influencia de una fatiga muscular post-esfuerzo sobre el TR en ojo dominante y no dominante, por lo que aumentando el tamaño de la muestra, principal limitación de este estudio, se podrían establecer resultados más concluyentes. También sería interesante como complemento a este estudio, la comparación entre jugadores y no jugadores de pádel, así como con jugadores de otros deportes y/o modalidades de deportes de raqueta y pala, analizándose como puede influir la practica o no practica de este deporte en el TR.

REFERENCIAS

Amieba, C., & Martín, J. J. S. (2013). Aspectos generales de la competición del pádel y sus demandas fisiológicas. AGON, 3(2), 60-67.

Bache, M. A. B., & Orellana, J. N. (2014). Lateralidad y rendimiento deportivo. Archivos de medicina del deporte: revista de la Federación Española de Medicina del Deporte y de la Confederación Iberoamericana de Medicina del Deporte, (161), 200-204.

Brisswalter, J., Arcelin, R., Audiffren, M., & Delignieres, D. (1997). Influence of physical exercise on simple reaction time: effect of physical fitness. Perceptual and motor skills, 85(3), 1019-1027.

Castellote, M. (2005). Pádel un gran deporte. Madrid: Bullpádel.

de la Fuente, F. P., Zagalaz, J. C., Benedí, D. O., Hijós, A. Q., Castellar, S. I. A., & Otín, C. C. (2014). Análisis antropométrico, fisiológico y temporal en jugadoras de pádel de elite. Retos: nuevas tendencias en educación física, deporte y recreación, (25), 107-112.

Dorochenko, P. (2010). Interés de las lateralidades en el deporte.

Draper, S., McMorris, T., & Parker, J. K. (2010). Effect of acute exercise of differing intensities on simple and choice reaction and movement times. Psychology of Sport and Exercise, 11(6), 536-541.

McMorris, T., & Keen, P. (1994). Effect of exercise on simple reaction times of recreational athletes. Perceptual and motor skills, 78(1), 123-130.

Pérez Tejero, J., Soto Rey, J., & Rojo González, J. J. (2011). Estudio del tiempo de reacción ante estímulos sonoros y visuales. Motricidad: European Journal of Human Movement, 2011(27), 149-162.

Ruiz, B. & Lorenzo, O. (2008). Características psicológicas en los jugadores de pádel de alto rendimiento. Revista Iberoamericana de Psicología del Ejercicio y del Deporte, 3(2), 183-200.

Setyawati, L. (1995). Relation between feelings of fatigue, reaction time and work productivity. Journal of human ergology, 24(1), 129-135.

Soetens, E., Hueting, J., & Wauters, F. (1992). Traces of fatigue in an attention task. Bulletin of the Psychonomic Society, 30(2), 97-100.

Bloque IV

PSICOLOGÍA

Capítulo 20

LA COMUNICACIÓN ENTRENADOR- JUGADOR EN UN PARTIDO DE PÁDEL

Óscar Lorenzo García*
Federación Española de Pádel;
*Correo electrónico: oscarlorenzo1@yahoo.es

Resumen:

En un partido de pádel hay lugar para el juego, para el descanso entre puntos y también para el Coaching que es el tiempo, cada dos juegos, de que dispone cada entrenador/a para hablar con sus jugadores/as y tratar de asesorar y realizar los ajustes necesarios para que el rendimiento de la pareja sea el mejor posible. Este capítulo trata de desgranar precisamente ese espacio de tiempo de un partido de pádel en el que los técnicos tienen la oportunidad de comunicarse, de manera directa, con sus jugadores/as. El hecho de que el reglamento de este deporte permita esta circunstancia abre un campo muy interesante desde el punto de vista psicológico y se nos plantean muchas preguntas que vamos a tratar de dar respuesta: ¿Debe el entrenador/a asumir todo el protagonismo en este tiempo de descanso entre juegos? ¿Es mejor dar un mensaje táctico o emocional? ¿Qué hacer cuando la tensión entre los jugadores es excesiva y se produce una situación de conflicto en el banco? ¿Debe existir un lenguaje de signos entre entrenador y jugadores cuando estos están en la pista? Las respuestas a todas estas preguntas son subjetivas, es decir, carecen de validez científica absoluta ya que estamos hablando de conductas humanas asociadas a perfiles psicológicos y esto significa que lo que puede venir bien a un jugador/a puede no convencer tanto a otro, es por ello que nos vamos a basar en un principio de generalidad basado en las experiencias y opiniones de jugadores, entrenadores y de mi propia investigación de campo. Por otra parte daremos las claves para una buena comunicación así como resaltar el papel tan importante que tiene la memoria a la hora de diseñar un plan táctico de juego, aspecto que resulta punta de lanza en el proceso comunicativo que se da entre los jugadores/as y entrenador/a en cualquier momento del partido y fundamentalmente en esos 90 segundos que transcurren cada dos juegos.

Palabras clave: Comunicación, lenguaje corporal, palabras justas, táctica, concentración, memoria.

1. LAS CLAVES PARA UNA BUENA COMUNICACIÓN

"El que sabe pensar pero no sabe expresar lo que piensa está en el mismo nivel que el que no sabe pensar" Con esta reflexión de Pericles abro mi ponencia en este congreso que trata, fundamentalmente, de explicar la importancia que tiene el coaching que ejerce el entrenador en un partido de pádel.

En primer lugar es importante tener en cuenta unas claves para que la comunicación sea adecuada:

Modular el mensaje. Dependiendo de a quien vaya dirigido y sobre todo dependiendo del momento en que estemos en el partido, es decir, no es lo mismo que una pareja se siente en el banco con un marcador muy favorable, que yendo muy por debajo, que estando muy igualados en un set definitivo. Si nuestros jugadores/as están arriba en el marcador y desarrollando un buen padel el discurso debería basarse en el refuerzo, en tratar de no desviarse del plan de juego desarrollado hasta ahora y en mantener la tensión y activación adecuada para seguir mandando en el marcador.

Si nuestros jugadores están en una situación de marcador muy desfavorable sería aconsejable apelar al orgullo, emitiendo un mensaje mas emocional, he presenciado en varias ocasiones como una pareja que tenía el partido perdido han sabido reaccionar gracias a un mensaje que les ha calado desde un punto de vista emocional, un mensaje cargado de energía y fortaleza mental y no exento de cierta ironía que pueda "picar" a los jugadores/as para hacerles sacar ese plus de energía y orgullo tan necesario a veces para remontar una situación adversa.

Por último, cuando está el partido muy igualado es cuando mas interesa salirse del marco emocional y centrarse en un discurso mas táctico, reforzando lo que está funcionando hasta ese momento y, de esa manera, potenciar el plan de juego que se quiere seguir. Conseguiremos así que la mente de los jugadores/as funcione de una manera mas práctica huyendo del dramatismo de una posible derrota o la euforia en una hipotética victoria.

Entonces ¿Frialdad o emocionabilidad en los mensajes? Depende, quizá lo conveniente es modular el mensaje dependiendo de la situación, del momento, del marcador.

Posición. Agachado, frente a ellos/as, para que la mirada esté a su altura. Si estamos sentados con ellos en el banco no establecemos una posición de liderazgo y esto es necesario para que el protagonismo y el rol del entrenador/a se defina. Si queremos que el mensaje que les demos ocupe un lugar privilegiado en la mente de cada uno de los jugadores/ debemos adoptar una postura diferente a las suyas, es decir, ellos/as sentados y el entrenador/a agachado frente a ellos/as.

Mirar a los ojos. Para terminar de entender el punto anterior hay que leer este. ¿Por qué es importante que el entrenador/a esté en una posición de agachado frente a los jugadores7as? Porque de esta manera estaremos a su misma altura y con la altura de la vista en línea con ellos/as y les podremos mirar a los ojos con mayor facilidad y es que el hecho de mirar a los ojos fortalece la intensidad del mensaje, y le llena de veracidad, de hecho se sabe que cuando una persona miente suele desviar su mirada hacia otro lado mientras emite el mensaje.

Serenidad y entusiasmo. Son dos actitudes diferentes pero necesarias en la emisión del mensaje. Los jugadores/as esperan escuchar un mensaje enérgico que les transmita energía pero, a su vez, necesitan ver al entrenador/a en una actitud de calma, de control que les de confianza. Por ello la combinación de estas dos actitudes de comunicación son los ideales para una comunicación efectiva en el banco.

La importancia del contacto corporal. Si el entrenador/a emite un mensaje directo, con contacto ocular óptimo y tono adecuado seguro que va ser bien codificado por los jugadores/as pero cuando, además, dicho entrenador/a pone la mano en el hombro o pierna de un jugador/a y le da algún tipo de indicación, el receptor de ese mensaje entiende que lo que el técnico le va a decir es muy importante y merece un atención especial.

Palabras justas

*"**Cuando alguien habla demasiado, sus palabras suenan sin oírse.**"* (Konrad Adenauer) Hay entrenadores que ofrecen discursos demasiado extensos y cuando el jugador/a esta en la pista y no dispone de

demasiado tiempo interesa enviarle mensajes directos, sencillos y fácilmente entendibles.

El proceso de descodificación de los mensajes en una situación de competencia está sometida a multitud de variables extrañas que pueden interferir en el proceso correcto de comunicación y una de esas variables es la excesiva tensión que se puede vivir en ciertos momentos del partido, ahí si los jugadores/as reciben mensajes muy extensos no los van a procesar adecuadamente.

2. LA TIPOLOGÍA DE LOS MENSAJES

Cuando hablamos de tipología del mensaje nos referimos al tipo de palabras y frases que son recomendables para llevar a cabo un coaching efectivo y algunas de las claves podrían ser:

¿Hacer preguntas? ¿O ser mas directivo? Pues esto depende del perfil de jugador/a al que vayan destinados los mensajes y también del momento de confianza en el que se encuentres. Con jugadores/as que tienen iniciativa y un buen nivel táctico funcionará mejor hacer preguntas, en cambio con jugadores/as que dudan mas o que están pasando por un momento delicado de confianza funcionará mejor el ser directivo y sugerir un plan de juego.

Mensajes de naturaleza táctica. Los mensajes tácticos ayudan porque ofrecen soluciones y se centran en lo que queda de partido y esto siempre es mas positivo que enviar mensajes que hagan referencia a situaciones pasadas. Además los mensajes tácticos ayudan a concentrarse porque se enfocan a una tarea, a una "misión", y, por último facilitan la conjuración de los jugadores/as en hacer mas equipo por el simple hecho de tratar de seguir un plan de juego común. Por otra parte digamos que la mejor táctica es aquella en la que confío, es decir, voy a desarrollar mejor una táctica que me de confianza, aunque esta pudiera no ser la mejor, que una táctica adecuada pero en la que no confío plenamente, y digamos que tener un plan A de juego es muy importante, pero tener un plan B es decisivo ¿por qué? porque, evidentemente es interesante marcar un línea de juego inicial pero mucho mas interesante aún es saber encontrar soluciones cuando nos plantean una estrategia de juego que nos está haciendo daño y esto no es otra cosa que un plan B.

Ejercer un buen liderazgo: convencer no imponer. Los entrenadores tienen que tratar de convencer a sus jugadores/as de que su discurso les puede ayudar a encontrar soluciones a su juego, pero hay que tener cuidado con el tono mas o menos autoritario con el que se transmite, si se traslada la información de una manera firme y sensata los jugadores/as la descodificaran de manera óptima convencidos de lo que tienen que hacer.

Hablar en plural. Los mensajes en plural acentúan la sensación de equipo porque involucran a la pareja en pos de un objetivo común. En un punto anterior cuando hablábamos de la importancia de emitir mensajes de naturaleza táctica todos ellos deben ir en modo plural para que tengan mayor repercusión en los componentes de la pareja.

Ofrecer soluciones. Los jugadores/as necesitan escuchar un discurso práctico que les aporte algo y no tanto que les hagan pensar sobre sus debilidades, por ello los discursos de los entrenadores deben ofrecer soluciones, dar claves que alimenten la confianza y el rendimiento de la pareja.

3. LO QUE NO DEBEMOS DECIR

Tan importante como lo que se debe decir es lo que no cuando nos dirigimos a los jugadores/as. Destacamos a continuación algunos aspectos que deberíamos evitar a la hora de dirigirnos a nuestra pareja deportiva:

- ✓ **Buscar culpables**. En un partido de pádel siempre va a haber momentos en que un componente de la pareja juegue mejor que el otro y viceversa, cuando los jugadores/as se sienten en el banco durante un cambio de campo no debemos buscar culpables sino soluciones, el personalizar el mal rendimiento sobre uno de los deportistas no ayuda en absoluto, por tanto, debemos optar por buscar un camino efectivo y común basándonos, sobre todo, en lo que podemos llevar a cabo a partir de ese momento.

- ✓ **Centrarse en el tema técnico**. Esta comprobado que si durante un partido prestamos demasiada atención al tema técnico lo único que vamos a conseguir es hacer dudar al deportista, además es muy común el fenómeno denominado "parálisis por análisis" por el cual el jugador/a empieza a analizar en exceso su repertorio técnico y acaba por crearse un bloqueo cognitivo difícil de combatir. El análisis técnico debemos dejarlo para los entrenamientos y es ahí donde trataremos de entrenarlo y solucionar problemas desde ese aspecto, pero una vez empezado el partido debemos de tratar de focalizarnos hacia lo táctico exclusivamente.

- ✓ **Aludir a errores puntuales u oportunidades perdidas.** Es muy común que por la cabeza de los jugadores/as pasen situaciones que no hemos sabido aprovechar, oportunidades perdidas que podían haber cambiado el devenir del encuentro, pero centrarnos en ello sólo puede llevarnos a perder concentración sobre el "aquí y ahora" y sabemos que es éste el mejor lugar para instalarnos, por ello debemos evitar los pensamientos retrospectivos que son aquellos que aluden a situaciones pasadas y a momentos que no supimos aprovechar y saber situarnos en el momento presente, en el punto que vamos a disputar a continuación que, sin duda, tiene que ser el único y mas importante en la cabeza de cada jugador/a.

- ✓ **Hacer referencia a palabras como "siempre" o "nunca".** Hay palabras que condicionan, que sugestionan de tal forma al deportista que le hacen preso de una experiencia negativa anterior. Son palabras que no dejan lugar a la oportunidad y que cierran en exceso el camino de la actuación, entre estas palabras se encuentras el "siempre" o el "nunca". Seguramente, en mas de una ocasión habremos oído decir a algún jugador/a: *"Siempre me pasa lo mismo, cuando estoy para cerrar el set me precipito y termino perdiendo el juego"* o también: *"no vamos a ganar nunca a esa pareja"* cuando quizá, en muchas ocasiones, se ha estado a punto de conseguirlo. El cerebro humano graba a fuego ciertas afirmaciones que le damos y cuando esto se produce nuestro subconsciente nos puede jugar una mala pasada en el momento mas inoportuno, por ello debemos de tratar de evitar palabras de esta naturaleza y utilizar frases que nos ofrezcan oportunidades, que nos inspiren optimismo y que nos ayuden a superarnos.

- ✓ **Mostrar excesiva decepción o euforia mientras el partido siga vivo.** En un partido de pádel viviremos puntos magníficos, buenos ,menos buenos y también errores garrafales, todo esto debe formar parte del guión y lo debemos naturalizar, por eso cuando alguna de estas situaciones se produzcan no es conveniente ni mostrar excesiva euforia ni caer en depresión. La expresión de las emociones no es buena consejera para la concentración, tan sólo es aconsejable si se manifiesta en tono positivo y cuando necesitamos un plus de activación.

- ✓ **No modificar mi lenguaje corporal en función del marcador.** Hay jugadores/as que se les nota demasiado cuando van ganando y cuando van perdiendo y esto no es beneficioso. Lo ideal es que el repertorio conductual y corporal no varíe en exceso en una y otra situación, de esta manera le estaremos dando a entender a nuestros/as rivales que tenemos fortaleza mental y que hasta la última bola vamos a estar predispuestos a la lucha.

4. EL PAPEL DE LA MEMORIA EN LA TÁCTICA

Como hemos mencionado en el apartado anterior, el enfoque ideal de atención de cada jugador/a debe dirigirse hacia la táctica de juego, hacia un plan de actuación que guíe nuestro comportamiento, pero para elaborar una táctica adecuada es necesario poner en marcha mecanismos de memoria fundamentales que facilitan el proceso de extraer la información relevante del partido haciendo nuestro lo que nos sirve, por eso podemos decir que la memoria es la base de la táctica.

¿Por qué es importante la memoria en el deporte?:

- ✓ **Nos ayuda a "rebobinar tácticamente".** Llevando a cabo un ejercicio de "marcha atrás" que nos ayude a ver lo que estamos haciendo bien y lo que debemos mejorar, cuanta mas memoria deportiva tengamos mayor recorrido hacia atrás podremos hacer y con mayor calidad.

- ✓ **Nos ofrece la posibilidad de extraer las jugadas que nos están dando éxito.** Cuando ponemos en marcha mecanismos de memoria destinados a potenciar nuestro repertorio táctico estamos llevando a cabo un ejercicio de selección de jugadas exitosas que podemos utilizar en los próximos juegos y esto nos puede ayudar mucho a la hora de elaborar un plan de juego adecuado.

- ✓ **Beneficia la concentración.** Si conseguimos centrarnos en las jugadas exitosas recordándolas y memorizándolas estaremos beneficiando la capacidad de concentración del jugador/a y evitaremos pensamientos negativos asociados a situaciones emocionales complicadas.

✓ **Es entrenable.** La capacidad de memoria deportiva se puede mejorar al igual que se mejoran situación tácticas de juego o golpes. Tan sólo hay que dedicarle tiempo y una buena sistemática de entrenamiento.

A continuación vamos a poner dos ejemplos de cómo se puede entrenar la memoria, tanto en aula como en pista, para que ésta nos ayude a mejorar nuestro repertorio táctico.

En aula:

- Observar sets grabados en vídeo
- Al finalizar cada juego anotar por escrito las jugadas que nos han dado éxito
- Realizar el mismo ejercicio pero sin anotar, solo pensándolas y diciéndoselas a nuestro compañero/a o entrenador/a

En pista:

- Jugar un set de entrenamiento
- Al finalizar cada juego uno de los 4 jugadores/as debe decirnos:
  1. Cómo han finalizado los dos últimos puntos (en un primer nivel de dificultad de la tarea)
  2. Cómo han finalizado los tres últimos puntos (en un segundo nivel de dificultad de la tarea)
  3. Cómo han finalizado los tres últimos puntos o los dos primeros (en un tercer y máximo nivel de dificultad de la tarea)

Por último, me gustaría terminar con una reflexión que está relacionada con la importancia de apoyarnos en una táctica de juego donde, como hemos explicado, los mecanismos de memoria juegan un papel fundamental:

"Tener un plan A de juego es importante, elaborar un plan B es decisivo"

Capítulo 21

HERRAMIENTAS PARA EL ENTRENAMIENTO PSICOLÓGICO EN JUGADORES DE PÁDEL

Antonio González-Hernández*, Borja Torres López y Fran Cintado
Universidad de Málaga
*Correo electrónico: antonio.gonzalez@uma.es

Resumen:

En el presente trabajo aportamos una visión profunda de la aplicación del entrenamiento psicológico en el deporte, concretamente adaptado al pádel, y cómo puede ser usado por directivos, entrenadores o jugadores de una organización deportiva o club. Planteamos las distintas fases que se deben dar para una correcta intervención, además de los acuerdos entre el entrenador psicológico y el deportista. De igual modo presentamos algunas herramientas que pueden usarse para este entrenamiento. En el contexto actual, las empresas y entidades deportivas se ven obligadas a adaptarse a la nueva realidad económica. Se considera fundamental sacar el máximo provecho a los recursos de los que disponemos. Las empresas, organizaciones o clubes deportivos, deben de buscar un valor añadido, marcar la diferencia con el menor coste posible. Alfonso Alonso (2011) define el entrenamiento psicológico (coaching) como un conjunto de entrevistas individuales entre un profesional (coach) y su cliente para ayudar a dicha persona a conseguir sus metas y objetivos, los cuales pueden ser personales o profesionales. El Coaching deportivo es un proceso de entrenamiento-aprendizaje, que consiste en despertar el talento y los recursos del deportista, entrenador y directivo para incrementar al máximo su rendimiento deportivo y personal, y eliminar los obstáculos internos a través del establecimiento de un plan de acción (cambio) con metas u objetivos (Useche, 2004; García-Naveira, 2011; Whitmore, 2011). El coach deportivo debe guiar al cliente por el siguiente recorrido: Tomar conciencia-Querer-Saber hacer-Hacer.

Palabras clave: Entrenamiento psicológico, Cuestionario de Conducta Competitiva, Rejilla de entrenamiento en Concentración.

Abstract:

Here you can find a deep revision about coaching used in sport practisers. We present how you can plan an intervention using these kind of techniques, as well as some tools available to achieve this goal. Nowadays, it is crucial to achieve efficiency in sport centres and other enterprises due to the economic situation. They try to find an "added value" to increase benefits. Alfonso Alonso (2011) defines the sport coaching as the use of interviews between a coach and a "coachee" in order to get the goals decided at the beginning of the process. "Coaching" is a learning process that try to find out talent and eliminate obstacles, using planned actions (Useche, 2004; García-Naveira, 2011; Whitmore, 2011). The coach guides to the sport practiser in all this process.

Keywords: Coaching, Competitive Behavior Questionnaire, Concentration training.

1. INTRODUCCIÓN

En el contexto actual donde la crisis económica, sigue imperando en la económica y por ende en nuestra sociedad, las empresas y entidades deportivas se ven obligadas a adaptarse a la nueva realidad económica. Por todo esto se considera fundamental sacar el máximo provecho a los recursos de los que disponemos.

En este sentido las empresas, organizaciones o clubes deportivos, deben de buscar un valor añadido, marcar la diferencia con el menor coste posible.

Sea el organismo que sea, empresa o club deportivo, esta se conforman de personas y estás son las que van a trabajar en la consecución de la misión y los objetivos que la empresa se marque, a través de unas estrategias. Para ello se aplican numerosas técnicas o estrategias de recursos humanos, siempre de la mano de la estrategia general que la empresa seleccione para la consecución de los objetivos.

Al echar un vistazo podremos ver que las empresas líderes a nivel mundial son las que, por una parte han creado una cultura empresarial bien basada en un análisis interno y externo de la empresa y construido con una estrategia empresarial coherente con su realidad y las que por otro lado se han tomado la gestión de recursos humanos como algo fundamental en esa estrategia, con una estrategia de RR.HH específica para su empresa.

Las estrategias de las organizaciones han ido transformándose hacia un enfoque mucho más humanistas, en el que el personal se convierte en el centro de todas las innovaciones o cambios. Estas estrategias cuentan con prácticas de recursos humanos basadas en la consecución o el facilitación de las habilidades o motivaciones necesarias que ayuden a alcanzar los objetivos, teniendo en cuenta lo agresivo del entorno y las demandas de éste, además de la utilización del feedback entre superiores y subordinados.

El constante vaivén de los mercados y la voracidad con que cambian, ha provocado que aparezcan un sin fin de técnicas, modelos, programas o estrategias para poder mejorar la gestión de los recursos de una organización. En este punto nos encontramos con el coaching o entrenamiento psicológico, que se ha venido abriendo paso durante los últimos veinte años en diferentes áreas del desempeño de las personas como, por ejemplo, son: educación, salud, empresa y deporte.

Uno de los objetivos fundamentales del departamento de recursos humanos es conseguir sacar el máximo rendimiento y eficiencia a sus trabajadores (sea en ámbito empresarial o deportivo). Para ello es necesario el conocimiento del personal que dispone la organización. Se intenta con esto que la satisfacción de los empleados o miembros de la misma sea óptimo, pudiendo explotar de la mejor manera el talento de sus miembros. El conocimiento de la situación real del estado de los recursos humanos hará que se mantenga y estimule el talento de los trabajadores más brillantes y con esto conseguir que el trabajador este motivado, adquiriendo la confianza que facilitará el mejor desarrollo de sus tareas.

Son numerosas las técnicas que se han utilizado para conseguir esa activación, motivación o explotación del potencial de los trabajadores de una organización. Entre estas se encuentran el mentoring, el counselling o el coaching. El problema aparece a la hora de hablar del coaching, desde la parte que es un anglicanismo y es de difícil pronunciación, pero no se puede llamar de otra manera ya que si decimos "entrenamiento", se pensaría directamente en el entrenamiento físico deportivo. Según la

International Coach Federation "el coaching es una relación profesional continuada que ayuda a que las personas produzcan resultados extraordinarios en sus vidas, carreras, negocios u organizaciones. A través de este proceso de coaching, los clientes ahondan en su aprendizaje, mejoran su desempeño y refuerzan su calidad de vida". Realmente el coaching podría ser entendido, a tenor de la definición de la Asociación Española de Psicología y Coaching Deportivo como "un entrenamiento psicológico basado en la relación continuada...", basado a su vez en la conversación como punto de partida para poder hacer que la persona se conozca mejor, conozca sus puntos fuertes y así mejore.

2. FASES DEL ENTRENAMIENTO

Según Goldvarg (2012) lo primero que se debe hacer es tener un comportamiento profesional y ético, donde no se cruce la línea de la amistad, en el intento de ayuda o apoyo al cliente, creando una serie normas y estándares profesional, en los que no vamos a entrar. Acto seguido deberemos llegar a un acuerdo con nuestro cliente, lo cual podría ser la primera fase. Las fases posteriores, para la aplicación sería trabajar la confianza de nuestro cliente, así como la escucha activa, la realización de preguntas y la realización de una planificación y plan de acción, para por ultimo realizar las sesiones de entrenamiento. Seguidamente vamos a desglosar esas fases.

- **Acuerdo con el cliente:**

Podemos entender el proceso de acuerdo con el cliente como comprender qué se requiere en cada interacción y alcanzar un acuerdo con el cliente, nuevo o potencial, sobre el proceso y la relación de coaching.

El entrenador debe comprender y presentar claramente al cliente las pautas y los parámetros concretos de la relación de coaching (logística, tarifas, calendario, participación de terceros –cuando la contratación es a través de una empresa o un sponsor –, etc.) y explicar lo que es y lo que no es apropiado en la relación profesional, lo que se ofrece y lo que no se ofrece, y las responsabilidades del cliente y del entrenador. El entrenador tiene que determinar, además, antes de iniciar el proceso, si su método de trabajo responde a las necesidades del cliente potencial.

El acuerdo escrito es, además, una herramienta muy útil cuando hay incumplimientos de expectativas. El acuerdo de entrenamiento por escrito da mayor formalidad y ayuda a aumentar el nivel de compromiso.

Al iniciar cada sesión de entrenamiento, sugerimos que se tengan en cuenta las siguientes preguntas, porque van a determinar la profundidad de nuestro trabajo:

- ¿Qué quiere conseguir en esta sesión?
- ¿Para qué quiere conseguir eso?
- ¿Qué va a hacer que los próximos minutos sean provechosos?
- ¿Cómo sabremos si hemos conseguido lo que buscábamos?

- Ganarse la confianza del cliente:

Crear una relación conjunta con el cliente, una confianza e intimidad que nos ayude a realizar esta labor. Debemos:

- Mostrar interés genuino por el bienestar y el futuro del cliente.
- Demostrar integridad personal, honestidad y sinceridad.
- Establecer acuerdos claros y cumplir con lo pactado.
- Demostrar respeto por las ideas, el estilo de aprendizaje y la forma de ser del cliente.
- Prestar apoyo permanente y promover nuevos comportamientos y acciones, incluidos los que conllevan riesgos y el miedo al fracaso.
- Pedir permiso para explorar en áreas nuevas y sensibles.

- Presencia del Entrenador:

Esto implica enfocarse en el "aquí y ahora", limitando el diálogo interno y los pensamientos sobre el pasado o el futuro. Una "relación espontánea" implica la capacidad de acompañar al cliente hacia cualquier lugar al que desee ir, hacia rumbos que pueden ser desconocidos, tanto para el entrenador como para el cliente. Utilizar un estilo abierto, flexible y seguro implica que el entrenador tenga la capacidad de adaptarse rápidamente a diferentes escenarios aportados por el cliente, apartándose de sus propios métodos o hipótesis. Además, implica que tiene seguridad en sí mismo y en el proceso, en que lo que va a suceder es lo mejor para el cliente. Tener una actitud "abierta". El entrenador no tiene que tener una respuesta concreta para todas las inquietudes que trae el cliente, sino que tiene que explorarlas junto a él, para encontrar nuevas posibilidades, que hasta ese momento el cliente no veía.

- Escucha activa y comunicación directa:

Comunicación correcta, lenguaje adecuado, escucha activa, que lleve a conocer al cliente y su situación, dándole espacio para poder expresarse sin miedos. Debemos diferenciar entre las palabras, el tono de voz y el lenguaje corporal. A veces, el lenguaje corporal puede estar diciendo muchas cosas, pero no les otorgaremos un significado sin antes haberlo constatado con el cliente. Se pueden usar estrategias como el resumen, parafrasea, reitera y refleja lo que el cliente ha dicho, para asegurar la claridad y la comprensión.

- Diseño de acciones:

Capacidad de crear oportunidades de aprendizaje con el cliente durante el entrenamiento, así como en situaciones de vida y trabajo, y de emprender nuevas acciones que conduzcan de la forma más eficaz a los resultados pactados. El entrenador explora las inquietudes del cliente y lo ayuda a tomar conciencia sobre el tema o a ver la situación con otra perspectiva. El entrenador:

- Estimula y ayuda al cliente a definir acciones que le permitan demostrar, poner en práctica y profundizar lo que ha aprendido.
- Ayuda al cliente a centrarse y a explorar las preocupaciones y oportunidades importantes para los objetivos pactados del entrenamiento.
- Incita al cliente a explorar ideas y soluciones alternativas, evaluar opciones y tomar las decisiones correspondientes. Celebra el éxito y las posibilidades de crecimiento futuro del cliente.
- Cuestiona las premisas y los puntos de vista del cliente, para provocar nuevas ideas y encontrar nuevas posibilidades de acción.
- Ofrece puntos de vista que coinciden con los objetivos del cliente, sin apegarse a ellos, y lo anima para que los considere.
- Estimula y ayuda en la puesta en práctica de lo trabajado en la sesión y fomentar los desafíos, a un ritmo cómodo de aprendizaje.

- **Planificación y definición de objetivos:**

Desarrollar y mantener un plan eficaz de entrenamiento con el cliente. Consolida la información recopilada y establece con el cliente un plan de entrenamiento y objetivos que resuelvan los aspectos principales del aprendizaje y el desarrollo. Hay dos niveles de acuerdo: uno vinculado con todo el proceso, y otro, con cada sesión.

Es preciso realizar ajustes en el plan si así lo exigen el proceso de entrenamiento y los cambios de situación. El plan es el mapa, no el territorio. Es una guía para arribar a un lugar al que se puede llegar de diferentes maneras. Debe ser flexible y permitir adaptaciones si se presentan nuevas circunstancias o necesidades.

- **Gestión de progresos y la responsabilidad:**

Mantener la atención en lo que es importante para el cliente, y de trasladarle la responsabilidad de la acción. Solicitaremos al cliente acciones que lo hagan avanzar hacia sus objetivos declarados. Realizaremos un seguimiento, preguntando al cliente por las acciones a las que se ha comprometido durante las sesiones anteriores.

Debemos reconocer al cliente lo que ha hecho, revisar junto a él lo que no ha hecho, lo que ha aprendido o aquello de lo que se ha dado cuenta desde las sesiones anteriores de entrenamiento. La reflexión sobre los logros y los obstáculos permite que el cliente tenga claridad acerca de cuáles serán los próximos pasos a dar para continuar con los comportamientos que fueron efectivos, e identificar otros diferentes, si es necesario.

3. FASES DEL ENTRENAMIENTO PSICOLÓGICO DEPORTIVO

- Confianza y confidencialidad. Para que el proceso de entrenamiento sea efectivo es necesario que el cliente reconozca que se enfrenta a una situación que no puede resolver por sí mismo, es necesaria también la voluntad y el compromiso con el aprendizaje y la mejora continua.
- Fijación de META. Contrato entre entrenador y cliente. La meta debe ser medible, específica, tangible y alcanzable; además su

consecución debe depender exclusivamente de las acciones del cliente.
- Descripción de la situación actual. El objetivo en esta fase será explorar la situación actual, buscando reflejar la realidad del cliente de la manera más objetiva e imparcial posible.
- Asumir la responsabilidad de la situación.
- Plan de Acción y cierre.

4. APLICACIONES DE ENTRENAMIENTO PSICOLÓGICO DEPORTIVO

Las aplicaciones que el entrenamiento psicológico puede tener en el deporte son muy numerosas. Y es tan amplio puesto que dentro de una organización deportiva, del tipo que sea, puede ser usado en todas y cada una de las personas que conforman dicha organización. Puede ser usado con todos y cada una de las personas que forman parte de un club, ya que todos y cada uno de ellos pueden tener la intención de mejorar, ya sea solucionando un problema profesional o personal que les afecte en su rendimiento o simplemente intentando mejorar lo que ya hacen bien. Podemos aplicarlo con:

- Deportistas.
- Entrenadores.
- Árbitros y jueces deportivos.
- Dirigentes de clubes, asociaciones, federaciones.
- Equipos auxiliares.
- Plantillas de clubes deportivos.
- Escuelas deportivas.
- Secciones de la entidad con reajustes considerables.
- Nuevos proyectos.
- Nuevos fichajes ó incorporaciones.

5. HERRAMIENTAS PARA ENTRENAMIENTO PSICOLÓGICO EN DEPORTISTAS

- El Cuestionario de Conducta Competitiva en Pádel (Cintado, 2012, http://francintado.blogspot.com.es/search/label/Cuestionario).

La conducta competitiva son características personales que influyen en el rendimiento del deportista, y han sido objeto de investigación desde la psicología deportiva históricamente (p.e. Gil, Capafons y Labrador, 1993). Para un adecuado rendimiento deportivo se precisan ciertas características físicas (específicas para cada deporte), factores procedimentales-técnicos-tácticos de puesta en práctica de habilidades, y otros factores relacionados con el procesamiento cognitivo de la información, es decir, con la manera que tiene el deportista de enfrentarse a retos, a la presión, a ser observado, a su propia motivación, al establecimiento de metas y objetivos...

Existen varios métodos para comprobar el nivel competitivo de un jugador, de pádel, o de cualquier otro deporte. De todos los posibles métodos, el principal, el más usado, y el que más información puede aportar es la observación. En la observación directa, el entrenador y el psicólogo deportivo, "observan" el comportamiento del jugador, su rendimiento, su actitud en la pista o el terreno de juego, sus respuestas técnicas, sus respuestas ante la presión, su nivel de tensión y emocional, sus planteamientos tácticos, etc. Muy diversos han sido los intentos de crear herramientas complementarias a la observación que evalúen de manera adecuada variables psicológicas (Navarro Guzmán, Amar, y González Ferreras, 1995; Suay, Salvador, González, Sanchis, Simón, y Montoro, 1996; García-Mas, Olmedilla, Morilla, Rivas, García-Quinteiro y Ortega-Toro, 2006; Remor, E., 2007).

La gran aportación de CCP es que se trata de una herramienta diseñada para medir conducta competitiva (Cintado, 2012, http://francintado.blogspot.com.es/search/label/Cuestionario), teniendo en cuenta las especificidades de un deporte tan particular como el pádel. El CCP, es un cuestionario que pretende medir el estado mental con el que un jugador de pádel afronta una situación competitiva. Es decir, ¿qué siente? ¿Qué se le pasa por la cabeza? ¿Cómo actúa? ¿Cuáles son sus expectativas? ¿Qué piensa?...

El CCP está compuesto por una escala Likert de 42 ítems, que se contestan indicando una puntuación de 0 a 10, desde Nunca/En absoluto (0-2) hasta Muchísimo/Siempre (9-10). El CCP es simplemente el punto de partida, va a ser una herramienta de evaluación que aporte información sobre aspectos importantes tales como en qué fallamos, qué tenemos que reforzar y entrenar más.

Cuando hayamos contestado el CCP, estaremos en disposición, con la colaboración del entrenador y el psicólogo deportivo en pádel, de preparar un Plan de Entrenamiento Mental, integrado con el entrenamiento Físico, Técnico y Táctico. El CCP es una herramienta de "feedback", que además permite y controla la evolución de nuestro comportamiento competitivo, de forma que podemos ir progresando y viendo cómo mejora nuestro rendimiento, se utiliza como valoración continua, tras los torneos importantes y sirve para regular el comportamiento. Tras su realización se emite un informe al interesado, verbal y/o escrito.

- La Rejilla de Concentración (Cintado, 2013):

Es un instrumento que sirve para entrenar la concentración del sujeto. Se compone de un cuadro, dividido en 100 cuadros más pequeños que tienen una numeración aleatoria del 00 al 99. Se realiza midiendo el tiempo de la persona que lo hace. Además tiene varias opciones de realización, rellenar en orden de 00 a 99, de 99 a 00, tachando solo los pares o los impares, etc.
(http://francintado.blogspot.com.es/2013/01/como-entrenar-la-concentracion-en-el.html)

- El Entrenamiento Autógeno de Schultz:

Es un método de entrenamiento en relajación. Este método se puede realizar en una camilla, cama o en una silla con reposa brazos. El jugador debe comenzar respirando profundo, cerrar los ojos y hacer las siguientes repeticiones:

- Repetir 6 veces la frase: "El brazo derecho es muy pesado"
- Repetir 1 vez la frase: "Estoy muy tranquilo"
- Repetir 6 veces la frase: "El brazo derecho está muy caliente"
- Repetir 1 vez la frase: "Estoy muy tranquilo"
- Repetir 6 veces la frase: "El pulso es tranquilo y regular"
- Repetir 1 vez la frase: "Estoy muy tranquilo"
- Repetir 6 veces la frase: "Respiración muy tranquila"
- Repetir 1 vez la frase: "Estoy respirando"
- Repetir 1 vez la frase: "Estoy muy tranquilo"
- Repetir 6 veces la frase: "El plexus solar es como una corriente de calor"
- Repetir 1 vez la frase: "Estoy muy tranquilo"

- Repetir 6 veces la frase: "La frente está agradablemente fresca"
- Repetir 1 vez la frase: "Estoy muy tranquilo"
- Terminar con las frases: "Brazos firmes" "Respirar hondo" "Abrir los ojos".

- El juego de los dedos:

Consiste en tocar con el dedo índice de la mano izquierda el pulgar de la derecha y con el pulgar de la izquierda, el dedo índice de la mano derecha. Una vez colocado los dedos hay que darle movimiento hacia "arriba" o hacia "abajo", dejándose de tocar el pulgar y el índice de la parte de abajo del rectángulo que hemos creado, para volver a unirse una vez superados los otros dedos índice y pulgar que siguen unidos, volviendo a hacer el rectángulo. Si fuera hacia "abajo" sería a la inversa, con los dedos índice y pulgar de la parte superior y "sorteando" los de la parte inferior. Así la persona debe centrarse en hacer correcto el movimiento y trabaja la concentración, de manera simple.

- Técnica del Saboteador:

Trabaja con los anclajes mentales y es muy sencilla. En el momento que llega un pensamiento negativo a la cabeza lo vamos a anclar con una imagen o un sonido (dependiendo de si somos más visuales o auditivos), en este caso el jugador identifica los pensamientos negativos a una persona de edad avanzada. Y cada vez que le venga un pensamiento negativo va a ver esa imagen y le va decir "fuera" o se pellizcara con una gomilla que tiene en la muñeca, que le ayude a parar de pensar en aquello que le afecta de manera negativa.

6. CONCLUSIONES

El entrenamiento psicológico se ha mostrado como una interesante herramienta de ayuda a los deportistas. Existen múltiples técnicas disponibles para su uso integrado en el entrenamiento físico, táctico y técnico.

Los resultados muestran una mejora significativa en la capacidad de concentración y en los indicadores de conducta competitiva en todos los participantes en este tipo de programas, lo cual aporta evidencia de la eficacia de este tipo de programas de entrenamiento cognitivo en deportistas profesionales y semi-profesionales. Los participantes mejoran además en el control de su ansiedad.

REFERENCIAS

Alonso, A. (2011). Tipos de Coaching. Socio director de Avance Strategy Consulting. Revista el Observatorio de Recursos Humanos. pp. 48 – 52.

Cintado, F. (2012). Cómo medir nuestra conducta competitiva en pádel. http://francintado.blogspot.com.es/search/label/Cuestionario

Cintado, F. (2013). Cómo entrenar la concentración en el padel. http://francintado.blogspot.com.es/2013/01/como-entrenar-la-concentracion-en-el.html

García Naveira, A. (2011) Aproximación al empleo profesional del coaching en el deporte. Información Psicológica. N° 101, pp. 26-39

García Naveira, A. (2013) Aplicaciones profesionales del coaching en el deporte: un estudio de caso único. Cuadernos de Psicología del Deporte, Universidad de Murcia, Vol. 13, 2. pp. 101-112.

García-Mas, A., Olmedilla, A., Morilla, M., Rivas, C., García Quinteiro, E. y Ortega Toro, E. Un nuevo modelo de cooperación deportiva y su evaluación mediante un cuestionario. Psicothema, Vol.18, n° 3, pp 425-432.

Gil, J., Capafons, A. y Labrador, F. (1993). Variables físicas y psicológicas predictoras del rendimiento deportivo y del cambio terapéutico. Psicothema, vol. 5, n°1, pp97-110.

Goldvarg, N. (2012) Competencias de Coaching Aplicadas. Granicas Ed. Argentina. ISBN: 9789506416478.

Navarro Guzmán, J.I., Amar, J.R. y González Ferreras, C. (1995). Ansiedad pre-competitiva y conductas de autocontrol en jugadores de futbol. Revista de psicología del deporte, Vol. 4, Núm. 2, pp. 7-17, ISSN 1988-5636.

Remor, E. (2007). Propuesta de un cuestionario breve para la evaluación de la competitividad en el ámbito deportivo: competitividad-10. Recvista de psicología del Deporte, Vol.16, n° 2, pp. 167-183.

Suay, F., Salvador, A., González, E., Sanchis, C., Simón, V.M. y Montoro, J.B. (1996). Testosterona y evaluación de la conducta agresiva en jóvenes judokas. Revista de psicología del deporte, Vol. 5, Núm. 2, p. 77-93, ISSN 1988-5636.

Useche, M. C. (2004) El Coaching desde una perspectiva epistemológica. Rev. Ciencias Sociales Nº 105. pp. 125-132.

Whitmore, J. (2011) Coaching: El método para mejorar el prendimiento de las personas. Espasa Libros Ed. Barcelona España. ISBN 9788449325090.

Capítulo 22

ANÁLISIS DE LA ANSIEDAD ANTES DE LA COMPETICIÓN EN EL CAMPEONATO DE MADRID DE PRIMERA CATEGORÍA FEMENINA DE PÁDEL

Gema Sáez Rodríguez[1], María Merino Fernández[2], Rafael Ortega Cuello[3], Jorge Acebes Sánchez[4]

Universidad Francisco de Vitoria (UFV). CAFyD
Autores de Correspondencia: [1] g.saez.prof@ufv.es ; [2] m.merino.prof@ufv.es[3]
rafaelortegacuello@hotmail.com ; [4] j.acebes.prof@ufv.es

Resumen:

El deporte está cada vez más extendido en la sociedad y, en concreto el deporte de raqueta, está siendo un potencial para la práctica deportiva en nuestra época. La importancia del control mental antes, durante y después de la competición resulta más que importante, ya que los resultados también dependen de este factor. En este trabajo, se analiza la ansiedad pre-competitiva de jugadoras de pádel en el Campeonato por equipos de 1ª categoría de Madrid. La muestra utilizada ha sido de 16 jugadoras cuya media de edad se sitúa en 29,12 años y la mediana en 31,5 años. El material que se ha utilizado para la elaboración del estudio ha sido el cuestionario CSAI-2 de Martens que analiza tres variables que determinan la ansiedad: el nivel de ansiedad cognitiva, el nivel de ansiedad somática y la autoconfianza. El test se pasó a las jugadoras momentos antes de la competición en el que debían responder a un total de 17 preguntas y en cuyas respuestas se usaba la escala Likert. Los resultados indican que la media de la ansiedad cognitiva que presentan las jugadoras antes de competir es de 25,6, estando calificada como media-alta. En cuanto a la ansiedad somática, esta es un poco más baja estando la media de las puntuaciones en 18 y, por último, la autoconfianza que tienen las deportistas es elevada, estando la media de todas las puntuaciones obtenidas en los cuestionarios en 28. Al tratarse de deportistas semiprofesionales, se puede decir que dichos resultados van en la línea de lo esperado y que la ansiedad pre-competitiva es media-alta.

Palabras clave: ansiedad, pádel, psicología deportiva, deporte femenino.

Abstract:

Sport is increasingly widespread in society and in particular racquet sports, being a potential sports in our time. Before the importance of mental control during and after the competition is more important since the results also depend on this factor. In this work, the pre-competitive anxiety paddle players on Team Championship 1st category of Madrid is analyzed. The sample used was of 16 players whose average age is 29.12 years and median 31.5 years. The material used for the preparation of the study was the questionnaire CSAI-2 Martens that analyzes three variables that determine anxiety: the level of cognitive anxiety, somatic anxiety level and self-confidence. The test is passed to the players just before the competition in which to respond to a total of 17 questions and the answers Likert scale was used. The results indicate that the average cognitive anxiety presenting the players before competing 25.6, being rated as medium-high. As for somatic anxiety, this is slightly lower mean scores being 18 and, finally, with the athletes confidence is high, the average of all scores in 28. questionnaires being Al Being semi-professional athletes, we can say that these results are in line with what was expected and that the pre-competitive anxiety is medium-high.

Keywords: anxiety, paddle, sports psychology , women's sports

1. INTRODUCCIÓN

El deporte se ha convertido en un fenómeno social (Pujadas, 2010), tal y como se ha ido viendo a lo largo del tiempo y a través de distintos estudios que han estado realizando sobre el tema (Rodríguez, 2004).

Dentro de todos los parámetros que se pueden estudiar en este ámbito, la ansiedad es una de las variables frecuentemente investigadas en psicología del deporte (Hardy, Jones, and Gould, 1996; Jones, 1995; Márquez, 2004). Pero para poder entender bien el propósito de estos estudios, es necesario definir desde la investigación de diversos autores, el concepto de ansiedad y, de esta forma, poder aplicarlo al mundo del deporte.

En primer lugar, y atendiendo a una definición de mitad de siglo pasado, la ansiedad se considera "un estado emocional inmediato caracterizado por la aprensión y la tensión." (Martens, 1977; Spielberger, 1966).

Centrando más la atención al deporte y, por tanto, realizando una especialización de lo que sería la ansiedad deportiva, de nuevo Martens (1977) hace una delimitación del concepto, siendo considerada la ansiedad deportiva como la "ansiedad que sistemáticamente aparecería en el momento previo a la competición y durante la misma"

En el diccionario de las Ciencias del Deporte y del Ejercicio, se describe la ansiedad como "un sentimiento subjetivo de aprensión o amenaza percibida, a veces acompañada por un incremento de la activación fisiológica" (Anshel et al. 1991).

Por último, la definición de Weinberg y Gould (1995) permite entender cuáles serían los factores que influyen en esa ansiedad, y así la definen como el "estado emocional negativo que incluye sensaciones de nerviosismo, preocupación y aprensión relacionadas con la activación o el arousal del organismo que incluye un componente físico (ansiedad somática) y un componente de pensamiento (ansiedad cognitiva)".

Como se puede ver, a lo largo del tiempo cada vez se ha ido acotando más este concepto que, sin lugar a dudas, afecta y repercute en el rendimiento del deportista. Un buen trabajo a nivel psicológico daría, seguramente, un aumento de los resultados positivos en la carrera del deportista. Uno de los primeros que se pronunció en esto fue Terry Orlick (2004) cuando publicó un libro sobre el entrenamiento mental en el que se puede ver cómo trabajar y controlar la ansiedad y cómo esta te puede ayudar a triunfar, ya no solo en el deporte, sino en la vida diaria.

Pero, no en todos los deportes afecta de igual forma la ansiedad o el estado psicológico. Los deportes de raqueta tienen, si cabe, un componente de control mental más elevado que otros deportes y para ello se hacen entrenamientos específicos para el control del mismo (Godoy-Izquierdo, D. el al., 2007).

El pádel, considerado como deporte de raqueta, ha tenido en los últimos años un auge que lo ha llevado a ser uno de los deportes más practicados por toda la población en la última década. Esta evidencia se puede comprobar en cualquier centro deportivo en el que, sin duda, ya están integradas las pistas de pádel como una posibilidad más para los usuarios. Algunos de los motivos que han llevado al pádel a convertirse en algo tan popular para la población pueden ser los siguientes: se trata de un deporte asequible, fácilmente practicable y con reglas sencillas, incluye un componente lúdico y social dentro de la competición (se juega con más gente), permite mejorar el autocontrol de las emociones, no se necesita de gran variedad de material específico, etc.

A la hora de hablar de pádel de competición, teniendo en cuenta que existen niveles altos de rendimiento, entrenamiento y exigencia, la ansiedad también está presente, aunque no se deben olvidar otros niveles de participación para tener presente ese factor psicológico. Dentro de la práctica del pádel se pueden definir dos perfiles: los que lo practican por ocio y los que dedican gran parte de su tiempo a ello (con un alto número de horas de entrenamiento). En este trabajo, el análisis de la ansiedad se va a centrar más en el segundo perfil, siendo en concreto el de deportistas semi-profesionales que compiten en una categoría de 1ª autonómica.

2. OBJETIVOS

Una vez se ha definido el concepto de ansiedad deportiva, lo que se pretender en este estudio es valorar los niveles de ansiedad pre-competitiva en jugadoras de pádel de 1ª y 2ª categoría, afrontando una competición por equipos de 1ª categoría de la Federación Madrileña de Pádel (FMP). Para poder cumplir ese objetivo general, se analizarán diversas variables de forma que se cumplan correctamente los objetivos específicos, que serían:

- Analizar los niveles de autoconfianza precompetitiva en jugadoras femeninas de 1ª categoría de pádel.
- Analizar los niveles de ansiedad cognitiva y somática precompetitiva en jugadoras femeninas de 1ª categoría de pádel.

3. METODOLOGÍA

Para la elaboración de este estudio se ha utilizado el test de ansiedad CSAI-2 (Martens, 1990). Este test está compuesto por 17 ítems y en él se estudian diversas variables que permiten conocer el estado de ansiedad pre-competición de los deportistas. Estas variables son: la ansiedad somática, la ansiedad cognitiva y la autoconfianza.

La ansiedad cognitiva sería entendida como "el componente mental de la ansiedad causado por expectativas negativas sobre el éxito o por la autoevaluación negativa" (Martens et al. 1990. p. 6). Por otra parte, la ansiedad somática hace referencia a "los elementos afectivos y fisiológicos de la experiencia de ansiedad derivados directamente de la activación autonómica". El último factor a analizar sería la autoconfianza, ya que la ausencia de esta en un deportista hace que pueda aumentar su ansiedad cognitiva.

La muestra que se ha utilizado para realizar este estudio está comprendida por 16 jugadoras de pádel federadas por la FMP. La competición en la que se ha aplicado el test para analizar el estado de ansiedad pre-competitivo ha sido el Campeonato de Madrid por equipos de 1ª Categoría femenina, celebrado en las instalaciones del complejo deportivo "Duet Sport Las Rozas". Dicha competición consta de un primer enfrentamiento entre equipos, que determinará quién juega por el oro y quién por el descenso de categoría. Los test se pasaron a las jugadoras antes de ese primer enfrentamiento que tenía lugar el jueves 12 de febrero de 2015 a las 22.00.

El procedimiento que se realizó para la toma de datos fue unos minutos antes de la competición, siendo los pasos los siguientes:

1º. Se les entrega el test a las jugadoras.

2º. Se realiza una explicación a las deportistas sobre la cumplimentación del test.

3º. Se indica a las jugadoras que tienen unos 15 minutos para rellenar el test.

Todas las jugadoras tienen edades comprendidas entre los 21 y 42 años y compiten en 1ª o 2ª categoría de la FMP. La media de edad se sitúa en 29,12 años y la mediana en 31,5 años.

4. RESULTADOS

Los resultados obtenidos tras pasar los cuestionarios indican que para la medida de ansiedad cognitiva, la media de las puntuaciones directas de las mujeres que participaron en el Campeonato de pádel por equipos de Madrid de primera categoría, es de 25,6 lo cual tras comprobar los baremos del Test de Martens CSAI-2 equivale a una ansiedad cognitiva media-alta.

En lo que respecta a la ansiedad somática, esta indica que es un factor más controlado, ya que la media de las puntuaciones directas de las deportistas se sitúa en 18. Analizando este dato con lo indicado en el baremo, se comprueba que el nivel de ansiedad a nivel somático, es decir con una manifestación fisiológica, de las jugadoras estaría clasificado como medio, por lo que se puede interpretar que no presenta por tanto un problema importante en el estado de las jugadoras.

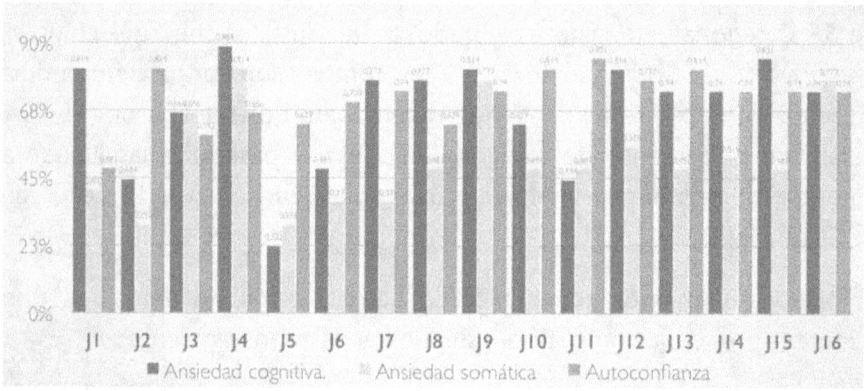

Figura 1. Resultados del el Test de ansiedad CSAI-2 (Martens, 1990).

Por último, los datos que revelan la autoconfianza de las jugadoras son bastante elevados, estando la media de las puntuaciones directas en 28. Con este parámetro, se puede decir que la autoconfianza que tienen las participantes es alta, dato que se puede contrastar con la realidad de las deportistas: varias de ellas son jugadoras que juegan partidos de World Padel Tour (previas o incluso algunas de ellas llegan a jugar cuadro), por lo que esa faceta psicológica la tienen algo más controlada.

Las jugadoras que participan en competiciones profesionales y en partidos de WPT son aquellas que presentan una ansiedad somática más baja y una autoconfianza más alta. Probablemente este dato esté relacionado con la experiencia en competición, no solo de ese nivel sino, en algunos casos, de una mayor exigencia tanto física como técnica y psicológica.

Otro dato importante es que las jugadoras que presentan una autoconfianza más baja son aquellas que presentan una ansiedad cognitiva más alta, quizá derivado de una experiencia menor que las anteriores o por una falta de autocontrol ante la competición.

Tal y como se ha comentado anteriormente, con este cuestionario lo que se mide es la ansiedad que se tiene justo antes de empezar el evento deportivo, por lo que al tratarse de un estado y no un rasgo, las puntuaciones varían en función del momento en el que se produzca la competición. Otra de las variables que podrían influir es el tipo de prueba o competición en el que se analiza a los deportistas, ya que a mayor nivel y exigencia de la prueba, probablemente exista una mayor ansiedad.

5. CONCLUSIONES

Una vez se han analizado los resultados obtenidos a través del cuestionario CSAI-2, se podría decir que las jugadoras tomadas como muestra del estudio y consideradas como semiprofesionales, presentan unos niveles de ansiedad media.

La prueba en la que se ha medido dicha ansiedad, no es considerada como la más importante de la temporada, por lo que al jugar competiciones más exigentes algunas de las jugadoras, esa ansiedad no es de las más elevadas.

Uno de los aspectos que más controlan las deportistas es el de la autoconfianza, ya que es un factor importante a tener en cuenta en el deporte de alto nivel o, en este caso, de competición de 1ª categoría. La experiencia en esa categoría hace que las jugadoras posean un alto nivel de autoconfianza que permite que esa ansiedad somática o cognitiva no se vea excesivamente elevada.

En cuanto a las diferencias entre ansiedad pre-competitiva, las jugadoras tienen una ansiedad cognitiva mayor que la somática, lo que indica que el control psicológico derivado de una preocupación por hacerlo bien, no fallar y no perder la concentración es menor que el producido por el control a nivel fisiológico.

Otro de los aspectos a señalar es que, como se ha comentado, en este caso lo que se ha medido es la ansiedad de estado (estar) ya que al tratarse de una prueba aislada y con un cierto nivel de estrés, permitía analizar y conocer la ansiedad de las jugadoras en un momento puntual, sin tener en cuenta la ansiedad rasgo.

REFERENCIAS

Aragón, S. (2006). La ansiedad en el deporte. *Revista digital Educación Física y Deportes, 11*.

Anshel, M.; Freedson, P.; Hamill, J.; Haywood, K.; Horvat, M., y Plow-man, S. (1991). *Dictionary of the sport and exercise sciences*. Champaign, IL: Human Kinetics.

Cervelló, E., et al. (2002). Motivación y ansiedad en jugadores de tenis. *Revista motricidad, 9*, 141-161.

Godoy-Izquierdo, D.; Vélez, M.; Prada, F. (2007). Nivel de dominio de las habilidades psicológicas en jóvenes jugadores de deportes de raqueta y pala: tenis de mesa y bádminton. *Cuadernos de psicología del deporte, 7(1)*, 1-16.

Hardy, L.; Jones, G.; y Gould, D. (1996). *Understanding psychological preparation for sport: Theory and practice of elite performers*. Chichester. England: Wiley.

Jones, G. (1995). More than just a game: Research developments and issues in competitive state anxiety in sport. *British Journal of Psychology, 86*, 449-478.

Márquez, S. (2004). *Ansiedad, estrés y deporte*. Madrid: EOS-Gabinete de Orientación Pedagógica.

Martens, R. (1977*). Sport competition anxiety test*. Champaign, IL: Human Kinetics.

Orlick, T. (2004). *Entrenamiento mental. Cómo vencer en el deporte y en la vida gracias al entrenamiento mental*. Barcelona: Paidotribo.

Pujadas i Martí, X. (2010). *La metamorfosis del deporte. Investigaciones sociales y culturales del fenómeno deportivo contemporáneo*. Barcelona: UOC.

Rodríguez Teijeiro, D. (2004). Sobre el deporte y sociedad en el mundo contemporáneo. *Minius: Revista do Departamento de Historia, Arte e Xeografía, 12,* 155-170.

Spielberger, C.D. (1966). Theory and research on anxiety. En C.D. Spielberger (Ed.), *Anxiety and behaviour (pp. 3-20).* New York: Academic Press.

Weinberg, R.S.; Gould, D. (1995). *Fundamentos de Psicología del Deporte.* Barcelona: Ariel.

Bloque V

APRENDIZAJE, DIDÁCTICA Y CONTROL MOTOR

Capítulo 23

VARIABILIDAD Y ADAPTACIÓN EN PÁDEL. APRENDIZAJE DE LA TÉCNICA BAJO EL ENFOQUE DE LOS SISTEMAS DINÁMICOS COMPLEJOS

Ruperto Menayo Antúnez
Facultad de Deporte. Universidad Católica de Murcia, España.
Correo electrónico: rmenayo@ucam.edu

Resumen:

El aprendizaje de la técnica en pádel puede plantearse desde la consideración del aprendiz y del entorno de juego como un sistema dinámico complejo en interacción mutua. El técnico debe conocer las propiedades de dicho sistema, con la finalidad de desarrollar experiencias prácticas que posibiliten la aparición de patrones motores funcionales en los jugadores. En este capítulo se pone énfasis en la idoneidad del diseño y puesta en práctica de tareas de aprendizaje que favorezcan la exploración de las posibilidades de acción dentro de la pista por parte del aprendiz, optando por la práctica variable como medio para favorecer la adaptación de la técnica de golpeo a la incertidumbre presente en el juego.

Palabras clave: sistemas dinámicos complejos, aprendizaje motor, técnica, adaptación

Abstract:

Learning to padel technique may arise from the consideration of the learner and the game environment as a dynamical complex system interacting. The technician must know the properties of this system, in order to develop practical experiences that enable the emergence of functional motor patterns on the players. In this chapter, emphasis is placed on the appropriate design and implementation of learning tasks that encourage exploration of the possibilities of action on the court by the learner, opting for the variable practice as a means to encourage the adaptation of the striking technique to the present uncertainty in the game.

Key words: dynamical complex systems, motor learning, technique, adaptation

1. INTRODUCCIÓN

El auge del pádel en los últimos años ha facilitado al profesional de las Ciencias de la Actividad Física y del Deporte el ejercicio de sus funciones desde perspectivas muy interesantes. El carácter novedoso de este deporte y la apertura de miras en relación al uso de tecnologías para la investigación en los procesos de control del entrenamiento, han logrado superar la visión tradicional y mecanicista instaurada en otros deportes que, en ocasiones, ha dificultado la aproximación del científico a la difícil tarea de colaborar con el entrenador en el desarrollo y puesta en práctica de la planificación deportiva.

Desde el área científica del Control y del Aprendizaje Motor, tratamos establecer dicha colaboración, facilitando el desarrollo de protocolos de enseñanza y de entrenamiento que favorezcan la adquisición de la técnica deportiva, apoyados a su vez en una base teórica contrastada que garantice la obtención de resultados de acuerdo a un toma de decisiones fundamentada en la aplicación del método científico.

Entre las líneas de investigación que existen en la actualidad dentro de nuestra área, dedicamos este capítulo a aquella relacionada con el planteamiento de experiencias de aprendizaje motor que logren generar adaptaciones en el aprendiz para resolver con éxito las circunstancias variables del juego. Tratamos de facilitar al técnico un conjunto de conocimientos que ayuden al desarrollo de ejercicios o tareas para optimizar la adquisición de la técnica a emplear en los golpes y desplazamientos característicos del pádel. Para ello, el entrenador debe conocer e interpretar el deporte que enseña, la dinámica y la variabilidad del juego y, de manera especial, las interacciones que se producen entre todos los elementos presentes durante el mismo (pareja, adversarios, pala, pelota, red, superficie de juego y paredes).

Bajo este tópico de estudio, surge un enfoque en el aprendizaje motor basado en la consideración del deporte –del pádel, en nuestro caso– como un sistema dinámico complejo en interacción mutua (Kugler, Kelso y Turvey, 1980). Esta perspectiva teórica es idónea para establecer un soporte sobre el cual ofrecer al entrenador una visión sistémica del juego, que le aporte conocimientos suficientes para optimizar el diseño de las tareas de aprendizaje.

Así, en torno a tópicos relacionados con los sistemas dinámicos, los procesos de adaptación y la variabilidad motora, explicaremos en las siguientes líneas nuestra visión sobre el aprendizaje de este deporte.

2. APRENDER LA TÉCNICA EN PÁDEL BAJO EL ENFOQUE DE LOS SISTEMAS DINÁMICOS COMPLEJOS

Imaginemos nuestro primer entrenamiento de la temporada. Hemos pasado meses planificando el trabajo a realizar con nuestros alumnos y tenemos claro que, el trabajo técnico, es fundamental. Dependiendo de nuestra formación como entrenadores tomaremos decisiones diferentes respecto al enfoque de aprendizaje a utilizar. Unos verán muy interesante un modelo más tradicional, basado en la repetición continua de golpes y situaciones de juego, planteamiento que buscaría la "automatización" de las acciones motoras (Gentile, 1972). La típica combinación de "cestos y feedback". Otros, plantearán el aprendizaje mediante situaciones variables, alejadas de la repetición continua de los mismos patrones motores (Davids, Button y Bennet, 2008). La decisión de optar por uno u otro enfoque no es baladí, pues el proceso de aprendizaje y el resultado del mismo quedarán condicionados por el enfoque teórico en el que nos situemos. Desde nuestro punto de vista, y considerando el pádel como un deporte que se desarrolla en un entorno con incertidumbre, interpretarlo como un sistema dinámico complejo (SDC) es oportuno. Por tanto, abordamos los procesos de aprendizaje desde esta visión sistémica, que presentamos al lector como alternativa al enfoque tradicional.

Entendemos que el aprendizaje en pádel puede organizarse a partir del comportamiento que presenta un SDC. La teoría de los SDC aborda el estudio de los fenómenos naturales desde la psicología ecológica y evolutiva (Gibson, 1979; Davids et al., 2008), tomando algunas propuestas basadas en leyes de la Termodinámica (Glandsdorff y Prigogine, 1971) y en la Teoría del Caos (Capra, 1985). Aplicadas al pádel, el jugador y los elementos del juego conformarían un sistema dinámico complejo, cuyos elementos componentes se hayan en interacción mutua (Kugler et al., 1980). Dicho sistema está compuesto por múltiples partes que interactúan entre sí, dando lugar a comportamientos muy diversos. Por ejemplo, observamos acciones o respuestas diferentes en un mismo aprendiz cuando trata de devolver una bola que le supera por encima de la cabeza: a veces la deja pasar para devolverla tras el bote y rebote; en otras ocasiones opta por realizar una bandeja o incluso un remate; o decide que sea su compañero el que debe golpearla. Ante la misma situación, acciones motoras distintas. Trata continuamente de adaptar su comportamiento a las demandas del juego. La pregunta es: ¿qué elementos interactúan para que el jugador modifique de manera espontánea sus acciones motrices, su técnica de golpeo, sus desplazamientos en la pista? La respuesta es simple, aunque conlleva un análisis particular: la altura de la pelota, su velocidad y trayectoria, la posición cercana o alejada de la red, la posición de su pareja, la ubicación de los oponentes, el marcador, el momento del partido, su condición física y los niveles de atención, de activación y de concentración, entre otros factores.

Para el técnico, considerar todos estos elementos en el diseño de sus entrenamientos es una actividad compleja. Por ello, en este capítulo, nuestra propuesta acota la intervención a los contenidos técnicos, dejando la posibilidad de extrapolación hacia otros posibles factores que determinan el rendimiento deportivo.

Consideremos las principales características o propiedades de un SDC (Davids et al., 2008) y cómo el aprendizaje en pádel puede desarrollarse bajo este enfoque:

- Un SDC está compuesto por múltiples grados de libertad. Presenta elementos independientes, que se pueden relacionar de varias formas entre ellos. A estas diferentes posibilidades se les denomina grados de libertad y determinan la complejidad del sistema (Newell y Villancourt, 2001). Sólo con observar el movimiento de los segmentos corporales en una serie de golpeos constatamos que pueden organizarse de manera diferente en espacio y tiempo, incluso para realizar el mismo golpe (Figura 1).

Figura 1. Ejemplo de remate ejecutado con diferentes grados de libertad.

- Un SDC presenta comportamientos no lineales. Al estar compuesto de múltiples partes, éstas pueden interactuar de formas muy diferentes e impredecibles (Figura 2). Así, el jugador que presenta un juego más imprevisible, siempre alcanzará un mayor éxito ante el adversario, al sorprender continuamente con golpes y acciones inesperadas.

Figura 2. Ejemplo de comportamiento no lineal observado en la ejecución de golpes diferentes al habitual.

- Un SDC tiene la característica de auto-organizar su comportamiento cuando sobre éste se producen perturbaciones o desequilibrios. Se trata de una propiedad que facilita la formación espontánea de patrones de comportamiento y el cambio hacia estados de equilibrio (Kelso, 2000). Esta propiedad aparece habitualmente durante el juego. Por ejemplo, en situaciones de subida a la red, el jugador que ha sacado debe modificar el golpe a ejecutar tras el saque –volea–

por una devolución inesperada del restador –globo–, que le obliga a ejecutar movimientos que no tenía previstos y que emergen de manera espontánea para buscar una nueva situación de estabilidad o de comodidad en el juego –golpeo desde fondo de pista– (Figura 3).

Figura 3. Ejemplo de auto-organización del comportamiento en una subida a la red para volear.

- Un SDC presenta un comportamiento basado en atractores. Los atractores son los estados estables de organización que muestra un sistema. Esto significa que el jugador de pádel buscará continuamente estados de equilibrio –atractores–, entendidos como aquellos en los que se encuentra en situación cómoda o ventajosa. Dichas acciones pueden ser beneficiosas para el juego o perjudiciales. Por ejemplo, un atractor favorable en el juego puede ser golpear la bola con el peso del cuerpo recayendo sobre la pierna adelantada en el momento del impacto (Figura 4A); sin embargo, si sucede lo contrario, estaríamos ante un atractor perjudicial que habría que modificar o eliminar (Figura 4B). Esta cuestión podría resolverla el entrenador aplicando variabilidad en las tareas de aprendizaje.

Figura 4. Ejemplo de comportamiento atractor favorable (A) y perjudicial (B) para la ejecución técnica en una volea.

3. VARIABILIDAD INDUCIDA PARA GENERAR ADAPTACIONES. ENFOQUES TEÓRICOS

En la actualidad, se ha constatado que dosis intermedias o moderadas de variabilidad pueden favorecer la adquisición de la competencia motriz, su mantenimiento en el tiempo y la mejora del rendimiento motor (Harbourne y Stergiou 2009). La práctica variable facilita los procesos de exploración de las posibilidades de acción de los aprendices (Newell y McDonald, 1992) y de selección de movimientos, para lograr cambios en el comportamiento del cuerpo que faciliten la adaptación (Ranganathan y Newell, 2013). Así, el entrenamiento en variabilidad produciría un incremento en el repertorio de respuestas motrices en el deportista, que éste puede emplear para resolver cualquier situación que acontezca durante el juego.

El problema actual de investigación en torno a los efectos de la variabilidad motora puede abordarse de acuerdo al modelo de *constraints* propuesto por Newell (1986), desarrollado más recientemente por Davids et al., (2008) en su *Constraints-led Approach*. En estos modelos se distingue entre la i) variabilidad motora intrínseca, que sería la generada de manera natural por el sistema neuromotor del deportista durante la práctica de la habilidad y ii) la variabilidad extrínseca, aportada por el entorno de práctica y por las características de la tarea a realizar. Aunque ambas formas de variabilidad afectan al aprendizaje, en este capítulo se aborda la variabilidad extrínseca como herramienta empleada por el entrenador para trabajar la técnica en pádel. La manera de inducir esta variabilidad por parte de los entrenadores y el análisis de los efectos que dicha variabilidad genera son aspectos de gran importancia para adquirir y optimizar la técnica deportiva.

Aprendiendo en pádel bajo un modelo basado en condicionantes – *Constraint-led Approach*–.

Plantear el proceso de aprendizaje motor en pádel bajo esta aproximación, basada en los efectos de los condicionantes sobre la adquisición de la técnica, parte de la presencia continua de incertidumbre durante el juego. Condicionantes asociados a los propios jugadores, a la pista donde se desarrolla el juego y a las tareas que en ella se desarrollan, son elementos que contribuyen a generar esa incertidumbre, influyendo en todo momento sobre el patrón motor de los golpeos (Rensaw et al., 2010; Chow et al., 2009). El entrenador debe saber que, para lograr la adaptación y golpear o desplazarse con éxito, su aprendiz debe ser capaz de superar el efecto de dichos factores limitantes o condicionantes. Y esto sólo lo lograría induciendo variabilidad en sus tareas aprendizaje y de entrenamiento. De los condicionantes habitualmente presentes en entornos de aprendizaje deportivo, encontramos los siguientes:

a) Condicionantes asociados al aprendiz: serían sus características antropométricas, su condición física, sus condiciones psicológicas y sus habilidades técnicas.

b) Condicionantes asociados al entorno de juego: serían la altitud, el clima, la superficie de juego o los factores socioculturales, entre otros.

c) Condicionantes asociados a la tarea: serían los más fácilmente manipulables por parte del entrenador, y permitirían la aplicación de variabilidad al practicar para lograr los efectos de adaptación al resto de condicionantes. Algunos de ellos son los objetivos de la tarea, el espacio, las interacciones y los materiales e implementos.

Bajo este planteamiento, y de acuerdo a las propuestas de algunos autores, podríamos establecer un conjunto de claves que serían de utilidad para el técnico a la hora de llevar a cabo sus sesiones de aprendizaje:

I) Reconsiderar el aprendizaje empleando modelos (Davids et al., 2008). El modelado como medio de aprendizaje puede ser interesante en alguna fase de aprendizaje. Sin embargo, desde la perspectiva que planteamos, el empleo de modelos a imitar debería ser lo suficientemente flexible para no restringir las posibilidades de acción del aprendiz, sin que deba ejecutar los golpes siempre de acuerdo al modelo.

II) No emplear metodologías analíticas que restringen la información percibida por el aprendiz y sus posibilidades de acción futuras. Descomponer los golpes en fases obliga al aprendiz a ejecutarlos de manera incompleta, dejando de percibir las sensaciones que produce el gesto completo y de emplear esta información para aprender. En condiciones reales, ningún golpe se ejecuta en partes, sino que es necesaria una cadena cinética fluida y la liberación y congelación de grados de libertad para lograr el control en la ejecución. Por tanto y, en la medida de lo posible, son preferibles las metodologías de aprendizaje globales, que incorporan todas las partes del golpe desde las primeras etapas de aprendizaje.

III) Identificar y manipular constraints presentes en el juego para facilitar la emergencia de patrones motores funcionales (Chow et al., 2006). De los tres condicionantes, los asociados a la tarea son los más fáciles de manipular. El entrenador puede diseñar tareas para aprender los golpes variando, por ejemplo, el tamaño de la pelota, el material de fabricación o la presión; puede jugar con la altura de la red, con los rebotes en las paredes o con los desplazamientos del aprendiz; puede alterar las secuencias de golpeo, aproximando o alejando al jugador de la situación real; puede modificar la superficie de apoyo para generar desequilibrios en busca de procesos de auto-organización. Éstos no son más que algunos ejemplos de todas las posibilidades de diseño de tareas. Si el técnico es creativo en los entrenamientos, éstos se verán enriquecidos con los métodos de trabajo que proponemos.

IV) Facilitar opciones de exploración del paisaje perceptivo-motor de los aprendices aplicando variabilidad al practicar. La adaptación surge a partir de la superación de dichos condicionantes del juego, que es muy variable, no de la repetición continua del mismo estímulo durante las sesiones de aprendizaje. Esto no supone una carga para el aprendiz. De ahí la necesidad de inducir variabilidad en las tareas para dotar al jugador de medios técnicos para superar los condicionantes del juego. Dicha variabilidad siempre debe aplicarse de manera moderada y ajustada a las características del deportista, conociendo la carga que supone cada variación de la tarea para el aprendiz (Menayo, 2014).

Aprendiendo en pádel bajo un modelo basado en el Síndrome General de Adaptación –*SGA*–.

Tal y como proponen Moreno y Ordoño (2009), podemos hacer una analogía entre los fenómenos que ocurren durante el aprendizaje motor y los que aparecen durante la aparición del Síndrome General de Adaptación (SGA) formulado por Selye (1956) y definido en la Teoría del Entrenamiento Deportivo.

Esta analogía puede servir de marco de referencia para el planteamiento de procesos de aprendizaje motor, ya que los objetivos son compartidos. En este sentido, si tomamos como referencia el modelo del SGA y lo trasladamos al aprendizaje de habilidades motrices, como los golpes en pádel, observaremos que los mecanismos y procesos que intervienen en ambos son muy similares (Figura 5).

Atendiendo a este planteamiento del aprendizaje motor, observamos como el aprendiz se encuentra en un estado de rendimiento inicial que se altera al introducir una carga de práctica, dando lugar a una situación de estrés que modifica el estado de "equilibrio" del sistema generando una desestabilización y una pérdida de precisión en los golpes. Esta carga de práctica puede ser diferente según la elección que hagamos y sus efectos también lo serán (Figura 5). Por ejemplo, podemos introducir cargas de variabilidad en las condiciones de práctica (modificando espacios, tiempos de ejecución o implementos), decidir diferentes distribuciones de los ensayos, series, bloques o tiempos de descanso (García et al., 2008), o bien, alterar el orden de presentación de las tareas aplicando condiciones de interferencia contextual (Menayo et al., 2009).

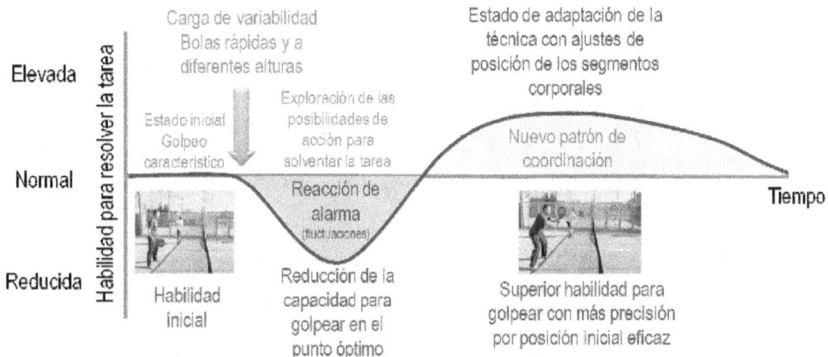

Figura 5. Aplicación del modelo del SGA (Selye, 1956) para el planteamiento de procesos de aprendizaje en pádel. Tomado y adaptado de Moreno y Ordoño (2009).

El objetivo de la introducción de cargas de aprendizaje –estímulos– no es otro que provocar una fase de alarma en el comportamiento del aprendiz, para generar un proceso de auto-organización a partir de la pérdida de precisión en esta fase, que provoque la aparición de un nuevo patrón de movimiento más estable y adaptativo.

Desde esta visión del aprendizaje motor como medio para generar adaptaciones, la dificultad estriba en la determinación de las cargas de práctica variable. Cuantificar la práctica necesaria para desarrollar todo el proceso y en qué condiciones debe aplicarse es una de las principales cuestiones que deberían preocupar a los técnicos. Conocer los efectos de la modificación de los patrones motores presentes en un contexto de aprendizaje como atractores del sistema, dirigirlos hacia nuevos estados de rendimiento y mantenerlos a largo plazo, requiere del estudio de la influencia de la práctica sobre ellos, aspecto que será decisivo para la optimización del proceso de aprendizaje.

REFERENCIAS

Capra, F. (1985). El punto crucial. Barcelona: Integral.
Chow, J.Y., Davids, K., Button, C., Renshaw, I., Shuttleworth, R. & Uehara, L. (2009).

Nonlinear pedagogy: Implications for teaching games for understanding (TGfU). In T. Hopper, J. Butler & B. Storey (Eds.), TGfU. Simply good pedagogy: Understanding a complex challenge (pp. 131-144). Ottawa: Physical Health Education Association of Canada.

Chow, J.Y., Davids, K., Button, C., Shuttleworth, R., Renshaw, I. & Araújo, D. (2006). Nonlinear pedagogy: A constraints-led framework to understanding emergence of game play and skills. Nonlinear Dynamics, Psychology, and Life Sciences, 10 (1), 71-103.

Davids, K., Button, C. & Bennett, S. (2008). Dynamics of Skill Acquisition: A Constraints-led Approach. Champaign, Illinois: Human Kinetics.

García, J.A., Moreno, F.J., Reina, R., Menayo, R. y Fuentes, J.P. (2008). Analysis of effects of distribution of practice in learning and retention of a continuous and a discrete skill presented on a computer. Perceptual and Motor Skills, 107, 261-272.

Gentile, A. (1972). A working model of skill acquisition with application to teaching. Quest, 17, 3-23.

Gibson, J.J. (1979). The ecological approach to visual perception. USA: Houghton Mifflin Company.

Glansdorff, P. & Prigogine, I. (1971). Thermodynamic Theory of Structure, Stability, and Fluctuations (80-81). New York: Wiley-Interscience.

Harbourne, R.T. & Stergiou, N. (2009). Movement variability and the use of nonlinear tools: Principles to guide physical therapist practice. Physical Therapy, 89(3), 267-282.

Kelso, J.A.S. (2000). Principles of dynamic pattern formation and change for a science of human behavior. In L.R. Bergman, R.B. Cairns, L.G. Nilsson, and L. Nystedt (Eds.), Developmental science and the holistic approach (63-83). London: Lawrence Erlbaum Associates Publishers.

Kugler, P.N., Kelso, J.A.S. & Turvey, M.T. (1980). On the concept of coordinative structures as dissipative structures: I. Theoretical lines of convergence. In G.E. Stelmach, and J. Requin (Eds.), Tutorials in Motor Behavior (3-47). Amsterdam: North Holland.

Menayo, R. (2014). Variabilidad y entrenamiento de la técnica en pádel. En J. Courel, J. Catriel, B.J. Sánchez-Alcaraz y R. Alarcón (Eds.), Investigación en Pádel, vol. 1 (33-44). Murcia: Universidad de Murcia.

Menayo, R., Moreno, F.J., Reina, R. y Fuentes, J.P. (2009). Aplicación de un sistema automatizado para el aprendizaje y el entrenamiento del tenis en condiciones de interferencia contextual. Apunts, Educación Física y Deportes, 96, 27-33.

Moreno, F.J. y Ordoño, E. (2009). Aprendizaje motor y síndrome general de adaptación. European Journal of Human Movement, 22, 1-21.

Newell, K.M. (1986). Constraints on the development of coordination. In M.G. WADE and H.T.A. WHITING (Eds.), Motor development in children: Aspects of coordination and control (341-360). Boston: Martinus Nijhoff.

Newell, K.M. & McDonald P.V. (1992). Searching for solutions to the coordination function: Learning as exploratory behavior. In G.E. Stelmach, and Requin J., (Eds), Tutorials in Motor Behavior II (517-532). Amsterdam: Elsevier.

Newell, K.M. & Villancourt, D. (2001). Dimensional change in motor learning. Human Movement Science, 14-15, 695-716.

Ranganathan, R. & Newell, K. (2013). Changing up the routine: Intervention-induced variability in motor learning. Exercise and Sport Sciences Reviews, 41, 64-70.

Renshaw, I., Davids, K., Chow, J.Y. & Hammond, J. (2010). A constraints-led perspective to understanding skill acquisition and game play: A basis for integration of motor learning theory and physical education praxis? P.E. & Sport Pedagogy, 15(2), 117-131.

Selye, H. (1956). The stress of life. New York: McGraw Hill.

Capítulo 24

DESARROLLO DE UNA GUÍA TÉCNICA PARA EL PÁDEL EN SILLA DE RUEDAS

Rubén Martínez Sala[1] y Raúl Reina[2]
[1]Universidad Miguel Hernández de Elche.
[2]Centro de investigación del deporte, Universidad Miguel Hernández de Elche
*Correo electrónico: Ruben.Martínez09@goumh.umh.es

Resumen:

El deporte adaptado ha tenido en la última década un notable aumento de sus niveles de práctica así como la investigación en torno al mismo. Sin embargo en el deporte del pádel, son escasos los estudios que han abordado la temática de deporte adaptado. De este modo, el propósito de este trabajo es crear un documento técnico que recoja las pautas a seguir para la creación de una guía de pádel adaptado para personas con discapacidad física. Se pretende así proporcionar una base teórica a jugadores, entrenadores/monitores e instituciones, necesarias para la práctica y fomento de esta modalidad. Para elaborar esta guía se ha recopilado información procedente del ámbito del deporte adaptado y del deporte del pádel en cuestión. De este modo se recogieron un total de 72 investigaciones entre artículos, libros y opiniones de expertos que nos servirán de base para la creación y distribución de la guía. Los resultados que esperamos obtener es la creación de dicha guía que se compondrá de un total de 9 capítulos que abordarán la temática del pádel adaptado de forma amplia. Como conclusión, esta guía pretende establecer un punto de partida sobre el que basarse para futuras acciones de promoción, desarrollo, tecnificación o posibles investigaciones en esta modalidad. De este modo, permitirá el acceso a la práctica deportiva de esta modalidad a una mayor población, hecho que tendrá un efecto bidireccional, a la vez que el deporte evoluciona en todos sus aspectos, un mayor número de personas pueden practicarlo y beneficiarse de la práctica de este deporte.

Palabras clave: Pádel, deporte adaptado, guía técnica.

1. INTRODUCCIÓN

1.1. Deporte adaptado

La temática sobre deporte adaptado a cualquier tipo de discapacidad ha tenido en los últimos años un auge notable hasta tal punto que una persona con cualquier tipo de discapacidad tiene una amplia gama de deportes que podría practicar. Algunos de esos deportes son específicos para personas con discapacidad como pueden ser el goalball o la boccia entre otros, pero otra opción es la adaptación de deportes ya existentes. Dentro de esta última opción, la mayoría de deportes ya cuentan con su modalidad adaptada e incluso algunos cuentan con varias modalidades en función del tipo de discapacidad que acoja. No solo el ámbito práctico ha experimentado este aumento, en cuento al ámbito de la investigación los estudios y congresos sobre esta temática también cuentan con gran expansión.

1.2. Pádel

El deporte del pádel está sufriendo el mismo auge que el deporte adaptado, podríamos hacer una analogía entre ambos pues la tendencia que actualmente están llevando se asemeja bastante teniendo en cuenta que el pádel aun está comenzando su expansión. En el ámbito práctico el pádel se muestra como uno de los 10 deportes más practicados en nuestro país y es difícil ir a alguna localidad que no cuente con algunas pistas municipales o privadas de pádel en las cuales haya practicando gente de cualquier edad, nivel o sexo. También el ámbito de la investigación en este deporte está comenzando a dar estudios, congresos, libros, etc.

1.3. Pádel adaptado

Si el deporte adaptado había sufrido un gran auge en los últimos años y el deporte del pádel estaba comenzando a sufrirlo, la modalidad de pádel adaptado es el tercer escalón y actualmente se encuentra en sus inicios. La práctica de esta modalidad está comenzando, ya es posible ver torneos, exhibiciones, jornada e incluso partidos amistosos de pádel de personas con alguna discapacidad, aunque aun el número de eventos de esta índole es escaso. En el ámbito de la investigación nos encontramos en el mismo punto donde pese a la escasez de estudios sobre esta modalidad, ya es posible encontrar algunos trabajos y estudios sobre ello.

1.4. Objetivo del estudio

Por lo anteriormente expuesto, el propósito de este trabajo es crear un documento técnico que recoja las pautas a seguir para la creación posterior de una guía de pádel adaptado para personas con discapacidad física. Se pretende así proporcionar una base teórica a jugadores, entrenadores/monitores e instituciones, necesarias para la práctica y fomento de esta modalidad.

2. MÉTODO

La elaboración de esta guía se ha llevado a cabo recopilando información procedente de dos campos, el deporte adaptado y el deporte del pádel en cuestión. De este modo se han recogido 72 investigaciones entre artículos, libros y opiniones de expertos que nos servirán de base para la creación y distribución de la guía.

3. RESULTADOS ESPERADOS

Con la información obtenida anteriormente nos proponemos crear la guía técnica para pádel en silla de ruedas, la cual constará de 9 capítulos que abordarán los aspectos básicos de esta modalidad. Estos capítulos serán:

1: Fundamentos de la discapacidad y del deporte adaptado: este capítulo es la introducción a la discapacidad entendida desde una perspectiva deportiva.

2: Propuesta de clasificación funcional: es una pequeña aproximación a como se podrían establecer clasificaciones o divisiones en función del impedimento para las habilidades propias del deporte. Actualmente este capítulo carece de sentido ya que debido a la poca afluencia de deportistas, dividirlos además por categorías sería contraproducente; pese a ello en un futuro sí podría tener cavidad esta clasificación sí el número de participantes en competiciones sigue la tendencia al alza actual.

3: Historia y reglamento del pádel adaptado para personas con discapacidad física: explicación de la historia y reglamento de esta modalidad haciendo comparación con su modalidad tradicional a pie. Por ejemplo dentro del reglamento una de las reglas más importantes que se modifican respecto a la modalidad de pie es la posibilidad de que la pelota bote dos veces antes de ser devuelta al otro campo indiferentemente de si entre los dos botes toca reja o cristal.

4: Instalaciones y equipamiento para la práctica del pádel en silla de ruedas: al igual que el capítulo anterior, este añadirá las peculiaridades de esta modalidad al reglamento ya existente en cuanto a instalaciones y equipamientos en la modalidad de pie. Las principales peculiaridades son la silla de ruedas en la cual nos detendremos a explicar ampliamente y las dimensiones y barreras de la instalación (pista) para la práctica de esta modalidad.

5: Fundamentos técnico-tácticos en la práctica de pádel adaptado: aquí nos detendremos en los tipos de golpes básicos y sus fases (técnica) y la gestión del espacio propio y contrario (táctica) de esta modalidad.

6: Similitudes y diferencias entre la práctica de pádel y de pádel adaptado: en línea con el capítulo anterior comparamos ambas modalidades de este deporte observando sus puntos en común y sus diferencias.

7: Propuesta práctica de ejercicios para el aprendizaje del pádel en silla de ruedas en un entorno escolar o en una escuela deportiva: probablemente este sea el capítulo más práctico ya que muestra una progresión de ejercicios en función de su dificultad y de lo que creemos sería una secuencia lógica para el aprendizaje de este deporte. Los ejercicios propuestos pueden llevarse a cabo en una escuela deportiva o en el entorno escolar.

8: Orientaciones para el entrenador/monitor, jugador y su entorno: este capítulo muestra una serie de orientaciones a llevar a cabo tanto por el monitor/entrenador como por el propio jugador y su entorno para que la práctica de este deporte sea lo más beneficiosa posible.

9: Marco contextual de la gestión y organización de competiciones en pádel adaptado: como último capítulo mostramos como se gestiona esta modalidad, que entidades están involucradas y como se están organizando actualmente las competiciones. Además también haremos una pequeña incursión en líneas de investigación que se están llevando a cabo en torno a esta modalidad.

4. CONCLUSIONES

Esta guía tiene como objetivo principal ser el punto de partida para diferentes acciones que impulsen esta modalidad como pueden ser, la promoción de esta modalidad por parte de instituciones, asociaciones e incluso jugadores particulares. El desarrollo y tecnificación de los deportistas, sirviendo como documento de base sobre el que posteriormente tratar temas más específicos como la preparación física, técnica-táctica avanzada, etc. Servir como inicio para futuras investigaciones que repercutan en un beneficio para el propio deporte.

Con todas estas acciones esperamos lograr que el conocimiento y la práctica de este deporte aumenten para que los beneficios de practicar ejercicio físico aumenten con ellos. Este hecho tendrá un efecto bidireccional pues a la vez que el número de practicantes aumenta, el deporte evoluciona en todos sus aspectos.

REFERENCIAS

International Tennis Federation (1998). Wheelchair Tennis Handbook. London: International Tennis Federation.
Sanz, D., (2003). El tenis en silla de ruedas. Barcelona: Paidotribo.
Reina, R., Morena, F.J. y Sanz, D, (2007). Visual behavior and motor responses of novice and experienced wheelchair tennis players relative to the service return. Adapt Phys Active Q. Jul; 24(3):254-71.
Sánchez-Alcaraz, B.J., (2013). Fundamentos del pádel. Murcia: Diego Marín.
Sánchez-Alcaraz, B.J., Pérez-González, D., y Pérez-Llamazares, M., (2013). Fundamentos de la condición física en el pádel. Murcia: Diego Marín.
María-de-la-Rocha-Zerolo. Modificaciones al reglamento de pádel (F.I.P.) para pádel adaptado (nivel 3 y modalidad de silla de ruedas. Asociación "Pádel para todos".

Barbero, G., y Barbero G. (2011). Práctica de pádel adaptado, un modelo de integración al deporte. Espiral, Cuadernos del profesorado, 4(8), 69-76.

VV.AA. (2005). Pádel para todos. Madrid: Asociación de Pádel para todos

Capítulo 25

PROGRAMA DE TECNIFICACIÓN DE MENORES (PTM)

Córdoba Caro, Luis Gonzalo[1]* & Muñoz Marín, Diego[1]
[1]Departamento de Didáctica de la Expresión Musical, Plástica y Corporal.
Universidad de Extremadura.
[1]Federación Extremeña de Pádel.
*Correo electrónico: Luiscordobac@gmail.com

Resumen:

El área de Tecnificación de la Federación Extremeña de pádel (Fexpádel), tras observar las carencias técnicas de los jugadores de categorías inferiores, creó en el año 2011 el Programa de Tecnificación de Menores (PTM), con el objetivo de mantener reuniones periódicas con los técnicos y de mejorar el nivel técnico de los jugadores de las categorías benjamín y alevín. Tras cinco años el programa se ha impartido de manera ininterrumpida, han participado más de 90 jugadores (60% masculino), y ha sido coordinado y dinamizado por un total de siete técnicos. El programa se divide en tres fases: selección, corrección y evaluación. Consta de 5 concentraciones de 4 horas de duración. Para la evaluación del mismo se utilizaron hojas de observación estructurada y se analizó la técnica usando el software de análisis de video Kinovea. Se observó una reducción importante en el número errores técnicos tras la aplicación del programa. Mostrando una relación directa entre el número de errores corregidos y el trabajo realizado por sus entrenadores en sus clubes y con el interés y la colaboración con el programa que muestran los familiares de los jugadores. Como conclusión, es necesario un trabajo técnico específico en jugadores de categorías inferiores, así como la formación de sus entrenadores. Se reducen los errores técnicos a través de un trabajo sistemático y con herramientas que se pueden usar en la pista. Los padres son una variable a tener en cuenta en el trabajo técnico de los jugadores.

Palabras clave: Pádel, programa, técnica, correcciones, menores.

Abstract:

After observing the technical deficiencies in players belonging to inferior categories, the area of Technicalization of the Extremeña padel Federation decided to create the Programme of Children's Technicalization with the aim of holding regular meetings with the coaches in order to improve the players technical level in the benjamines and alevines categories. After five years, the programme has been taught continuously, more than 90 players (60% male) have participated in it and it has been coordinated and lead by a total of seven coaches. The programme is divided into three phases: selection, correction and evaluation. It consist of five concentrations lasting four hours each. In order to evaluate it, structured observation sheets were used as well as the kinovea video software. An important reduction in the number of technical errors was observed after the programme implementation. It revealed a direct relationship between the number of corrected errors and the work performed by the coaches in their clubs, together with the interest and collaboration the player's families showed with the programme. It is necessary a specific technical work with the players of inferior categories as well as the coaches training. The technical errors will be reduced through a systematic work involving instruments that can be used in the court. The parents are a variable to keep in mind in the player's technical work.

Keywords: padel, programme, technique, corrections, childrens.

1. INTRODUCCIÓN

1.1. Justificación e implantación del programa

Tras la solicitud por parte de una serie de entrenadores para mejorar la técnica en sus jugadores, y el análisis de las enormes carencias técnicas que tenían nuestros menores, lo cual hacía que los rendimientos descendieran conforme iban creciendo, además de observar la escasa evolución en el número de jugadores menores que participaban en torneos. La Federación Extremeña de Pádel (Fexpádel), crea en el año 2011 el Programa de Tecnificación de Menores, denominado PTM, el cuál en la actualidad se ha asentado y sigue teniendo gran demanda entre los jugadores de las categorías alevín y benjamín.

Este programa supuso una revolución, ya que era el primero que se realizaba, y dio lugar a la creación del área de Tecnificación de la Fexpádel.

1.2. Importancia de la técnica en menores

La formación y preparación de un jugador de competición se divide en varios apartados: preparación técnica, táctica, física, psicológica y médica (Nitsch, Neumaier, De Marées & Mester, 2002). La preparación técnica es junto con la táctica la más trabajada en las escuelas, puesto que el resto necesita técnicos especializados que solamente suelen trabajar en niveles de alta competición.

Según Riera (1995), las palabras que mejor nos aproximan a la noción técnica son: ejecución, interacción con la dimensión física del entorno, eficiencia y eficacia, aunque las que mejor definen este término serían estas dos últimas. Según este mismo autor la técnica se dividiría en dos: individual y colectiva, aunque evidentemente en el caso del pádel solamente se utilizaría la individual ya que, aunque se juegue por parejas, la ejecución no es colectiva.

Zhelyakov en 2001, indica que la técnica deportiva se determina como un sistema especializado de acciones simultáneas y consecutivas orientadas hacia una organización racional de las fuerzas internas y externas que influyen sobre el deportista, así como a su más completa utilización para solucionar una tarea motriz concreta, siendo su desarrollo un proceso de reorganización y cambios en su composición motriz y su estructura.

A nivel práctico se define como el procedimiento desarrollado normalmente en la práctica para resolver una tarea motora determinada de la forma más adecuada y económica (Weinek, 2005).

Muchos entrenadores opinan que la técnica es la base del juego, que sin ella difícilmente se puede competir, y mucho menos en condiciones óptimas.

La evolución de la técnica debe ir ligada al desarrollo físico y mental del jugador. Se ha demostrado que a medida que la técnica de un jugador es más correcta disminuye el número de lesiones específicas de ese deporte (Izquierdo, 2008). También se observa como aquellos jugadores que no trabajan ni mejoran su técnica, con el tiempo se vuelven menos eficientes y eficaces en su juego (Nitsch, Neumaier, De Marées & Mester, 2002); por lo que su rendimiento se estanca, siendo superados por aquellos que sí la trabajan, aunque éstos últimos tengan peores cualidades o una condición física menos desarrollada.

Por todo ello, el trabajo técnico en menores se hace aún si cabe más importante, pues es a estas edades cuando se automatizan los gestos técnicos específicos del deporte. Recordemos que en el pádel existe una amplia gama de golpes con diferentes efectos realizados en diversas situaciones de juego.

1.3. ¿Cómo se trabaja la técnica?

El contenido básico de la preparación técnica especial se manifiesta en las siguientes tareas concretas (Zhelyakov, 2001):

- Dominar las bases teóricas de la técnica deportiva en el tipo de deporte, lo cual contribuye a la participación activa del deportista en la realización de la preparación técnica
- Elaborar un modelo individual de la técnica en correspondencia con las capacidades del deportista
- Corregir la técnica ya elaborada del ejercicio competitivo con vistas a elevar las capacidades funcionales y motrices del deportista
- Elabora nuevas variantes de la técnica del ejercicio competitivo para ampliar el repertorio técnico-táctico del deportista.

Para trabajar la técnica se deben seguir una serie de reglas:

- El aprendizaje técnico resulta especialmente efectivo en la edad temprana.
- Se deben hacer correcciones a diario, y cuanto antes se haga antes se asentará la técnica.
- Debe estar orientado desde el principio hacia un modelo técnico efectivo que tenga en cuenta las individuales del deportista.
- El aprendizaje y fijación de una técnica requiere motivación e interés por parte del jugador.

2. OBJETIVOS

Los objetivos que nos planteamos se resumen prioritariamente en dos:

1. Mejorar el nivel técnico de los jugadores de categorías inferiores de toda la región.
2. Mejorar la formación técnica de los entrenadores
3. Mantener reuniones periódicas con los técnicos.
4. Desarrollar una metodología válida para el estudio, control y desarrollo de aspectos técnicos en menores

3. MÉTODO

3.1. Muestra

Un total de más de 90 jugadores han participado, de los cuales un 60% han sido chicos y un 40% chicas. Sin embargo más de 350 jugadores solicitaron su ingreso en el programa. En la coordinación y dinamización del programa han participado en total 7 técnicos diferentes, y en cada edición participan un máximo de 3.

Tabla 1. Muestra del Programa de Tecnificación de Menores

Año	Solicitantes Masculinos	Solicitantes Femeninos	Aceptados Masculino	Aceptados Femenino
2011	47	25	18	8
2012	23	12	10	8
2013	52	33	10	8
2014	54	23	10	8
2015	53	37	10	8
Total	**229**	**130**	**58**	**40**

3.2. Procedimiento.

El programa se divide en 3 fases:

1. Fase de selección: Se lleva a cabo con todos los jugadores interesados e inscritos de las categorías alevín y benjamín. Se publican las bases generales del programa en la web de la Fexpádel. Para la preinscripción se crea un formulario en Google Drive en el que los jugadores interesados deben introducir datos personales suyos y de su entrenador. Entre todos los preinscritos se realiza una prueba práctica de carácter cualitativo en la que se evalúa a los jugadores en tres apartados:

evaluación técnica, control de bola y juego real. Cada técnico evalúa a todos los jugadores en cada apartado. Una vez finalizada la prueba, los tres técnicos se reúnen y seleccionan solamente 15 jugadores y 5 reservas que cumplen el perfil que buscamos:

- Tener un buen nivel de juego.
- Necesitar correcciones técnicas.
- Mostrar un gran interés, motivación y disciplina.
- Que su entrenador y sus familiares estén implicados en el proyecto y se comprometan a que el jugador asista a todas las concentraciones y a trabajar la técnica en sus entrenamientos.

Una vez seleccionado, cada jugador se registra en la plataforma Moodle de la Fexpádel, en la cual hay un apartado preparado para el PTM. Esta plataforma sirve para subir y bajar los videos e informes de los técnicos del programa, además de medio de comunicación entre los jugadores, familiares, entrenadores y técnicos.

2. Fase de corrección: Está compuesta por 3 concentraciones:

1. En la 1ª se trabajan los golpes con bote: derecha y revés cortado y globo cortado.
2. En la 2ª se trabajan los golpes de salida de pared de fondo de derecha y revés.
3. Y en la 3ª se trabajan los golpes sin bote: volea de derecha y revés cortado y remate plano.

Las fases de trabajo en cada concentración serán las siguientes:

1. Grabación en video de los golpes a analizar.
2. Observación en video (Kinovea®) de los gestos técnicos realizados de forma correcta.
3. Comparación en video de los gestos propios y de los de referencia.
4. Cumplimentación de hoja de observación estructurada.
5. Corrección técnica en pista.
6. Situación real (puntos, partidos...).

Una vez terminada la concentración se enviará al entrenador un informe con los resultados obtenidos en la corrección incluyendo una serie de recomendaciones para el trabajo técnico y un video comentado por su técnico en el programa con los errores.

3. Fase de evaluación: El objetivo principal de esta fase será observar la mejora técnica que se ha producido en los golpes analizados.

- Está compuesta por 1 concentración, en la que se evalúan los dos golpes que el jugador y su técnico seleccionen.

El procedimiento que se sigue en la fase de evaluación será:

1. Grabación en video
2. Comparación la grabación inicial con la final
3. Rellenar la hoja de observación
4. Trabajo en pista de los errores restantes
5. Enviar informe y videos al entrenador a través de la familia. (MOODLE)

Figura 1. Corrección de errores con Kinovea®

Las concentraciones se realizan los fines de semana. Cada concentración tiene una duración de 4 horas. Finalmente los jugadores, con ayuda de sus padres y entrenadores responden a un cuestionario de satisfacción sobre el programa.

Una vez terminado se entrega una **memoria final** con propuestas de mejora para la próxima edición. Los apartados de esta memoria final son:

0.- Resumen
1.- Reuniones mantenidas
2.- Fechas
3.- Preselección de jugadores
4.- Selección de jugadores
5.- Concentraciones
6.- Asistencia de jugadores
7.- Principales dificultades encontradas y propuestas de mejora
8.- Resultados de la encuesta de satisfacción

4. RESULTADOS

Se observó una reducción importante en el número de errores técnicos cometidos entre las fases de corrección y de evaluación. Mostrando una relación directa entre el número de errores corregidos y el trabajo realizado por sus entrenadores en sus clubes. También se observa un incremento de la mejora técnica en relacionada con el interés y la colaboración con el programa que muestran los familiares de los jugadores.

5. CONCLUSIONES

Es necesario un trabajo técnico específico en jugadores de categorías inferiores, así como la formación de sus entrenadores. Se reducen los errores técnicos a través de un trabajo sistemático y con herramientas que se pueden usar en la pista. Los padres son una variable a tener en cuenta en el trabajo técnico de los jugadores.

REFERENCIAS

Izquierdo, M (2008). Biomecánica y Bases Neuromusculares de la Actividad Física y el Deporte. Madrid. Editorial Médica Panamericana.

Nitsch, J. Neumaier, A. De Marées, H & Mester, J (2002). Entrenamiento de la técnica: contribuciones para un enfoque interdisciplinario. Barcelona. Paidotribo.

Riera, J (1995). Estrategia, táctica y técnica deportivas. Apunts, (39), 45-56.
Weineck J (2005). Entrenamiento total. Barcelona: Paidotribo
Zhelyakov, T (2001). Bases del entrenamiento deportivo. Barcelona. Paidotribo.

www.ingramcontent.com/pod-product-compliance
Lightning Source LLC
Chambersburg PA
CBHW082145230426
43672CB00015B/2847